Tríbades galantes, fanchonos militantes

Homossexuais que fizeram história

Dados Internacionais de Catalogação na Publicação (CIP)
(Câmara Brasileira do Livro, SP, Brasil)

Torrão Filho, Amilcar
    Tríbades galantes, fanchonos militantes : homossexuais que fizeram história / Amilcar Torrão Filho. – São Paulo : Summus, 2000.

ISBN 85-86755-24-9

1. Celebridades 2. Homossexuais 3. Homossexualidade – História I. Título. II. Título: Homossexuais que fizeram história.

00-3846   CDD-306.76609

Índices para catálogo sistemático:

1. Homossexualidade : Sociologia : História
    306.76609
2. Personalidades homossexuais famosas :
    Sociologia : História   306.76609

Compre em lugar de fotocopiar.
Cada real que você dá por um livro recompensa seus autores
e os convida a produzir mais sobre o tema;
incentiva seus editores a traduzir, encomendar e publicar
outras obras sobre o assunto;
e paga aos livreiros por estocar e levar até você livros
para a sua informação e entretenimento.
Cada real que você dá pela fotocópia não-autorizada de um livro
financia um crime
e ajuda a matar a produção intelectual.

Tríbades galantes, fanchonos militantes

Homossexuais que fizeram história

AMILCAR TORRÃO FILHO

Copyright © 2000 by Amilcar Torrão Filho
Direitos adquiridos por Summus Editorial Ltda.

Projeto gráfico e capa: **Brasil Verde**
Editoração eletrônica: **Acqua Estúdio Gráfico**
Editora responsável: **Laura Bacellar**

Edições GLS
Rua Itapicuru, 613 cj. 72
05006-000 São Paulo SP
Fone (11) 3862-3530
e-mail gls@edgls.com.br
http://www.edgls.com.br

Atendimento ao consumidor:
Summus Editorial
Fone (11) 3872-3322 e 3862-3530

Distribuição:
Fone (11) 3873-8638
Fax (11) 3873-7085

Impresso no Brasil

APRESENTAÇÃO

Este é um estudo de síntese que merece louvor. Assume temática ousada e um recorte histórico igualmente audacioso, pois oscila entre as estruturas históricas globais e os percursos de personagens-tipos, uns assumidos como homossexuais, outros nem tanto, alguns jamais.

No tocante às estruturas históricas, o autor navega no mundo antigo e constata, sem dificuldade, que o "amor entre iguais" podia ser mesmo prestigiado, não obstante algumas restrições de estilo. E, constata, ainda, que prevaleceu a tolerância em boa parte da Idade Média cristã, apesar das restrições retóricas até o tempo da Escolástica, para o que se baseia em J. Boswell, o maior historiador no assunto. Neste tempo de santo Tomás, o Anjo das Escolas, a atmosfera pesou contra os que amavam o mesmo gênero, pois foi tempo de confissão auricular obrigatória, de sete sacramentos, sete pecados capitais, como nos mostra Jean Delumeau em sua *História do medo no Ocidente*. Tempo em que se iniciou, com rigor, a "pedagogia do medo" que caracterizaria a história ocidental nos chamados Tempos Modernos, ao menos nos séculos XVI e XVII.

Amilcar Torrão Filho estuda tudo isso e vai além, rastreando as sociabilidades e afetividades homossexuais no tempo, destacando os mais variados personagens, sem fugir do termo homossexual ou lésbica, apesar de ciente de que não são conceitos universais. Lésbica, palavra relativa às mulheres de Lesbos, foi pela primeira vez usada em França, com Brantôme, a propósito das *Dames Galantes* de Catarina de Médicis, *l'escadron volant de la reine*. Homossexualismo é conceito ligado à medicina patologizante do século XIX, como lembra Foucault. Mas recusando "nominalismos", nosso autor vai à prática, para facilitar aos leitores, e se dedica a expor a realidade sexual, antropológica e histórica do homoerotismo.

Recusa, igualmente, reduzi-lo à genitalidade, à falolatria dos antigos, por exemplo, ou às obsessões inquisitoriais acerca de cópulas consumadas ou não em "vasos naturais ou prepósteros", buscando os sentimentos, o amor que certamente houve entre homens ou entre mulheres em diversas épocas.

O livro em questão é por tudo isso excelente. No tema escolhido, na maneira sensível de tratar o objeto, na recusa de estereótipos, ainda que politicamente corretos, na seleção dos personagens, na interpretação histórica da temática. E, vale dizer, é livro muitíssimo bem escrito, elegante e cuidadoso. Não se poderia dizer mais de um trabalho que, sem dúvida, enriquece nossa bibliografia histórica e ensina muito sobre a sexualidade e as sensibilidades, sobre a vida.

Ronaldo Vainfas
Professor Titular de História Moderna
Universidade Federal Fluminense

SUMÁRIO

Agradecimentos _____ 9

Introdução _____ 11

1. De Guilgamech a Alexandre: Babilônia e Grécia Antiga___ 17

2. De Júlio César a Adriano: o Império Romano_____ 63

3. Cavaleiros e clérigos: a Idade Média _____ 87

4. De Leonardo aos revolucionários: Renascimento
   e Idade Moderna _____ 123

5. De Byron a Lorca: Idade Contemporânea _____ 160

6. De Stonewall ao século XXI _____ 203

7. Dos índios aos militantes: o Brasil _____ 220

8. A religião e a homossexualidade ao longo da história ____ 264

Conclusão: Em busca da igualdade _____ 278

Bibliografia _____ 283

Sobre o autor _____ 294

AGRADECIMENTOS

Gostaria de agradecer primeiramente a minha editora Laura Bacellar pelo convite para escrever este livro, por seu belo trabalho de preparação dos originais, sua leitura atenta, a discussão dos temas e por suas sugestões de bibliografia.

Muitos amigos abriram-me gentilmente suas bibliotecas, sem as quais eu não teria tido acesso a muitos livros e informações importantes. Agradeço a Andréa Duarte Muniz, Cristina Manuela Ricardo do Espírito Santo, Fernando Aquino Pereira, Francisco José Calheiros Ribeiro Ferreira, Luciana Gama, Luciana Garbellini, Luciano Teixeira Mendes, Marcelo Müller, Marcelo Ramanoski, Marcos Sampaio Soares de Azevedo, Patrícia Zuliani Marcondes, cujos conhecimentos de informática salvaram mais de um capítulo deste livro, Renata Frascino Saraiva, que não apenas abriu-me sua biblioteca como, conhecedora de minha paixão por livros e Antiguidade, presenteou-me com vários livros seus, Rita Parisotto, Rui Moreira Leite, Sirlei Silva e Sylvia da Cruz Colombo.

Agradeço ainda a meus amigos espanhóis, Pilár Jaspe Abella, que me mostrou as belezas dos verdes campos galegos, e Luís Martín Jacas, que me enviou uma enorme quantidade de material da Europa, sempre demonstrando seu entusiasmo com este projeto.

Minha amiga Lilian Lisboa Miranda esteve envolvida neste projeto desde sua concepção e seu auxílio foi muito além de simplesmente abrir-me suas estantes de livros.

Devo agradecer ainda à minha família, que sempre me deu todo o apoio e garantiu-me as condições para a execução deste livro: a meus pais Amilcar e Eurisina, minhas irmãs Elisete e Elisabete, meus cunhados Sérgio e Édson, minhas sobrinhas Andréia, Cínthia e Eloísa – a eles dedico este livro.

Não posso deixar de agradecer ao professor Ronaldo Vainfas por sua bela e elogiosa apresentação e pelo fato de ter confiado em um autor estreante e num livro escrito fora da academia, tendo me honrado com sua erudição e leitura atenta e sutil.

INTRODUÇÃO

A idéia deste livro nasceu indiretamente em 1989, quando eu cursava a graduação em História na Universidade de São Paulo. Naquele ano, realizei um trabalho sobre as relações entre mulheres presentes nas confissões e denunciações da Primeira Visitação da Inquisição à Bahia, para o curso de Brasil Colonial, ministrado pela professora Mary del Priore. Naquela ocasião, a professora Mary sugeriu-me que escrevesse um livro paradidático sobre o tema, mas por preguiça ou falta de confiança, acabei não levando essa idéia adiante. Talvez ainda não estivesse realmente preparado.

Dez anos depois, em 1999, minha editora e amiga Laura Bacellar propôs-me o desafio de escrever uma história da homossexualidade no Brasil e no mundo, ao estilo de muitas publicações deste tipo existentes nos Estados Unidos e na Europa, com a intenção de mostrar personagens importantes da história mundial que foram homo ou bissexuais, para estimular o respeito e a auto-estima de gays e lésbicas, que não costumam ter referências positivas na mídia ou nos livros de história. A idéia de se desenvolver a auto-estima de grupos marginalizados, como homossexuais, negros ou mulheres, não é algo muito comum num país que se considera abençoado por Deus e bonito por natureza; daí a inexistência de publicações deste tipo destinadas ao grande público. A falta de auto-estima faz com que os marginalizados sintam-se ainda mais isolados e culpados de pecados e crimes que não cometeram, que formem uma imagem negativa de si próprios e que não consigam aceitar-se como indivíduos merecedores de respeito. Assim apresento aqui, quase sempre, apenas imagens positivas de gays e lésbicas que contribuíram para o progresso da humanidade. As imagens negativas podem ser encontradas com fartura nos meios de comunicação, elas não precisam deste livro para circularem.

Nossa intenção foi dar um panorama histórico da situação dos homossexuais em vários períodos e, sempre que possível, introduzir a vida de grandes personalidades gays e lésbicas. Também trazer ao grande público publicações e idéias sobre a história da homossexualidade e de várias personalidades homossexuais que são de difícil acesso, presentes apenas em publicações acadêmicas, geralmente em língua estrangeira. Assim, para não dificultar a leitura, reduzimos as notas e citações ao mínimo possível; as traduções de obras literárias realizadas pelo autor obedeceram ao critério de se manterem fiéis ao texto original e se fazerem entender em português. Não tive pretensões de realizar traduções literárias, apenas literais. Tampouco tive a pretensão de esgotar os temas e a bibliografia referentes à homossexualidade; procurei dar um panorama usando os clássicos, além de alguns trabalhos recentes e pouco conhecidos.

Tratar da homossexualidade de personalidades famosas não é fácil, já que tal faceta na vida destas pessoas costuma ser deliberadamente apagada de suas biografias. Ian Gibson, biógrafo do poeta espanhol Federico García Lorca, chamou a atenção para a extrema dificuldade em resgatar um aspecto tão importante de sua vida, já que as pessoas que conviveram com ele e que podiam ser entrevistadas pelo autor recusavam-se terminantemente a falar sobre esse assunto. Vidas levadas em segredo raramente deixam vestígios, e no caso do Brasil, onde não há uma tradição na escrita de biografias que não sejam louvações dos biografados ou o contrário, a situação ainda é mais dramática. A pequena presença de personalidades brasileiras deve-se muito a isso e à homofobia reinante que impede que a vida de homossexuais notórios venha à tona. Ainda assim, uma quantidade incontável de anônimos perseguidos pela Inquisição nos deixaram, involuntariamente, é verdade, muitas pistas sobre suas vidas e amores.

Além disso, temos que lidar com falsificações grosseiras em traduções de documentos, tanto literários como filosóficos, com a omissão de referências a gays e lésbicas na maior parte das obras historiográficas, quando não temos de nos deparar com historiadores homofóbicos que distorcem as fontes para justificar seus preconceitos. E também com a ausência de muitas obras importantes e periódicos, que não estão disponíveis em nossas bibliotecas públicas.

Leitores mais familiarizados com uma literatura especializada irão estranhar o uso constante que faço das palavras homossexual, gay e lésbica, para períodos que não teriam conhecido essas noções; a homossexualidade, para alguns autores, teria nascido apenas em meados do século XIX, quando o termo foi cunhado por um médico alemão. Utilizo esses termos por dois motivos: para facilitar o entendimento e a identificação dos leitores a quem se destina este livro, e por não concordar com esta idéia ingênua, dogmática e pouco fundamentada nos documentos. Não acredito que os comportamentos nasçam apenas quando lhes damos um nome e espero conseguir demonstrar isso no decorrer do texto. Mesmo onde as fontes não mostram um determinado comportamento isso não quer dizer que ele não exista. "O fato de que as fontes históricas não prestem atenção a um fenômeno concreto não prova de forma alguma que ele não tenha existido, nem cabe equiparar a sua descoberta à sua criação ou invenção." (John Boswell, 1982:48) É possível aplicar a noção de homossexualidade a esses vários períodos nem que seja para vermos as diferenças que existem em relação àquilo que hoje conhecemos como homossexualidade. De qualquer forma, procurei manter os termos que tradicionalmente eram utilizados mais ou menos nos períodos nos quais eles eram comuns.

Outros poderão também estranhar que chamemos de homossexuais personagens muitas vezes casadas ou que mantiveram relacionamentos mais ou menos eventuais com pessoas do sexo oposto. Primeiramente, a faceta da vida destas pessoas que interessa a este livro é a de seus relacionamentos com outras do mesmo sexo: são estes relacionamentos que as diferenciam do resto de seus contemporâneos e que muitas vezes as colocam em conflito com a moral e as leis de sua época. Além disso, chamá-las de bissexuais pode parecer mais correto, mas tampouco é preciso, já que não temos como saber até que ponto elas eram realmente aficionadas pelos dois sexos ou se suas relações heterossexuais eram apenas uma defesa contra uma sociedade homofóbica, para não atrair as suspeitas da lei, ou uma obrigação devido à posição que tal pessoa ocupava na sociedade. Certamente é esta a situação de Felipa de Souza, no primeiro caso, e do rei Ricardo Coração de Leão, no segundo.

Tampouco reduzi as relações homossexuais aos contatos genitais entre pessoas do mesmo sexo; muitas vezes, principalmente em épocas particularmente repressoras, a homossexualidade toma outras formas, como as "amizades apaixonadas". Sigo aqui a idéia do historiador estadunidense Paul D. Hardman, que cunhou o termo *homoaffectionalism* para designar estas relações, que não necessariamente envolvem atos sexuais, mas que são caracterizadas por um forte vínculo emocional, uma visão que reconhece "o fenômeno do mútuo altruísmo entre indivíduos do mesmo gênero e reconhece a base do apoio mútuo, lealdade e cooperação necessários (em nossa visão) para permitir o desenvolvimento da civilização." (Hardman, 1993: v-vi)

Procurei também manter um equilíbrio entre as informações referentes a homens e mulheres, o que é infelizmente impossível. Temos poucas informações sobre a vida das mulheres em vários períodos históricos, já que elas raramente produziam documentos e não eram um tema freqüente para os homens que os produziam. As lésbicas eram e são ainda mais silenciosas. Para se ter uma idéia, nos números do periódico sobre estudos femininos *Journal of Women's History* existentes no Departamento de História da USP, não há artigo algum que trate do lesbianismo, e na coleção francesa *História das mulheres*, em cinco grandes volumes, apenas uma parte de um capítulo diz respeito à homossexualidade feminina. Mary del Priore lembra-nos de que as fontes sobre as mulheres geralmente são produzidas pelos arquivos policiais ou religiosos; as vozes femininas "são ouvidas à luz dos constrangimentos impostos pelas práticas de poder que orientam tal e qual interrogatório". (Mary del Priore, 1988:227) Podemos dizer que no caso dos homossexuais, homens ou mulheres, acontece o mesmo: geralmente as fontes que nos chegam são produzidas por uma sociedade que os discrimina e reprime.

O primeiro capítulo trata da Antigüidade, o longo período que vai por volta do ano 2000 a.C., com o mais antigo épico conhecido, o de Guilgamech, até a Grécia Clássica. O segundo capítulo aborda o Império Romano, onde procuro mostrar que a homossexualidade era uma prática social aceita sem grandes reservas embora não fosse uma unanimidade procurando não me fixar naquela visão estereotipada do pederasta grego atrás de jovens adolescentes, que considera estas relações apenas um rito de passagem. O capítulo 3 trata da Idade Média desde o fim do Império Romano até o início do Renascimento, procurando demonstrar que, ao contrário do senso comum, o período medieval não foi uma era de trevas e de ignorância. Apenas no final desse período a repressão aos homossexuais aumentou de uma forma efetiva, já em plena Renascença – era iluminada pelas chamas das fogueiras da Inquisição, tratada no capítulo 4. O capítulo 5 vai desde a Revolução Francesa até meados do século XIX, onde privilegio os movimentos de libertação e lutas por direitos civis que eclodem nesse período. O capítulo 6 trata dos dias atuais e das perspectivas para a homossexualidade no futuro. A parte referente ao Brasil coube ao capítulo 7, onde procurei dar um apanhado geral de nossa história, desde a chegada dos europeus à América do Sul. O pequeno capítulo 8 analisa dois livros e um tema: as nebulosas relações do cristianismo e da homossexualidade, com duas teses polêmicas que põem em cheque os argumentos das religiões cristãs contra os homossexuais.

Como restringi o uso de notas, devo dizer que este trabalho está fortemente embasado no clássico de John Boswell, criticado, mas não superado; no já citado Paul D. Hardman e nos franceses Paul Veyne, Aline Rousselle e Marie-Jo Bonnet. O artigo do historiador estadunidense V. A. Kolve é pouco citado, mas de leitura estimulante. Retirei muitas informações ainda de trabalhos similares a este, como os do norte-americano Tom Cowan, do inglês Colin Spencer e do espanhol António Sánchez. *As vidas*, de Plutarco foi uma fonte inesgotável e de leitura deliciosa, tendo sido muito usada nos dois primeiros capítulos. O capítulo sobre o Brasil não poderia ter sido escrito sem os trabalhos pioneiros e corajosos de João Silvério Trevisan, Luiz Mott, Lígia Bellini e Ronaldo Vainfas, aos quais agradeço terem-me aberto o caminho.

1

De Guilgamech a Alexandre: Babilônia e Grécia Antiga

Foi nos dias esquecidos de antigamente...
J.R.R. Tolkien, *O senhor dos anéis*

Nos jardins da Babilônia

Um dos mais antigos épicos da humanidade é a *Epopéia de Guilgamech* (ou *Gilgamesh*), composta cerca de 2000 a.C. (sua versão definitiva é de cerca do século VII a.C.) em doze longos tabletes de argila, na Babilônia, e descobertos em Nínive, em 1853, por arqueólogos britânicos. Esta, que é uma das mais antigas obras de ficção conhecidas, é também um dos mais antigos relatos de algo que já podemos considerar como um dado característico da Antiguidade, que é a afeição entre pessoas do mesmo sexo.

Trata-se da história de Guilgamech, rei de Uruc, "homem para quem todas as coisas eram conhecidas", "que conhecia todas as regiões do mundo. Era sábio, viu mistérios e sabia coisas secretas", coisas que aconteceram antes do dilúvio e que ele entalhou numa pedra, contando toda a sua história.

Guilgamech foi criado pelos deuses, que lhe deram um corpo perfeito: "Chamach, o Sol glorioso dotou-o de beleza; Adad, o deus da tempestade, dotou-o de coragem; os grandes deuses aperfeiçoaram sua beleza, superando todas as outras, terrífica como um grande touro selvagem. Dois terços o fizeram deus e um terço, homem."

A força do rei de Uruc era tamanha que não havia quem lhe pudesse resistir; não havia adversário capaz de vencê-lo numa luta e sua arrogância e luxúria não tinham limites, fazendo com que o povo clamasse proteção aos deuses e estes clamassem a Aruru, deusa da criação: "Tu o fizeste, ó Aruru, agora cria seu igual; que seja como ele, como seu próprio reflexo, seu segundo eu, coração tempestuoso para coração tempestuoso. Que lutem entre si e deixem Uruc em paz."

Assim os deuses criaram outro ser chamado Enkidu, o único a poder rivalizar em força e beleza a Guilgamech. Enkidu vivia entre os animais selvagens e nada sabia da vida em civilização. Os caçadores, amedrontados com aquele homem imenso que destruía as armadilhas e ajudava os animais a fugirem, pediram a ajuda de Guilgamech. Este disse a eles que levassem até aquele misterioso ser uma prostituta do "templo do amor" para seduzi-lo. Seduzido durante seis dias e sete noites, Enkidu passou da natureza à civilização e adquiriu sabedoria; não podendo mais viver entre os animais selvagens foi levado pela prostituta para a cidade de Uruc, para junto de Guilgamech.

Quando a prostituta explicou-lhe para onde iria levá-lo, "Enkidu alegrou-se; ansiava por um camarada que pudesse entender seu coração." Ela lhe falou sobre Guilgamech: "Ó Enkidu, tu que amas a vida, mostrar-te-ei Guilgamech, homem de muitas paixões; poderás observá-lo em sua radiosa virilidade."

O poderoso rei de Uruc recebeu em sonhos o aviso da chegada de Enkidu, sonhos estes com uma alta carga de erotismo. No primeiro deles Guilgamech contou a sua mãe Ninsun que estava andando pela noite, rodeado de jovens heróis, quando um meteoro caiu do céu. E era tão pesado que ele não conseguiu levantá-lo do chão. Disse ele que todo "o povo de Uruc chegou em volta para vê-lo, o povo comum se acotovelava e os nobres se atropelavam para lhe beijar os pés; e para mim sua atração era como o amor da mulher. Eles me ajudaram, ergui-o com correias passadas pela testa e trouxe-o para ti e tu mesma o declaraste meu irmão."

Ninsun interpretou o sonho como a chegada de um companheiro, um camarada que trouxesse ajuda a seu amigo: "É a mais forte das criaturas selvagens, a substância de Anu; [...] quando o vires, ficarás contente; amá-lo-ás como a uma mulher e ele nunca te faltará."

Num segundo sonho, Guilgamech andando pelas ruas, encontrou um machado abandonado: "Eu o vi e alegrei-me. Abaixei-me, profundamente atraído para ele; amei-o como a uma mulher e o prendi ao meu flanco." Novamente sua mãe Ninsun interpreta o sonho como a chegada de seu companheiro, personificado no machado com o qual Guilgamech fizera amor no sonho.

A prostituta leva Enkidu para Uruc e prepara-o para o encontro com Guilgamech: faz com que ele abandone os hábitos selvagens, dá pão e vinho para comer e beber a ele que só sabia beber o leite dos animais selvagens. Em seguida Enkidu "raspou o pêlo emaranhado de seu corpo e ungiu-se com óleo. Enkidu tornara-se um homem; mas quando pôs a roupa de um homem, ficou parecido com um noivo."

Já em Uruc, Enkidu tentou impedir a entrada de Guilgamech em uma orgia no templo, aonde o rei ia para rogar o direito de desvirginar as noivas antes dos seus maridos, e desafiou-o para a luta: atracam-se "um segurando o outro como touros." Derrubado e vencido, Enkidu exaltou a força e a realeza de Guilgamech, acima da de todos os homens. "Assim Enkidu e Guilgamech abraçaram-se e sua amizade foi selada."

A partir de então os dois se tornaram companheiros inseparáveis até a morte de Enkidu, provocada por um castigo da deusa do amor, Ishtar, que fora rejeitada por Guilgamech. O deus Anu, pai de Ishtar, lhe deu o Touro do Céu para levar até Uruc e devastá-la com sete anos de seca e fome, mas o Touro do Céu foi morto pelos dois inseparáveis companheiros, tendo Enkidu ainda ofendido Ishtar, sua rival no amor de Guilgamesh. Não podendo vingar-se deste, protegido pelos deuses, a ofendida e rejeitada deusa iria enviar a morte a Enkidu.

Enkidu teve a visão de sua morte em um sonho; chorando disse a Guilgamech: "Ó meu irmão, por mais caro que me sejas, irmão, ainda assim eles me tirarão de ti. Devo assentar-me junto ao umbral dos mortos e nunca deverei ver novamente meu caro irmão com meus olhos."

Devastado pela morte de seu companheiro, Guilgamech chorou aos deuses sua dor:

> Ouvi-me, grandes de Uruc,
> Choro por Enkidu, meu amigo,
> Amargamente me lamentando, como mulher enlutada.
> Choro por meu irmão.
> Ó Enkidu, meu irmão,
> Foste o machado a meu lado,
> A força de minha mão, a espada em meu cinturão.
> [...]
> E os moços, teus irmãos,
> Como se fossem mulheres
> Vão, cabelos longos, chorando.
> O que é esse sono que te possui agora?
> Estás perdido no escuro e não podes ouvir-me.

Morto Enkidu, Guilgamech "estendeu um véu, como se faz com a noiva, sobre seu amigo." Mandou fazer então uma estátua com sua imagem, com o busto em lápis-lázuli e o corpo em ouro. Desolado, Guilgamech vagou pelo deserto sem conforto para sua dor, em busca do segredo da imortalidade. Perguntado por que empreendia tal jornada, respondeu: "Por Enkidu, eu o amei muitíssimo; juntos suportamos todo tipo de dificuldade; é por sua causa que vim, pois a sorte de todo homem – a morte – lhe coube."

Guilgamech e Enkidu são dois heróis viris e supermasculinos que têm uma afeição muito forte um pelo outro. Enkidu é criado pelos deuses para ser o companheiro de Guilgamech, cada um escolhido para satisfazer as paixões do outro. Ele é criado a partir das súplicas dos moradores de Uruc preocupados com os ataques sexuais de seu rei aos jovens e às virgens, e podemos presumir que Enkidu é criado para satisfazer a estes apetites. Nos sonhos de Guilgamech, Enkidu, representado por um meteoro e por um machado, desperta-lhe o desejo sexual, como se fora uma mulher; no segundo sonho ele efetivamente se relaciona com Enkidu na forma de machado. O termo utilizado no texto original para designar a atração de Guilgamech por Enkidu é o mesmo que serve para descrever a atração de Enkidu pela prostituta que o seduz no deserto.

Paul Hardman (1993:7) chama a atenção para as ambigüidades sexuais nos sonhos de Guilgamech nas palavras *meteoro* e *machado*: no original consta a palavra *hassinu* significando machado, muito próxima de *assinu*, prostituto; da mesma forma a palavra *kisru*, significando bola, objeto redondo, meteoro, próxima de *kerzru*, que significa homem com cabelos cacheados ou também prostituto, homem que oferece seus serviços sexuais para outros homens. Como o poema foi escrito para ser declamado ou cantado, a ambigüidade destas palavras devia ser ainda mais flagrante. Os sonhos do rei de Uruc são reveladores do tipo de afeição que há entre os dois heróis.

Guilgamech usa então os serviços de uma prostituta, provavelmente uma sacerdotisa do templo, para atrair o grande e peludo homem selvagem das estepes para si, vendo nele um companheiro ideal, único a poder igualá-lo em força e beleza. A partir de seu encontro tornam-se inseparáveis, tratando-se por irmãos, o que na Antigüidade significava, muitas vezes, amantes.

O rei de Uruc era essencialmente bissexual: "Filho nenhum é deixado com seu pai, pois Guilgamech arrebata-os todos, até as crianças [...]. Sua luxúria não deixa virgem com o amado, nem mesmo a filha do guerreiro ou a esposa do nobre." No entanto, até a chegada de Enkidu os relacionamentos bissexuais do rei eram apenas a satisfação do desejo sexual de forma incivilizada e perturbadora para a população. O relacionamento com Enkidu iria ter, ao contrário, um caráter muito mais emocional, baseado na afeição entre iguais. Se Enkidu entrou para o mundo civilizado, Guilgamech também se transformou, passando do abuso sexual ao relacionamento sem dominação.

A morte de Enkidu foi provocada pelo despeito da deusa Ishtar, rejeitada por Guilgamech; este chorou a morte de seu amigo e "irmão" como uma mulher enlutada, assim como outros moços, "seus irmãos", que seriam jovens amantes do preferido do rei. Transido de dor, Guilgamesh cobriu o corpo do amado como se fora uma noiva, arrancou os cabelos e as vestes, fez com que os nobres beijassem os pés do morto e o povo chorasse e levantasse o canto fúnebre em sua homenagem; lamentou sete dias e sete noites, no fim dos quais os juízes da cidade apoderaram-se do corpo de Enkidu, do qual o rei não queria afastar-se.

Essa epopéia, embora seja uma obra de ficção, é representativa de como esta época via as relações entre pessoas do mesmo sexo: como prova de virilidade, quando relacionadas entre dois homens, e uma relação honrada até mesmo pelos grandes heróis e deuses.

O Código de Hamurabi, conjunto de leis babilônias (1750 a.C.), é uma das mais antigas inscrições de leis da Antigüidade e inspirou outros códigos entre vários povos, como os hititas e os hebreus. Nele não se encontram grandes proibições de cunho sexual; ao contrário, ele contém alguns privilégios que se devem dar aos prostitutos e às prostitutas sagradas. Em muitos cultos antigos, os sacerdotes deviam prostituir-se no templo e mesmo os fiéis deviam fazê-lo ao menos uma vez por ano. Provavelmente a prostituta que seduz Enkidu na epopéia era também uma sacerdotisa do templo do amor.

Em Uruc, cidade de Guilgamech, era comum a presença de sacerdotes travestidos, tanto homens vestidos de mulher como mulheres vestidas de homem; certas figuras religiosas femininas da Babilônia eram representadas por estátuas de mulheres vestidas com roupas masculinas. Muitos pais davam seus filhos em adoção aos sacerdotes, que os criavam para tornarem-se novos sacerdotes como eles, o que era visto como uma grande distinção e honra.

Os homens engajados na prostituição sagrada eram vistos como aqueles cuja masculinidade a deusa Ishtar havia transformado em feminilidade. Não apenas as leis não previam nenhuma sanção ao comportamento homossexual como ele estava inserido em um contexto religioso e sagrado. A única referência do código de Hamurabi a esse comportamento está em seu parágrafo 187, onde se estabelece que as adoções aos templos deveriam ser irrevogáveis, privilégio que só os sacerdotes possuíam.

Nesta época a prostituição não era estigmatizada, assim como a homossexualidade; ao contrário, os templos eram servidos por sacerdotes, servos artesãos e prostitutos de ambos os sexos, por vezes das mais importantes famílias, que eram os intermediários entre os fiéis e as divindades. Mesmo na Judéia, reino dos judeus, monoteístas e inimigos das práticas pagãs, houve prostituição sagrada, tanto masculina como feminina. Na Grécia conhecemos apenas um exemplo, no Templo de Afrodite em Corinto, que devia ter mais de mil prostitutas dedicadas ao serviço da deusa e de seus seguidores; principalmente destes.

As leis hititas, herdeiras do Código de Hamurabi, também não apresentam nenhuma proibição ao comportamento homossexual, chegando mesmo a reconhecer uniões entre pessoas do mesmo sexo (pelo menos entre homens): "Se um escravo paga o preço do dote a um jovem livre e leva-o para viver em sua casa como marido, ninguém poderá resgatá-lo." A questão sexual era secundária frente à garantia de direitos patrimoniais e de *status* entre homens livres e escravos. (Hardman:22)

Mulher, flagelo terrível

Para entendermos as relações homossexuais na Antigüidade é preciso entender bem como funcionavam o casamento e as relações amorosas e sexuais, ao menos entre os gregos ricos, dos quais temos mais fontes de informações.

Ao contrário de nossa sociedade atual, que preza os casamentos que se baseiam no amor, na paixão e na atração sexual, para os antigos o casamento era, acima de tudo, uma relação política e econômica: ele consagrava a união de duas famílias, garantia a continuidade do clã ou da família com o nascimento de herdeiros masculinos legítimos, e provia novos cidadãos para servir o Estado. Entre os mais pobres, garantia a sobrevivência, por meio do trabalho coletivo, e também muitas vezes uma base afetiva.

No período homérico, por volta dos séculos IX ou VIII a.C., a cerimônia de casamento em Atenas era muito simples: o pai da noiva anunciava publicamente que queria casá-la e escolhia entre os pretendentes que se apresentavam o que fosse mais adequado; eles então trocavam presentes de acordo com a condição dos noivos. A cerimônia em si consistia na transferência solene da esposa da casa de seu pai para a casa de seu marido, precedida de um banquete oferecido pelo pai da noiva, responsável por todas as despesas, além do dote da consorte. Sorte mesmo não tinha o infeliz que fosse pai de uma mulher, com todas estas despesas! À noite a transferência da noiva era feita de carro, à luz de tochas e com o acompanhamento de um cortejo.

Para muitos, a mulher era um peso. Era melhor que nem existisse, mas era preciso reproduzir e alguém deveria gerir a casa. Ao menos em teoria eram estas as funções da mulher, das ricas principalmente, já que as pobres poderiam trabalhar para ajudar, ou quem sabe, às vezes, sustentar seus maridos.

Para Hesíodo, poeta bucólico, a mulher era um calamitoso presente dos deuses aos homens, por sua vaidade, gula e frivolidade. Essa teoria ele desenvolveu muito bem em sua *Teogonia*, no conhecido mito da Caixa de Pandora, aquela que por sua curiosidade libertou todos os males que estavam escondidos dos homens:

> Dela nasceu a raça e a sucessão maldita das mulheres
> Flagelo terrível instalado no meio dos homens mortais.

Aparentemente a mulher de alta classe vivia a maior parte do tempo na parte feminina da casa, o *gineceu*; sim, porque ela sequer dormia no mesmo quarto que seu marido, o quarto nupcial ou *thalamos*. A este ela era apenas convidada, se não fosse o turno de alguma concubina, escrava, escravo ou adolescente. Durante esse período, a mulher ainda não estava totalmente confinada ao *gineceu*, mas tempos depois um tratado de civilidade feminina já recomendava que só se admitisse sua saída em três ocasiões: a participação em uma festa, as compras e as obrigações religiosas. Não havia obrigações cívicas, já que mulheres não eram cidadãos.

O chefe do clã ou da família tinha direito de vida e morte sobre todos os "incapazes", ou seja, os escravos, filhos menores e esposa. Em sociedades mais complexas e urbanizadas como a Atenas do século V a.C., esse direito era limitado, mas não absolutamente negado. Em geral só o adultério dava direito de morte ao marido, mas quase sempre, ele preferia entregá-la à justiça e repudiá-la, para evitar a vingança de sua família. O repúdio, aliás, era obrigatório, sob pena de *atimia*, a perda dos direitos políticos.

Obviamente o adultério do marido sequer era motivo para divórcio. Para consegui-lo, a mulher deveria apresentar ao arconte – que representava os incapazes: escravos, menores, estrangeiros e mulheres – um relatório escrito com os motivos que a levaram a pedir o divórcio. Mas é preciso notar que a opinião pública não via com bons olhos mulheres que requeriam o divórcio.

No período Clássico de Atenas, o século de Péricles, ou século V a.C., a cerimônia de casamento pouco mudou em relação ao período Homérico. Introduz-se o ritual de darem-se as mãos o pai da noiva e o noivo, os verdadeiros interessados no negócio, que pronunciavam algumas frases rituais perante testemunhas; havia ainda a troca de presentes e dote. A transferência continuava a ser feita, conduzido o carro nupcial por um amigo do noivo; *just friends!*

No quarto nupcial a noiva retirava o véu e a porta era guardada, novamente, por um amigo do noivo. Ali então se consumava o casamento. E a noiva que aproveitasse, pois não era comum que ela freqüentasse com muita assiduidade o quarto do esposo.

O casamento era um ato político e social, mas e o amor? O marido podia amar sua esposa se quisesse, mas nada o obrigava; para o amor e para o sexo havia muitas oportunidades para um homem livre na Grécia: escravas, dançarinas, atrizes, prostitutas, cortesãs e as famosas *hetairas* – prostitutas de luxo versadas nas artes da dança, do canto, da poesia e, por vezes, da filosofia. Havia ainda mulheres livres, mas de condição inferior ou estrangeiras (o que impedia o casamento), que eram as amantes oficiais, as concubinas e que tinham alguns direitos, ainda que poucos.

É verdade que a esposa tinha vantagens, pois além de poder dar prazer e cuidar do marido, podia dar-lhe uma descendência legítima, coisa que cortesãs, escravas e, obviamente, jovenzinhos imberbes não podiam. O problema é que o casamento geralmente não era fruto de uma escolha afetiva, o que dificultava a existência de uma relação mais intensa.

E não podemos nos esquecer dos escravos, dançarinos, prostitutos, adolescentes e demais representantes do belo sexo, para os gregos. Os gregos amavam a beleza e, para eles, a beleza era quase sempre masculina. Em Homero, por exemplo, o ideal de beleza masculina era a semelhança com os deuses, ou seja: cabelos louros, pés poderosos, coxas maciças, braços musculosos, os ombros e o peito largos, a própria descrição dos atletas retratados nas esculturas. Já a mulher deveria ter belos pés, ou seja, grandes, as mãos largas, os braços brancos, o rosto cheio, os cabelos encaracolados e abundantes, os seios cheios. Em suma, uma mulher vigorosa e boa parideira, para garantir filhos fortes e saudáveis.

Em geral os gregos acreditavam num amor aristocrático, que só poderia ser possível entre dois iguais, entre dois homens; toda paixão desenfreada era considerada um mal, maior ainda se fosse dedicada a um ser inferior como a mulher. Daí as amizades amorosas entre homens, ou, por exemplo, entre um cidadão maior e um adolescente, a conhecida e tão falada pederastia. Mas, como veremos adiante, nem sempre estas relações obedeciam a este padrão, envolvendo muitas vezes homens da mesma idade, em relações duradouras e estáveis; e nem sempre o marido deixava de amar a sua esposa legítima de forma sincera e apaixonada. A homossexualidade na Grécia "não é hostil ao casamento, mas o complementa." (Licht, 1932:445).

A valorização artística da homossexualidade masculina na Grécia data do final do século VII a.C. e, para Kenneth J. Dover (1994:268), talvez date daí sua aceitação social. Creio que podemos dizer que esta aceitação social deve ser muito mais antiga; se considerarmos a antigüidade do mito de Guilgamech e a obra de Homero, podemos crer que os gregos já aceitassem as práticas homossexuais, assim como os babilônios, considerando-a uma forma de amor legítima e honrosa.

"É mais fácil esconder cinco elefantes..."

A prostituição era muito mal vista entre os homens nascidos livres. A maior parte dos prostitutos de Atenas, e de outras cidades gregas, era composta por escravos, ex-escravos e estrangeiros. Havia muitos bordéis masculinos e outros mistos, que pagavam taxas e impostos à cidade. Prostitutos podiam ser encontrados nos bordéis, nas termas, nas ruas e parques. Eles também iam à casa dos clientes e a festas, para servirem aos convidados.

Muitas vezes estes servos do prazer eram crianças raptadas na infância ou abandonados pelas ruas ao nascer e recolhidos por mercadores de escravos e prostitutos. Piratas fenícios abasteciam bordéis e haréns de paxás orientais com jovens rapazes aprisionados. Um caso famoso é o do filósofo Fédon de Elis, a quem Platão dedicou um belo diálogo sobre a imortalidade da alma, feito por Sócrates no dia de sua morte. Era filho de uma família importante mas, na infância, foi aprisionado na guerra e vendido como escravo para um bordel masculino. Conheceu o filósofo Sócrates (não sabemos exatamente em que circunstâncias), que fez com que dois de seus seguidores ricos, Alcibíades e Critão, comprassem-no para que ele pudesse estudar a filosofia em liberdade.

Proeminentes e generosos amantes eram disputados por estes profissionais: Diógnis, o favorito de Demétrio, era invejado por todos os prostitutos, que desejavam fazer "amizade" com Demétrio; assim, os mais belos rapazes, quando ele saía às ruas, no final da tarde, vinham todos em sua direção a fim de serem vistos e, quem sabe, escolhidos.

Havia para todos os gostos: ativos, passivos, masculinos, efeminados, caros, baratos, travestidos ou não. Estes, vestidos de mulher e maquiados, mereceram um provérbio ateniense que dizia: "É mais fácil esconder cinco elefantes debaixo do braço do que um destes rapazes." (Reay Tannahill, 1992:91). Um provérbio que não perdeu de todo sua atualidade.

Parques e locais pouco freqüentados eram espaços privilegiados à prostituição e à busca de parceiros para encontros sexuais furtivos. O Pireu, ou o porto de Atenas, e o Cerâmico, o bairro dos oleiros, possuíam diversos bordéis, masculinos e femininos, mas parece que os prostitutos podiam ser encontrados em quase todos os bairros da cidade, além das casas de banho. As mal afamadas tavernas dos bairros populares também eram conhecidos pontos de prostituição, freqüentadas desde por escravos até mesmo pelos ricos e famosos da cidade, como o orador e político Demóstenes (384-322 a.C.)

Homens ou rapazes podiam ser também alugados por tempo determinado. Em 393 a.C., dois homens enfrentam-se na justiça por causa de um prostituto, um jovem natural de Platéia chamado Teódoto. Um certo Simão acusava outro ateniense anônimo de ter violentado Teódoto, crime punido com banimento e confisco de bens. Simão pagara 300 dracmas por Teódoto, mas este fora levado para a casa do outro ateniense que queria apenas ser "seu amigo e tratá-lo bem". Enquanto Simão, segundo ele, "brutalizava-o para forçá-lo a fazer o que ele queria". Este entrou na casa do outro ateniense bêbado e excitado, querendo levar o menino. Não conseguindo, espancou o dono da casa, que fugiu com o menino, voltando depois de um tempo para Atenas, onde as disputas continuaram, inclusive com espancamentos, fugas e tentativas de rapto do jovem pelo comprador lesado, pelas ruas da cidade; não sabemos com quem acabou ficando o pivô desta disputa.

Algumas vezes os negócios com estes servidores do prazer podiam ser arriscados; o grande dramaturgo Sófocles um dia cedeu aos apelos de um belo rapaz e consumou o combinado entre eles nas sombras das muralhas de Atenas. Terminado o encontro, o pequeno profissional roubou o caro manto do escritor e este teve que voltar para casa com o manto de criança do jovem delinqüente, que o pequeno prostituto teve a bondade de deixar-lhe; antiga profissão, antigos métodos!

Para o cidadão livre, a prostituição, de si mesmo ou de um menor como um filho ou sobrinho, implicava a perda dos direitos de cidadania, a *atimia*. Filhos prostituídos na infância pelos pais desobrigavam-se de sustentá-los e abrigá-los na sua velhice, tendo apenas que cuidar de seus sepultamentos. Como na maioria das civilizações, a prostituição, tanto masculina quanto feminina, era considerada desonrosa para aquele que a praticava.

O padrão desta sociedade poderia ser chamado de bissexual; os aristocratas e burgueses podiam encontrar uma grande gama de pessoas aptas a serem usadas sexualmente por cidadãos livres e muitos deles eram homens. Havia homens que gostavam dos dois sexos indiscriminadamente, apenas de mulheres ou apenas de homens. O sexo do parceiro não chegava a ser um problema; ninguém era perseguido por conta de suas preferências.

Um exemplo desta indistinção pode ser observada na ambigüidade das palavras *étai* (companheiro), *hetairoi*, (companheiro de armas, camarada de combate) e *hetaira* (cortesã). A *hetaira* era uma prostituta de luxo, em geral de grande beleza e dotes artísticos. Elas deveriam saber cantar, declamar poesia, conversar sobre política e filosofia, e muitas chegaram a ter grande influência política, como Aspásia, Laís e Frinéia, que fizeram parte do círculo de homens mais inteligentes e influentes do século de Péricles (século V a.C.).

Havia locais onde a possibilidade de encontrar amantes era maior. Além das escolas e dos ginásios, onde os adolescentes se exercitavam nus, havia barbearias, lojas de perfumes, consultórios médicos, termas e o escuro e abandonado Pnyx, uma colina a oeste do Areópago, rodeada por edifícios em ruínas, onde era intensa a prostituição masculina.

Quanto às mulheres, pouco sabemos além dos poemas de Safo; os documentos eram escritos por homens, a história foi escrita durante muito tempo por homens e de um ponto de vista masculino. Sabemos, por exemplo, que em Mileto, cidade comercial da costa da Ásia Menor, fabricavam-se e exportavam-se, para todo o mundo grego, consolos, ou pênis artificiais, feitos em madeira ou couro, os *olisbos*, que deviam ser lubrificados com óleo de oliva antes do uso. Dizia-se que eram usados por pessoas solitárias e pelas tríbades (em latim *fricatrix*, aquelas que se roçam), nome que os antigos davam às mulheres homossexuais e que os atenienses acreditavam ser mais comuns em Esparta.

Segundo Hans Licht (1932:318) há notícias de que Filenis, mulher nascida em Leucádia, tenha escrito o mais antigo livro ilustrado (se é que houve outro até nossos dias), de posições amorosas para tríbades. Uma placa arcaica de Tera mostra duas mulheres aparentemente cortejando uma à outra; uma põe sua mão no rosto da outra e ambas seguram guirlandas de flores. Um conhecido vaso ático mostra uma mulher ajoelhada acariciando com os dedos a região genital de outra mulher. Estas imagens de sexo entre mulheres eram muito mais raras do que aquelas entre homens, produzidas com abundância, principalmente em vasos (Dover, 1994:239). Mas se temos poucas informações sobre as homossexuais, também pouco se sabe sobre as mulheres heterossexuais desta época. Com exceção de Safo, a homossexualidade feminina parece ter sido um tabu para os gregos, tanto na arte como na literatura.

Deuses e heróis

Os gregos costumavam criar mitos para explicar a origem de determinadas instituições e comportamentos; para a homossexualidade também criaram um mito de origem. O "criador" deste "hábito" teria sido o rei tebano Laio, pai infeliz de Édipo, o do complexo, que teria raptado o jovem e belo Crísipo para compartilhar seu amor; este teria sido, para a tradição, o primeiro casal homossexual da Grécia, e sua história foi contada por Eurípides em sua tragédia *Crísipo*, de 411 ou 409 a.C. Isso talvez explique por que a infeliz Jocasta tenha se casado tão rapidamente com o assassino de seu marido Laio, seu próprio filho Édipo. Freud parece não ter dado atenção a este fato quando criou sua teoria do complexo de Édipo como fundador da identidade heterossexual dos meninos!

Zeus e Ganimedes

O próprio Zeus, senhor supremo do Olimpo, é responsável por um mito que ilustra muito bem o amor pederástico. Zeus, embevecido com a beleza exuberante do jovem príncipe troiano Ganimedes, tomou a forma de uma águia e seqüestrou-o, levando-o para junto de si no Olimpo, para ser o copeiro dos deuses. Não podemos nos esquecer que nesta época, nos banquetes, os convivas eram servidos por jovens escravos que, ao fim do jantar, podiam servir para a satisfação de outros apetites.

Também fazia parte dos costumes cretenses, como veremos a seguir, o rapto do jovem amado pelo amante mais velho, com a entrega de presentes ao pai do jovem "raptado". Da mesma forma, Zeus enviou cavalos velozes, os mesmos usados pelos deuses, a Tros, pai de Ganimedes, que lamentava a perda de seu filho, para consolá-lo. Os habitantes da cidade de Cálcis adoravam o local, próximo de sua cidade, onde eles acreditavam ser o sítio exato do rapto de Ganimedes, chamado Harpagião (Local da Abdução).

O nome Ganimedes passou a designar, neste período, o jovem homossexual ou homens que sentiam atração erótica preferentemente por outros homens. Sua versão latina, Catamitus, também passou a descrever esta mesma preferência e, ainda hoje, o termo inglês *catamite* possui o mesmo sentido. Seu nome também batizou um dos satélites do planeta Júpiter, o nome latino de Zeus, medida tomada provavelmente por um astrônomo entendido em assuntos de mitologia greco-romana.

Tanto na Antigüidade como no Renascimento, foram comuns as representações do rapto de Ganimedes na literatura, na escultura e na pintura. O mestre flamengo Pedro Paulo Rubens foi um dos que representaram o jovem príncipe nas asas de Zeus metamorfoseado em águia, no quadro que pode ser visto no Museu do Prado, em Madri. Muitas destas representações dão a idéia de uma relação sexual entre Zeus, em forma de águia no momento do rapto, e o jovem Ganimedes, como o desenho de Miguel Ângelo da Biblioteca Nacional de Paris.

O insaciável Hércules

Hércules ou Héracles era filho do adultério de Zeus e da mortal Alcmena, esposa de Anfitrião. Era venerado como um deus por sua força, senso de justiça e coragem. Os aristocratas gregos consideravam-se descendentes de Hércules, os heráclidas. Tanto na Grécia, como Héracles, como em Roma, como Hércules, ele era considerado um símbolo de virtude cívica e filosófica.

Embora tenha tido várias esposas e, segundo a lenda, ter deflorado cinqüenta virgens em uma única noite, a tradição informa que ele teve catorze amantes masculinos; como a maioria dos gregos, ele não era indiferente ao amor dos homens. Seus principais amantes masculinos foram seu sobrinho Iolau (a quem Hércules presenteou com uma esposa, Mégara, provavelmente como paga pelos bons serviços prestados), Filoctetes, Nestor, Jasão, Adônis e o jovem Hilas. Modernas séries de televisão supostamente baseadas no mito de Hércules certamente não utilizam estas informações em seus roteiros...

Além de cultuado por sua força física e espírito cívico, era também um símbolo de fidelidade para casais masculinos, que por muito tempo fizeram juras e promessas na – suposta – tumba de seu amante Iolau. Em memória a este amor eram celebradas em Tebas as *Ioléias*, jogos ginásticos e eqüestres nas quais armas e vasos de bronze eram presenteados aos vencedores.

O poeta Teócrito de Siracusa (século III a.C.), num de seus idílios (XIII), faz o elogio do amor de Héracles pelo jovem Hilas, cujo pai fora morto pelo herói; ele o acompanhou na expedição dos Argonautas, quando foi raptado pelas ninfas de uma fonte, que se apaixonaram por sua beleza. Dirigindo-se ao amigo – ou amante – Nícias, diz-lhe que eles, os mortais, não foram os primeiros a serem contemplados com o amor:

"O filho de Anfitrião (Héracles), o herói de coração duro que enfrentou um leão feroz, ama também a um menino, o gracioso Hilas de belos cabelos encaracolados. Ele ensina-lhe tudo, como um pai a seu filho querido [...]: ele nunca o abandona, nem à chegada do entardecer, nem quando a Aurora de brancos cabelos avança em direção a Zeus [...]. Pois ele quer que o menino seja elevado segundo seu coração, e que, seguindo seu próprio exemplo, ele se torne verdadeiramente um homem." [...]

Na expedição da qual participava com seu amado Héracles, Hilas não deixou de servi-lo, como Ganimedes a Zeus: "Por seu lado, o loiro Hilas toma um vaso de bronze e vai procurar água para a refeição de Héracles e para o inabalável Telamon, os companheiros que comiam sempre à mesma mesa."

Apaixonadas por sua beleza, as ninfas da água raptaram o jovem Hilas. Desesperados, Héracles buscou em toda a parte o seu amado, inutilmente: "Héracles, impaciente por reencontrar o jovem, saltava entre o emaranhado de sarças, percorrendo várias regiões em sua busca."

"Infelizes amantes! Em suas buscas por entre as montanhas e florestas de carvalhos, quanta fadiga sofreu o herói." Enraivecido, o herói fez diversos reféns, que só libertou com a promessa destes procurarem por Hilas eternamente.

Apolo e Jacinto

Apolo, deus da beleza e da eterna juventude e irmão gêmeo da viril e virgem Ártemis, deusa da caça, era também o patrono das profecias e predições e divindade tutelar de todas as artes. Além de inúmeros amores femininos, Apolo foi famoso por seus incontáveis amantes, como Forbas, Cipariso, Admeto, Carnus, Hipólito de Sicião e Himeneu.

Um dos mais famosos foi Jacinto, filho de um rei de Esparta. Segundo a versão mais corrente, o deus abandonou a tudo para seguir Jacinto à cidade de Delfos, dedicando-se a cuidar dos cães de Jacinto na beira do rio espartano, o Eurotas. Um dia Jacinto pediu ao deus que praticasse arremesso de disco com ele; o disco de Apolo subiu aos céus e caiu perfeitamente em seguida. Já o de Jacinto foi atirado com tanta falta de destreza que caiu sobre seu rosto, que ficou coberto de sangue. Dizia-se ainda que Zéfiro, personificação divina do vento que anuncia a chegada da primavera, também fora amante de Apolo, e que ao ser desdenhado pelo belo Jacinto, teria desviado com seu sopro o disco, destruindo o belo rosto do jovem príncipe e levando-o à morte.

Apolo lavou a ferida de seu amado e aplicou-lhe um emplasto de ervas aromáticas, mas não conseguiu salvar-lhe a a vida. Desesperado pela morte de seu amado, fez nascer de seu sangue uma flor de cor púrpura com cálice em forma de lírio e em cujas pétalas está gravada a letra grega *aí*, a interjeição de dor ai, ou ainda a inicial do nome Jacinto. A cidade de Esparta orgulhava-se de ser a pátria de Jacinto e instituiu em seu louvor uma festa e jogos que se realizavam todos os anos, chamadas Jacintas.

Ovídio, em seu *Metamorfoses,* descreve assim a dor de Apolo: "Morres na flor da juventude! – lamentava-se o deus. – E fui eu, amado Jacinto, o culpado, por haver atendido teus rogos! Não posso olhar tua ferida mortal sem ver em minha mão uma mancha de sangue! Meu único consolo é pensar que o que me moveu foi o amor imenso que tenho por ti! Pudera eu dar minha existência pela tua ou então morrer contigo! Mas minha lira não cessará de cantar-te..." (Citado em António Sanchez, 1993:25).

Também Luciano (125?-192? d.C.), outro autor latino, descreve a dor de Apolo em seus *Diálogos dos Deuses*. Apolo desabafa com Hermes a dor da perda e pergunta-lhe se sua dor parece-lhe insensata; a resposta do amigo é dura e direta, na boa tradição do pragmatismo romano: "Sim, Apolo; o amigo que escolhestes era mortal, tu não o ignoravas. Não te aflijas então com morte dele." (Da versão em francês de Émile Chambry:124-125)

Teseu e Pirítoo

Teseu foi o herói mitológico que matou o minotauro da Ilha de Creta que, anualmente, devorava sete moças e sete rapazes atenienses, enviados como tributo. Teseu ofereceu-se para o sacrifício com os outros jovens atenienses e, com a ajuda de Ariadne, filha do rei Minos de Creta, matou o monstro meio homem, meio touro. Ariadne acabou morrendo na fuga, mas o coração de Teseu logo foi presenteado com o amor do jovem Pirítoo.

Essa amizade começou com a fama heróica de Teseu que se havia espalhado por toda a Grécia. O jovem Pirítoo, fascinado por essa fama, foi procurá-lo em suas terras e roubou-lhe alguns bois. Teseu foi a seu encalço mas, logo que eles se entreviram, ficaram os dois assombrados com a beleza e ousadia um do outro. Diante de tanta beleza, Teseu dispensou-o de qualquer reparação pelo roubo e convidou-o a ser seu amigo e irmão de armas, jurando-se os dois uma amizade fraternal. No contexto da época, a ligação erótica do herói e do jovem era clara.

Outro amante famoso de Teseu foi o insaciável Hércules. Numa festa, os centauros se excederam e tentaram violar as mulheres gregas, tendo sido expulsos com a ajuda de Teseu, que foi em auxílio de Hércules, por quem havia muito tempo nutria uma especial afeição. Heródoto, ao descrever esse encontro, diz que ele foi "cheio de camaradagem, carícias e honras", bem como de "recíprocos louvores".

O amor grego

Oh, que mágico conforto são os rapazes para os homens!
Eurípides

A Grécia antiga é conhecida por nós hoje em dia não só por suas estátuas nuas e templos com longas colunas, pela instituição da democracia, o governo do *demos*, ou do povo, como pelo chamado amor grego, ou amor socrático, platônico ou sáfico, sinônimos de homossexualidade masculina e feminina. O que poucos sabem é o quanto estes dois aspectos da história da Antigüidade grega estão intimamente relacionados.

Sólon e a democracia

Sólon (c.640-c.558 a.C.) é conhecido por ter sido o legislador que codificou, ou ajudou a codificar, as leis democráticas de Atenas. Originário de uma família de posses medianas, desde cedo se dedicou ao comércio, além de ter sido conhecido também por seus poemas em louvor do amor pelos jovens rapazes. Era considerado um dos sete sábios da Grécia e foi o elo que ligou a Grécia arcaica à civilização democrática.

Ele teve participação importante em diversos conflitos de Atenas com outras cidades e entre seus próprios cidadãos, em disputas pelo poder entre grupos rivais. Nesta época os cidadãos pobres viam-se atolados em dívidas com os mais ricos, cuja garantia era quase sempre a própria liberdade: os insolventes podiam ser vendidos como escravos no estrangeiro; outros vendiam os próprios filhos para saldar suas dívidas e as tensões sociais e políticas estavam alcançando níveis perigosos.

Exigia-se então uma solução que pudesse atender a todos e evitasse o risco de uma guerra civil. A solução foi encontrada na figura de Sólon, único considerado acima das disputas, segundo o escritor Plutarco, por não compartilhar da injustiça dos ricos e nem estar sujeito às mesmas necessidades dos pobres. Foi assim tornado arconte, árbitro e legislador. Ele teria então diminuído os juros das dívidas dos pobres – segundo alguns elas teriam sido até mesmo abolidas; teria trazido do estrangeiro os cidadãos condenados por dívidas e restituído a cidadania àqueles escravizados em Atenas, mas não chegou a distribuir terras, como esperavam os pobres. Também foi o responsável pela extinção das leis draconianas, que previam a pena de morte para quase todos os delitos, além de ter estimulado uma maior participação dos cidadãos pobres na vida política e no acesso à justiça.

Outra lei estabelecida por Sólon, e de maior interesse para nosso tema, era a que proibia aos escravos ter amantes e praticar ginástica, já que eram nos ginásios que muitos romances entre homens nasciam. Era sabido que Sólon não resistia aos encantos dos belos jovens; por considerar este um amor louvável e honroso, ele decidiu proibi-lo àqueles considerados indignos, estimulando a praticá-lo aqueles considerados dignos, os cidadãos livres. Esta proibição nos faz pensar que não eram incomuns as relações entre escravos e homens livres como amantes, não apenas como o uso de um ser subalterno, o escravo, pelo seu dono e senhor, que podia fazer dele o que bem quisesse.

Em seus poemas ele já indicara o apreço que tinha pelo amor dos belos jovens:

> Aquele que tem muito ouro e dinheiro, campos muito vastos, cavalos, mulas, não é mais rico que aquele que tem justamente tudo o que lhe é preciso para ser bem nutrido, bem calçado e bem vestido, que é amado por alguns jovens rapazes ou algumas jovens mulheres, e que está ainda na idade de entregar-se aos prazeres de sua sociedade; eis aí a verdadeira riqueza, os outros bens são supérfluos, ninguém lhes resiste nos Infernos, e com presentes ninguém fica preservado da morte, nem das doenças nem da velhice.

O romance homossexual de Sólon mais conhecido teria sido com Pisístrato (antes de 600-527 ou 528 a.C.), cujas mães eram primas. Pisístrato, cuja amizade com Sólon parecia ser reforçada por sua própria beleza, tornou-se tirano de Atenas ao usurpar o poder em 561 a.C.; foi deposto duas vezes, em 556 e 552 a.C., retornando ao poder em 538. Quando Pisístrato tornou-se tirano, Sólon, o legislador, e praticamente criador do regime democrático em Atenas, afastou-se do primo e antigo amante. Acredita-se que a paixão de Sólon tenha impedido que ele se tornasse um opositor mais feroz e hostil ao tirano. Outros ainda crêem que a ligação entre os dois teria sido criada apenas para honrar a imagem de Pisístrato.

Pisístrato, por sua vez, soube superar o abandono de seu amado e tornou-se amante de Carmo, a quem teria dedicado a estátua de Eros da Academia de Filosofia, onde se acendia a chama sagrada. Quando de sua morte em 528 a.C., transmitiu o poder a dois de seus filhos, Hípias e Hiparco. E aqui o nome de Sólon, indiretamente, liga-se ainda outra vez à construção da democracia ateniense.

Harmódio e Aristogitão

É preciso amar um ser para correr o risco de sofrer por ele.
Marguerithe Yourcenar, *Fogos.*

Após a morte de Pisístrato, dois de seus filhos, Hípias e Hiparco herdaram a tirania em Atenas. Hípias era o mais velho, político por natureza e considerado sábio; Hiparco gostava de diversão e de aventuras amorosas e artes, tendo trazido a Atenas poetas famosos como Anacreonte e Simônides.

Nossa história começa em 514 a.C., quando um dos irmãos tiranos, o mais jovem, Tessálio segundo Aristóteles (*A política*), e Hiparco segundo Tucídides (*História da guerra do Peloponeso*) e Heródoto (*Histórias*), apaixonou-se pelo jovem e belo Harmódio. Seu amor não foi correspondido, pois o coração do mancebo já pertencia a Aristogitão, de quem era amante; ressentido, o tirano preparou uma vingança contra o amado indiferente. Por ocasião de uma procissão religiosa, Hiparco convidou a irmã mais jovem de Harmódio para carregar um cesto, posição muito honrada nesta festa, mas dispensou-a quando ela se apresentou, dizendo-lhe que não fora convidada por ser indigna desta honra, ofendendo ainda a Harmódio, chamando-o de efeminado.

Ofendidos e humilhados, os dois amantes planejaram o assassinato do tirano. Segundo Tucídides, Aristogitão, já antes disso, temeroso de que Hiparco, por seu poder, lograsse conquistar o amor de Harmódio, começara a conspirar para derrubar os tiranos. Planejaram o assassinato por ocasião das festas das Grandes Panatenéias, festas em louvor da deusa Atena, quando não seria suspeito saírem os cidadãos com suas armas. O planejado era que os dois amantes tomariam a iniciativa e os demais lhes ajudariam a lutar contra a guarda. Os rebelados não eram muitos, mas esperavam contar com a ajuda dos demais cidadãos que estivessem próximos, que não hesitariam em empunhar as armas que levavam para conquistar a sua própria libertação.

No entanto, um incidente atrapalhou os planos dos amantes vingadores: enquanto o tirano Hípias organizava os detalhes para o início das festividades, Harmódio e Aristogitão viram-no conversando com um dos conjurados de um modo muito amigável; acreditando-se traídos, eles decidiram dar cabo da vingança ali mesmo, sem esperar pelos companheiros, e mataram a Hiparco, que estava próximo dali. "Caíram sobre ele de improviso, em um arrebato de ira (um por ciúmes e o outro pelo ultraje recebido) e o golpearam até matá-lo." (Tucídides, 1989: VI, 57).

Harmódio foi morto ali mesmo, enquanto Aristogitão conseguiu escapar, sendo preso em seguida. Foi torturado durante muito tempo e acabou acusando como cúmplices muitos nobres que eram amigos dos tiranos; não se sabe se eles efetivamente participaram da conjuração ou se foram acusados propositadamente por Aristogitão para enfraquecer a facção dos tiranos. Tendo resistido às torturas, Aristogitão prometeu acusar muitos outros conjurados e depois de persuadir Hípias a apertar sua mão, como garantia, insultou-o por ter apertado a mão do assassino de seu próprio irmão. Dominado pela fúria, Hípias matou-o ali mesmo; a partir disso a tirania tornou-se mais severa, até que quatro anos depois, em 510 a.C., foi deposto pelos espartanos e por rebeldes de uma família que fora banida anteriormente de Atenas pelos tiranos, os Alcmeônidas.

Com o passar do tempo criou-se um culto em torno das figuras dos amantes tiranicidas, que foram identificados como os heróis e mártires da democracia ateniense; acreditava-se mesmo que sua fundação devia-se aos seus esforços. Foi-lhes dada uma sepultura conjunta no caminho da Academia, reservado para personagens ilustres, que chegou a tornar-se um local cultuado; erigiram-se duas esculturas em bronze representando os amantes, colocadas na ágora, local mais importante da cidade. Eram tão famosas que foram levadas por Xerxes I como botim de guerra quando os persas invadiram Atenas em 480 a.C., sendo refeitas por Crítio e Nesiotes após este roubo. Vemos que mesmo entre os bárbaros os amantes tiranicidas eram cultuados.

Ainda no tempo de Aristóteles (384-322 a.C.) o polemarco, chefe militar de Atenas (um posto importante da cidade), além de organizar as cerimônias funerais em honra aos mortos na guerra e os sacrifícios à deusa Ártemis, fazia oferendas públicas aos amantes Harmódio e Aristogitão nas festas onde se comemoravam os dias de suas mortes (Aristóteles, 1963:305).

Sua fama como paladinos da democracia atravessou toda a Antigüidade e estendeu-se por várias outras cidades-estados: os romanos produziram uma cópia da estátua grega dos dois tiranicidas, lado a lado, com as espadas empunhadas, como símbolo de democracia e liberdade e da luta contra a tirania; o jovem Harmódio é visto movendo-se audaz com sua espada erguida, enquanto seu amante Aristogitão estende-lhe um braço junto a sua capa arqueada. Este conjunto monumental pode ser visto hoje no Museu Arqueológico de Nápoles, em local de destaque, num de seus corredores principais. Eram também considerados um símbolo do amor fiel e verdadeiro por terem morrido defendendo a honra e a continuidade de seu relacionamento amoroso. Isso pode explicar ainda mais a força e a perenidade do mito dos amantes democratas.

O escritor Plutarco (46 ou 49-125? d.C.), grego de nascimento e cidadão romano, sugere que em muitas outras cidades gregas o tiranicídio fora resultado da intervenção dos governantes em relações homossexuais dos cidadãos envolvidos nestas revoltas contra o poder. Embora a rebelião dos amantes atenienses não tenha sido responsável pela queda da tirania e fosse apenas uma questão pessoal, é significativo que os dois amantes atenienses, e outros mais em outras cidades, tenham sido cultuados como patronos da democracia por todos os gregos e muitos bárbaros, e que os antigos vissem o amor entre pessoas do mesmo sexo como uma das causas da democracia.

Outros casais também foram cultuados na Antigüidade. Na época de Aristóteles, a tumba do legislador Filolau, o Coríntio, responsável pela sistematização das leis tebanas e de Diocles, atleta olímpico premiado, era um verdadeiro ponto turístico, visitado por muitos adeptos do amor grego. Eles foram amantes e viveram juntos em Tebas, onde foram enterrados juntos, como era costume entre os casais casados. No século IV a.C., Cáriton e seu amante Melanipo lideraram uma conspiração contra Falaris, tirano de Acragas; segundo Dover, o tirano os teria perdoado por causa de sua coragem diante da tortura a que teriam sido submetidos (1994:262).

Era comum também que os amantes gravassem os nomes de seus amados em paredes, muros, árvores, especialmente no bairro do Cerâmico. O maior escultor grego, Fídias, gravou o nome de seu querido no dedo de sua estátua de Zeus em Olímpia, escrevendo nela "Belo Pantárquio".

Safo de Lesbos

Outra invenção dos gregos, além da democracia, foi a poesia lírica, aquela que não tem como objetivo descrever os feitos dos heróis, deuses e semideuses (*Odisséia*), as grandes batalhas (*Ilíada*), a criação do mundo (*Teogonia*) ou a vida bucólica do homem do campo (*Os trabalhos e os dias*). A poesia lírica fala dos amores, das paixões e do coração das pessoas comuns e é dirigida geralmente a um amado ou a uma amada, real ou imaginária.

A poeta Safo (625?-580? a.C.) nasceu na cidade de Mitilene, em Lesbos. Aí teria criado um círculo de discípulas em torno do culto dos mistérios religiosos de Afrodite e de atividades pedagógicas ligadas à poesia, à música, à dança e aos exercícios físicos. Poderia ser uma escola para mulheres como fora a Academia de Platão em Atenas, baseada não no ensino da filosofia, mas da poesia. Seu nome identificava na Antigüidade o amor entre mulheres (sáfico) e o local onde nasceu, Lesbos, identifica hoje as mulheres homossexuais.

Sua obra foi cultuada na Antigüidade e o mesmo Platão considerava-a a Décima Musa. Para Ovídio, não podia haver nada de mais sensual que seus poemas, que são para ele um curso completo de sexo entre mulheres, esporte que tanto uma como o outro, a julgar por seus escritos, praticavam com afinco. Para Estrabão, ela era um prodígio entre as mulheres. Apuleio considerava sua obra sensual e apaixonada; para ele seus versos eram libertinos, "mas ainda assim tão graciosos que a libertinagem de sua linguagem seduz o leitor pela harmonia das palavras."

A imagem de Safo foi gravada em moedas, seu retrato pintado em vasos e sua estátua erigida em local de destaque. Sólon, nosso conhecido, quando escutou um de seus poemas cantado em um banquete, pediu ao cantor que lho ensinasse imediatamente; perguntado por que queria aprendê-lo tão rápido respondeu que "assim posso morrer conhecendo-o." Para ele podia-se conhecer um poema de Safo e em seguida morrer em paz.

O filósofo Máximo de Tiro, que viveu na Roma do imperador Cômodo, vê paralelos entre a obra de Safo e a de Sócrates, nas relações íntimas do mestre com seus pupilos ou pupilas; para ele ambos tinham a mesma idéia do amor, relacionado sempre com o conhecimento e o aprendizado, sendo que Safo antecipou-se a Sócrates em mais de um século.

Na história da versificação, é por sua causa que se fala em *estrofes sáficas*, e entre os autores atuais os elogios não são menores: para a historiadora francesa Jacqueline de Romilly (1984:55), ela criou o lirismo na acepção em que o entendemos ainda hoje, e os líricos latinos, em seus poemas amorosos, não são mais do que seus imitadores. O erudito alemão Werner Jaegger (s.d.:157) observa que ela introduziu o *Eros* feminino na poesia antiga. "Tudo se passa como se o espírito grego precisasse de Safo para dar o último passo no mundo da intimidade, do sentimento subjetivo." Ainda segundo ele, "a poesia amorosa masculina nunca atingiu na Grécia a profundidade espiritual da lírica de Safo."

Ao lado do poeta Alceu, ela foi considerada a principal figura da poesia em dialeto eólio, falado em Lesbos e, talvez, de toda a poesia grega. Juntamente com Alceu, viveu um tempo exilada na Sicília por sua oposição à tirania de sua cidade natal. Assim como Sólon, Harmódio e Aristogitão, estes dois cultores do amor homossexual em seus poemas também lutaram contra a tirania na Grécia.

Praticamente toda sua poesia, cerca de 200 fragmentos que resistiram ao tempo, ao fogo e ao catolicismo, falam-nos das moças graciosas que viviam entre ela, geralmente de sua paixão por elas. A mulher mãe, amante ou esposa da poesia tradicional não aparece em seus escritos, mas aquela garotinha que deixa o seio maternal sob a proteção "de uma mulher solteira, cuja vida está voltada, como a de uma sacerdotisa, ao serviço das musas, recebendo a consagração da beleza por meio de danças, cânticos e jogos." (Werner Jaegger, s.d.:158). O homem em Safo aparece à margem, como personagem secundária, como rival que leva embora uma de suas pequenas discípulas para casar-se.

Sua poesia é quase exclusivamente sobre mulheres, seus desejos, medos, seus mistérios religiosos, sua sexualidade. Em suma, ela reflete e consagra a experiência feminina. É possível também que muitas de suas alunas compusessem poesias e canções, embora não tenhamos nenhum fragmento destes trabalhos.

A qualidade de sua obra podemos ver em alguns exemplos que se seguem. Como neste poema, no qual ela exalta o amor das mulheres e subverte a imagem tradicional de Helena de Tróia, a mulher submissa e passiva retratada por Homero, que em seu poema *Para Anactória* torna-se forte e decidida:

> A mais bela coisa deste mundo
> para alguns são soldados a marchar,
> para outros uma frota; para mim
> é a minha bem querida.
>
> Fácil é dá-lo a compreender a todos:
> Helena, a sem igual em formosura,
> achou que o destruidor da honra de Tróia
> era o melhor dos homens,

e assim não se deteve a cogitar
em sua filha nem nos pais queridos:
o Amor a seduziu e longe a fez
ceder o coração.

Dobrar a mulher não custa, se ela pensa
por alto no que é próximo e querido.
Oh não me esqueças, Anactória, nem
aquela que partiu:

prefiro o doce ruído de seus passos
e o brilho de seu rosto a ver os carros
e os soldados da Lídia combatendo
cobertos de armadura.
(Tradução de Péricles E. da Silva Ramos)

A beleza feminina encontrou poucas vozes de louvor como em
Safo, cujos exemplos não são difíceis de encontrar:

Quando eu te vejo, penso que jamais
Hermíone foi tua semelhante;
que justo é comparar-te à loura Helena,
não a qualquer mortal.

Oh eu farei à tua formosura
o sacrifício dos meus pensamentos
todos eles, eu digo, e adorar-te-ei
com tudo quanto eu sinto.
(Tradução de Péricles E. da Silva Ramos)

Ou:

De uma erva de rara essência
o corpo (que aroma!) te ungi
teus longos cabelos perfumei!

E terna a meu lado deitada
num leito macio, como tu em mim
não mitigavas tua sede e fome!
(Tradução de Pedro Alvim)

Os seus poemas mais amorosos são sempre endereçados a outras mulheres que muitos acreditam terem sido suas alunas. Mesmo que não tenha verdadeiramente se apaixonado por elas ou consumado fisicamente este amor, o *eros* feminino era parte do processo educativo, assim como entre os homens era a pederastia.

Um dia
De ti, Áttis, me enamorei um dia
no amor que passa
e tão criança me eras,
tão pequena,
e tão sem graça.

Alívio
Enfim, cara, vieste – e bem. Com
ânsia te esperava – e muito. Que
saibas: em minha alma acendeste
um fogo que a devora.
(Tradução de Pedro Alvim)

Os deuses e deusas do Olimpo não parecem fazer restrições aos amores femininos de Safo; ao contrário, eles ajudam-na a conquistar suas amadas, ou a livrar-se de um amor indesejado, como devem fazer com todos os poetas, ao menos em seus versos:

Afrodite
Afrodite imortal, cujo trono cintila,
filha de Zeus, plena de ardis e conluios,
mais uma vez te imploro: não permitas, não,
desgostos em minha alma.
Se em ocasiões outras, soberana, me escutastes,
vem de novo até mim, a ti suplico,
abandonado os paços dourados de teu pai
e as minhas palavras ouve.

À tua carruagem atrela, ó Deusa, belos
pássaros rápidos: eles a escura volta
darão à terra escura cruzando o éter sempre
pela esteira do céu.

Breves, outrora, ó Feliz, aqui estavam,
e com um sorriso sem fim teu rosto iluminando,

me perguntavas "Que há de novo?", que sofrimento
me fizera chamar por ti,

que desejo turvava meu coração. "Quem, mas quem,
(eu sou a Persuasiva) ora é essa que tu queres
em ti, insensata como sempre? Quem, minha Safo,
assim te menospreza?

Fala! Que para ti correrá se ela te foge;
se presentes não aceita, muitos serão os dela;
e caso Safo, não te ame, amar-te-á em breve
quer ela queira ou não."

Pois desta vez ainda em meu socorro vem,
mas liberta-me, Deusa, dos meus cuidados crus,
perca minha alma a quem desejo – e, vago o coração,
o meu auxílio sê tu.
(Tradução de Pedro Alvim)

Os homens aparecem em sua poesia apenas como os rivais que
levam embora suas amadas alunas, ainda que o casamento não apague
de seus corações o amor que sentiam umas pelas outras:

Nossa amada Anactória está morando,
ó Átis, na longínqua Sárdis,
mas sempre volta a mente para cá,

lembrando como outrora nós vivíamos,
ela a julgar-te alguma deusa
e teu canto a causar-lhe puro enlevo.

Ela resplandece agora em meio às lídias
como depois de o sol se pôr
fulge a lua dos dedos como rosas

no meio das estrelas que a rodeiam,
e então derrama a sua luz
no mar salgado e no florido campo,

enquanto o orvalho pousa pela relva
e tomam novo alento as rosas,
o suave cerefólio e o trevo em flor.

Mas quando, errando ao longe, com desejo
ela se lembra do amor de Átis,
seu coração se oprime e ela nos chama:
sabemos o que diz pois no-lo conta
alguém que tem muitos ouvidos,
a noite dos cabelos como flores.
(tradução de Péricles E. da S. Ramos)

Ou estes outros versos, presentes em todas as antologias, considerado por Longino (213?-273? a.C.) um dos melhores exemplos do Sublime na poesia, ou por Camille Paglia "um dos grandes documentos psicológicos da cultura ocidental" (1993:209):

Contemplo como um igual dos próprios deuses
esse homem que sentado à tua frente
escuta assim de perto quando falas
com tal doçura

e ris cheia de graça. Mal te vejo
o coração se agita em meu peito,
do fundo da garganta já não sai
a minha voz,

a língua como que se parte, corre
um tênue fogo sob a minha pele,
os olhos deixam de enxergar, os meus
ouvidos zumbem,

e banho-me de suor, e tremo toda,
e logo fico verde como as ervas,
e pouco falta para que eu não morra
ou enlouqueça.
(Tradução de Péricles E. da Silva Ramos)

Curiosamente a tradição atribuía sua morte ao suicídio pelo amor não correspondido de um homem: desprezada por Fáon, ela teria se atirado ao mar em desespero; talvez seja uma confusão com o ditado corrente na Grécia, "jogar-se da rocha de Leucádia ao mar", ou seja, purificar a alma das paixões. É possível que estes rumores, como o de que ela "corrompia" suas jovens alunas, fossem resultado do despeito de homens incomodados com o sucesso e a qualidade de seus poemas.

Talvez por causa de Safo e suas alunas, as lésbicas – as mulheres da Ilha de Lesbos, é claro – eram conhecidas na Antigüidade como mulheres voluntariosas e independentes, tanto em relacionamentos heterossexuais como homossexuais. Não podemos esquecer que ela e suas companheiras viveram num período no qual o papel da mulher vinha tornando-se cada vez mais subalterno e inferior no mundo grego.

É impossível saber qualquer coisa certa sobre sua vida, até mesmo se ela realmente amou as mulheres que enaltece em seus poemas ou se eles são apenas um exercício de estilo. No entanto a existência de sua poesia amorosa, claramente escrita por uma mulher para outras mulheres, além da enorme divulgação e prestígio que alcançaram seus versos, indicam a existência de um público receptivo a eles, ou seja, ao amor entre mulheres, que não deve ter sido tão raro assim. Além disso, eles revelam uma sensibilidade muito grande ao amor feminino, o que faz ser difícil crer que tivessem sido escritos por alguém que não tenha partilhado destes mesmos sentimentos.

Por causa de Safo e Alceu, que também emprestou seu nome aos versos alcaios, Lesbos passou a ser conhecida pela qualidade de sua poesia lírica. Terpandro de Lesbos (século VII a.C.) foi o inventor da lira de sete cordas, imprescindível para a divulgação dos versos, que eram cantados, sendo chamado a Esparta para reorganizar as festas de Apolo e o ensino da música nesta cidade. Álcman de Lesbos, que também se transferiu para Esparta, compôs cantos para moças, as *Panatenéias*, que deixavam entrever "alegres relações" entre as jovens coristas, segundo Jacqueline de Romilly.

Cabe lembrar que grande parte dos versos de Safo e de Alceu foram queimados em 1073, em Constantinopla, atual Istambul, no papado de Gregório VII, o grande reformador da Igreja, por sua suposta imoralidade; outra parte foi queimada no incêndio da Biblioteca de Bizâncio em 1453, quando a cidade foi tomada pelos turcos e deles hoje restam-nos pouquíssimos poemas.

Mas o espantoso é a existência de outras poetas cujos fragmentos chegaram até nós. A primeira chamava-se Erina e dela não sabemos muita coisa: pode ter sido amiga de Safo ou ter nascido por volta de 350 a.C. Diz-se que era da ilha de Telos e que morrera aos dezenove anos, depois de ter celebrado sua amiga Báucis num poema de 300 hexâmeros, do qual restam-nos algumas poucas linhas. Erina parece confirmar-nos que Safo não estava sozinha na poesia grega nem na afeição pelas mulheres. Além, é claro, de mostrar-nos que as amizades masculinas tinham sua contrapartida entre as mulheres:

> Ó estrelas e sereias, urna funerária
> que encerras minha pouca cinza,
> saudai a gente que se acerca de meu túmulo,
> seja daqui ou forasteira
> contai: mal me casara, a morte me colheu;
> o nome que meu pai me pôs
> foi Báucis; Telos o lugar onde nasci:
> e Erina, minha amiga,
> em meu sepulcro estas palavras inscreveu.
> (Tradução de Péricles E. da Silva Ramos)

A outra era Nossis, nascida na cidade italiana de Locris, no final do século IV a.C., que chegou a comparar-se a Safo:

> Estranho, se velejares para Mitilene,
> A cidade de graciosas danças que aqueceu Safo,
> a flor das Graças, diga que na terra de Locris nasceu
> uma querida das Musas e igual a ela,
> e que seu nome era Nossis. Vá!
> (Citada em Licht, 1932:328)

A poesia lírica também cultuava os amores masculinos, como veremos em alguns exemplos a seguir. Como Íbico (690 a.C.?), nascido em Régio, Magna Grécia, cuja morte acabou virando uma lenda na Grécia: ao ser assaltado em Corinto, antes de ser assassinado, disse aos ladrões que os grous que estavam voando sobre suas cabeças seriam seus vingadores. Tempos depois, um dos assassinos, em Corinto, viu alguns grous e disse: "Aí estão os vingadores de Íbico." Perguntado por alguém sobre esta história, acabou confessando o crime, sendo os ladrões presos em seguida. Daí a expressão proverbial na Antigüidade, "os grous de Íbico." Mas além de pássaros, este poeta era conhecido também por seu amor à beleza dos rapazes:

> De novo o Amor, lânguido olhando-me
> por sob as pálpebras azuis,
> vem me lançar, com muitos sortilégios,
> em rede inextricável: a de Cípris.
> Quando ele se aproxima eu estremeço,

como um cavalo já habituado
a vencer nas corridas
levando para a pista o carro célere
contra a vontade.
(Tradução de Péricles E. da Silva Ramos)

O ideal aristocrático e intelectual do amor casto e contido do ideal platônico pode ser observado em Licofrônides, erudito e autor trágico nascido na Eubéia, no século III a.C., e que viveu em Alexandria:

Nem dos adolescentes nem das virgens
ornadas de ouro,
nem das mulheres de amplo seio
o rosto é belo,
se não parece casto:
apenas o pudor
gera a flor da beleza.

Anacreonte de Teos (século VI a.C.) foi um dos grandes poetas da Grécia e, assim como os outros grandes, não deixou de cantar o amor puro e belo por belos rapazes:

Meu Bátilo! O bem que estamos
Nesta sombra deleitosa!
Como esta árvore é viçosa!
Como alastra os flóreos ramos,
Que aura embala a suspirar!
Ouve a fonte, que murmura
Não distante deste abrigo!
Com tal céu, com tal verdura
Com tal paz, com tal amigo,
Quanto é doce o repousar!
(Tradução de Antonio Feliciano de Castilho)

O já citado poeta Teócrito (290-210 a.C.) foi um dos criadores, e maior representante, do idílio e da poesia bucólica. Nasceu em Siracusa e viveu em Cós e Alexandria; em seus poemas temos a idealização, tão grega!, do amor pelos jovens rapazes e da função educativa destes amores:

Do vinho, dizem, meu querido menino, jorra a verdade: bêbados, somos sinceros. Eu vou dizer-te o que jaz no fundo do meu coração. Tu não queres amar-me com toda a tua alma; eu o sei: a metade de minha vida vem de te ver, e o resto dela está perdido. Quando tu o desejas, eu passo os dias como os bem-aventurados, mas quando tu não o desejas, tudo para mim se cobre de trevas. Como pode alguém comprazer-se em fazer sofrer assim seu amado? Se tua juventude aceitar os conselhos de minha vivida experiência, tu estarás melhor e me agradecerás.

Fazei, sobre uma só árvore, um único ninho inacessível a qualquer animal feroz. Ao invés disso, estás hoje sobre um ramo, sobre outro amanhã, depois escolhes outro ainda. Alguém te cumprimenta à vista de tua beleza? Em seguida tu lhe demonstras mais afeição que a um amigo de três anos, e teu primeiro amante tu lhe colocas na classe dos amigos de três dias. Não procures novidades, ficai com o que é sempre igual. Se fazes assim desfrutarás de uma boa reputação entre os cidadãos, e Eros não se irritará contra ti, ele que doma facilmente o espírito dos homens, e que me deixou sem forças, eu que era de ferro. Por teus lábios delicados, eu te suplico recorda-te disso: no ano passado tu eras mais jovem; nós envelhecemos em menos tempo do que é necessário para se cuspir, e nós ganhamos rugas, e não é possível ter uma segunda juventude; a juventude, com efeito, tem asas em suas costas e nós somos demasiado pesados para prender aquela que voa. Sonha com isso e mostra-te mais terno: ama-me; eu sou teu amigo sincero e, mais tarde quando tu tiveres a barba de um homem, nós viveremos um pelo outro como Aquiles e seu amigo. Agora eu irei procurar para ti maçãs de ouro, irei até o encontro de Cérbero, o guardião dos mortos. Mas se deixas o vento levar embora minhas palavras e se dizes com cólera: 'Insensato, por que me aborreces?', nesse caso mesmo o teu apelo não me fará vir nem mesmo às portas do tribunal, pois eu serei liberto da paixão que me faz sofrer."
(Da versão de François Barbier)

Os meninos de Creta

A ilha de Creta desenvolveu uma das mais antigas e importantes civilizações do Mediterrâneo. A lenda do Minotauro, monstro com cabeça de touro que anualmente devorava sete moças e sete rapazes enviados de Atenas, deve referir-se a tributos que os estados gregos deviam aos cretenses. Talvez tenham sido eles a ensinarem aos atenienses as delícias do amor masculino. Ou talvez os atenienses tenham aprendido sozinhos, não o sabemos.

O que importa é que a homossexualidade era vastamente praticada entre os cretenses e era socialmente enobrecedora. A mais antiga representação da homossexualidade masculina conhecida na Grécia é uma placa de bronze, entre 650 e 625 a.C., encontrada na ilha, na qual um homem levando um arco está diante de um jovem, que leva um cabrito selvagem nos ombros, e agarra o braço deste, que tem seus genitais expostos, de forma sensual (Dover, 1994:281). O mito de Ganimedes foi gerado na ilha, já que o copeiro dos deuses era um príncipe de Tróia, cidade cretense.

Aristóteles na *Política* (1963:X, 65) diz que os legisladores cretenses conseguiam baixas taxas de natalidade mantendo homens e mulheres separados e instituindo relações sexuais entre os homens. A separação entre os sexos dava-se, por exemplo, nas refeições realizadas coletivamente entre os homens, sem a participação das mulheres, costume muito praticado em várias cidades gregas; em Creta recebia o nome de *andreia*.

O geógrafo Estrabão (58 a.C.-25 d.C.), no início da era cristã, descreve, baseado em Éforo (405-330 a.C.), como se dava a cerimônia de abdução de um jovem rapaz por seu amante mais velho. Apesar de descrever a cerimônia baseado em obra do século IV a.C., Estrabão acreditava que ela ainda era praticada em sua época (Citado em Boswell, 1994:88-94).

Diz ele que os cretenses não adquiriam seus amantes por persuasão, mas pelo rapto. O amante avisava seus amigos três ou mais dias antes do rapto; se eles seqüestrassem o jovem, ou se ele se perdesse do caminho combinado, isso seria considerado uma grande desgraça; seria como se ele fosse indigno deste amado. Quando os amigos encontravam-no, se o raptor fosse da mesma classe social que o seqüestrado, ou seu superior, eles o reteriam apenas por pouco tempo, em obediência à lei, deixando-o espontaneamente em seguida. Se o raptor fosse indigno, ou se se comportasse dessa maneira, eles levariam o jovem de volta.

A perseguição não acabava enquanto o jovem não fosse conduzido para a caserna do raptor, o local onde os homens comiam e viviam juntos. Os meninos mais talentosos e inteligentes eram mais desejáveis do que os simplesmente bonitos. Depois de presentear o garoto, o raptor o levava para o campo, acompanhado pelas testemunhas, os amigos; depois de festejar e caçar durante alguns meses, já que não era permitido permanecer com o jovem amante por muito mais tempo do que esse, eles retornavam à cidade.

O jovem retornava então trazendo presentes especificados pela lei, como um equipamento militar, um boi e um cálice, além de outras coisas, tantas quanto os amigos pudessem contribuir para comprar. Ele sacrificava então o boi a Zeus e dava uma festa para aqueles que o acompanhavam, na qual ele declarava publicamente se tinha concordado com o rapto e com o relacionamento com seu amante ou não. A lei prescrevia isso caso o rapto tivesse sido realizado através da força, sem o consentimento do pequeno noivo raptado; neste momento ele poderia exigir uma reparação e desligar-se daquela relação com a qual não consentia.

Era uma desgraça que jovens bonitos e de boa família não possuíssem amantes em conseqüência de sua má conduta. Aqueles que tinham sido raptados eram chamados parceiros ou companheiros, e desfrutavam de privilégios especiais: nas danças e corridas, eram colocados em lugares de honra e tinham permissão para usar roupas de melhor qualidade, presenteadas por seus amantes, do que as dos outros jovens. Mesmo quando eles ficavam mais velhos, vestiam roupas especiais que indicavam que eles eram "especiais", e o amante, seu "amigo". Outros tempos, outros hábitos...

Provavelmente a lenda do rapto de Ganimedes por Zeus deva se referir a este hábito de legitimar e ritualizar as relações entre homens pelo seqüestro dos adolescentes. O rapto era cometido também em Tebas, onde teria sido inaugurado, pela lenda, pelo rei Laio, pai de Édipo e marido de Jocasta, que teria seqüestrado o belo Crísipo, filho de Pélopes, fazendo dele seu favorito. E na cidade de Corinto, é provável que houvesse o mesmo ritual que em Tebas e Creta.

Os soldados de Esparta

Em Esparta, acredita-se que o legislador Licurgo (século IX a.C.), o equivalente de Sólon nesta cidade, tenha introduzido o costume das refeições em comum para os homens, que aqui se chamavam *sissitia* ou *fiditia*: eram realizadas em mesas de quinze participantes e serviam para evitar os excessos de luxo e bebidas dos banquetes, que tornavam o corpo e a alma pouco firmes. Requeria-se a admissão numa mesa aos vinte anos e a participação era obrigatória até a idade de sessenta anos. Até os trinta anos os homens deveriam fazer as duas refeições e dormir no abrigo comum; os casados viam suas mulheres apenas alguns momentos antes das refeições.

Assim como a *andreia* em Creta e os exercícios no ginásio em Atenas, a *fiditia* espartana era ocasião de amizades e afeições mútuas; é possível que *fiditia* derive de *filia*, amizade. Os jovens aristocratas chegavam a ser castigados se não tivessem um amante que cuidasse deles; podiam também ser multados caso escolhessem um amante rico em lugar de um mais pobre e honrado. Isso estava de acordo com as idéias de Licurgo, que louvava os homens que queriam viver juntos como amantes, desde que a atração mútua se baseasse na honra e no respeito.

Os exercícios de ginástica eram realizados em completa nudez, tanto para os homens como para as mulheres, o que fez com que Plutarco sugerisse, ironicamente, que os espartanos teriam sido os primeiros a difundirem a pederastia no mundo grego, por terem criado o hábito de se exercitarem nus. A visão dos corpos desenvolvidos dos belos jovens espartanos teria sido um incentivo à homossexualidade! E é bem verdade que estas festas e jogos espartanos, em completa nudez, atraíam grande quantidade de estrangeiros à cidade.

A cerimônia de casamento em Esparta era também muito curiosa: a mulher era raptada pelo marido, assim como em Creta, e entregue a uma mulher mais velha, que lhe cortava os cabelos e vestia-lhe com roupas masculinas. O noivo visitava-a todas as noites escondido e, depois, voltava para dormir com seus companheiros na caserna, até que o casamento era anunciado publicamente, às vezes já com um filho nascido. Acredita-se que essa estranha cerimônia servisse para que os noivos exercessem a continência e a temperança, evitando que se entregassem a uma paixão desenfreada. Mas por que raios a noiva vestia-se de homem? Para tornar-se mais atraente ao marido, provavelmente.

O casamento não fazia da mulher propriedade exclusiva do marido: se esse fosse já velho ou doente podia pedir a um jovem robusto e saudável que fizesse filhos em sua esposa. Da mesma forma um homem podia pedir a esposa de outro "emprestada" para gerar filhos, se achasse que ela podia ser uma boa mãe para eles. Tampouco os filhos pertenciam aos pais já que, aos sete anos, passavam à responsabilidade do Estado.

De qualquer forma o casamento era quase obrigatório: aos solteiros era proibido assistir exercícios de ginástica; no inverno o magistrado obrigava-os a marchar em volta da praça, nus e cantando uma canção com versos que diziam estarem sendo punidos justamente por desobedecer às leis.

No entanto, como já vimos, o casamento não era impedimento para os amores entre os viris e robustos rapazes espartanos; por volta de doze anos os jovens de boa reputação recebiam permissão para se ligarem a amantes. Xenofonte (430/425?-355/352? a.C.) observa que os homens podiam viver juntos, como casais, para assistência no treinamento militar e na educação do jovem. Aos amantes inclusive imputavam-se os castigos pelas faltas de seus amados: Plutarco nos conta que certa feita um menino, combatendo contra outro, soltou um grito que revelou sua pouca coragem; seu amante foi, por isso, condenado a multa pelos oficiais da cidade por ter falhado em sua educação.

Reis espartanos também prestaram homenagem aos amores masculinos. Agesilau (446-362 a.C.), rei de Esparta durante 41 anos, considerado até a derrota para os tebanos, em Leutres, o maior e mais poderoso rei e quase um capitão general da Grécia, era adepto do amor pelos adolescentes. Seu companheiro de reinado – em Esparta governavam dois reis de cada vez – era o jovem Agesípolis; companheiro fiel de Agesilau; até faziam juntos as refeições na mesma sala e, como fosse "inclinado para o amor", Agesilau fazia com que Agesípolis conversasse com belos meninos da cidade e incitava-o a amar algum que ele mesmo amava, já que na opinião de Plutarco, nos amores lacônicos (espartanos) "não há nada de desonesto e sim toda a continência e toda honestidade, todo zelo e cuidado de tornar o menino que amavam o mais virtuoso". (1959-1963: VI, 87)

O rei Agesilau também incentivava seu filho, Arquidamo, a estes amores: o amante de Arquidamo, o belo Cleônimo, era filho de Esfódrias, general que fora derrotado vergonhosamente no frustrado ataque ao Pireu, o porto de Atenas. Agesilau, sabendo do amor de seu filho por Cleônimo, não quis desviá-lo desta afeição, já que o menino amado prometia tornar-se um grande homem, e intercedeu em favor de Esfódrias no processo que se abriu contra ele, do qual foi absolvido, ainda que isso tenha resultado na declaração de guerra dos atenienses contra Esparta.

As mulheres espartanas viviam aparentemente num regime de maior liberdade do que suas colegas atenienses. Ao menos segundo o julgamento de Aristóteles, na *Política*, sobre as espartanas. De acordo com ele, o legislador da cidade, Licurgo, tentara tornar firme o caráter dos cidadãos, atacando o luxo e a devassidão. No entanto este intento falhara com as mulheres que, segundo o filósofo, viviam sem restrições, desfrutando da permissividade e entregando-se à luxúria, resistindo aos regulamentos e fazendo com que o legislador desistisse de dominá-las (1963:IX, 55).

Pode ser uma opinião de homem, mas consta que elas realmente eram tratadas com certa deferência por seus maridos – quando eles encontravam-se, é claro! – por governarem suas casas nas prolongadas ausências dos homens em suas expedições militares.

Além disso, elas exercitavam-se como os homens, praticando corrida, lutas, arremesso de discos e dardos, abolindo de seu comportamento a moleza, a preguiça, ou seja, a efeminação! Isso para que gerassem crianças robustas e saudáveis e para resistirem às dores do parto. Plutarco nos conta que Gorgo, esposa do general Leônidas, respondendo a uma estrangeira que observara que as espartanas eram as únicas mulheres a mandar nos seus maridos, disse-lhe: "Porque somos as únicas que parimos homens." Bem, talvez Aristóteles tivesse mesmo razão!

Estas mulheres fortes e orgulhosas não foram indiferentes aos amores homossexuais. Embora não tenham produzido uma Safo, as espartanas praticavam uma espécie de pederastia feminina: assim como os homens mais velhos ligavam-se aos adolescentes, as mulheres também tinham suas pequenas discípulas; a existência de casais femininos não devia ser tão rara numa sociedade onde as mulheres, apesar de excluídas da política, participavam ativamente de outras atividades da cidade da mesma forma que os homens. Todos os adultos de Esparta vigiavam os jovens, pois sentiam-se seus pedagogos e juízes, tanto em relação aos meninos como em relação às meninas.

A pederastia

Não sei eu com efeito dizer que haja maior bem
para quem entra na mocidade do que um bom
amante, e para um amante, do que seu bem amado.
Platão, *O banquete.*

A pederastia, que hoje consideramos um crime terrível contra a sociedade e a natureza, era na Grécia Antiga uma forma elevada de educação e de passagem dos valores aristocráticos de uma geração a outra através do amor. A educação dos jovens cidadãos atenienses passava pelo amor por estes adolescentes, um sentimento puro que equivalia ao amor à virtude, à nobreza, à *areté*. Não devemos confundir pederastia com pedofilia, abuso sexual de crianças, que nunca foi defendido pelos gregos.

Esperava-se que os adolescentes estabelecessem laços de amizade e amor com homens mais velhos, que pudessem ensinar-lhes as virtudes de um bom cidadão e a sabedoria da filosofia, até que atingissem a idade viril, se casassem e se tornassem cidadãos aptos a desempenhar suas obrigações cívicas. Não possuir um amado era considerado, para o cidadão, um descumprimento de um dever cívico e era uma desgraça, para o adolescente, não ser honrado com a amizade de um homem mais velho. Este era o ideal de uma educação aristocrática, exemplificada nas amizades míticas entre Teseu e Pirítoo, Aquiles e Pátroclo ou Hércules e Hilas.

Eros e amizade são o vínculo que mantém unido o universo. O *eros* é concebido como o amor pelo Bem e um impulso à verdadeira realização da natureza humana. O Belo e o Bem são dois aspectos de uma única realidade, a suprema *areté*, ou virtude, do homem. Assim, as relações entre amado e amante, ou entre mestre e discípulo, são mais do que a atração sexual por belos corpos, mas a elevação ao Bem através da busca do Belo. Pois como ensina a Décima Musa Safo: "Quem é belo é belo aos olhos – e basta/ Mas quem é bom é subitamente belo."

Jaegger (s.d.:221) dá como exemplo desta relação do Eros com a educação o *Livro de Cirno*, de Teógnis de Mégara, que viveu provavelmente por volta de 490 ou 480 a.C. Este livro é dedicado ao amado Cirno, filho de Polipaides: "Pois me dirijo a ti como amigo, ó Cirno, quero ensinar-te aquelas mesmas coisas que dos nobres aprendi, ainda criança." Os laços que unem o poeta ao seu amado são os laços do *eros*, e é evidente que para ele estes laços são o pressuposto essencial de sua relação educadora.

Neste livro o autor ensina não as suas idéias pessoais, mas a tradição e os valores de sua classe, a aristocracia. Ele era correntemente utilizado e citado em banquetes e nas escolas dos séculos V e IV a.C. Seus versos eram cantados ao som da flauta e procuravam sistematizar ensinamentos através de uma relação de amor com o jovem que devia ser educado.

O amor pelos adolescentes é a forma mais adequada aos gregos de transmissão, de geração em geração, dos valores e preceitos sagrados da aristocracia. Daí a proibição de Sólon de que os escravos fossem amantes de homens livres, já que apenas os nobres de nascimento, sem mácula de escravidão, podiam transmitir e receber estes ensinamentos através de uma forma de amor nobre como a pederastia.

N'*A República,* Platão (1987b:403a) afirma que o amor verdadeiro, por sua natureza, ama com moderação e harmonia a ordem e a beleza; a educação deve seguir os vestígios da natureza e do belo e do perfeito, a fim de que os jovens tirem proveito de tudo. O Belo e o Bem deveriam libertar o homem; logo a paixão devastadora deveria ser evitada, já que para o filósofo o homem tornava-se um tirano quando, por natureza ou por hábito, tornava-se ébrio, louco ou apaixonado. Por isso diz que o amante pode beijar o amado, tocá-lo, mas tendo em vista apenas ações belas, para que ninguém pense que suas relações vão além disso, para não incorrer em censura.

O prazer e o amor não são negados, desde que estejam colocados em sua justa medida. Os desejos e os prazeres em excesso deveriam ser evitados; mais do que isso, deveriam ser combatidos, como numa batalha que se desenrolava consigo mesmo. Mais do que serem passivos no ato sexual, os gregos desejavam evitar serem passivos em relação aos prazeres (Foucault, 1988:66).

Em *O banquete,* vemos o belo e fogoso Alcibíades descrever as inúteis tentativas de levar seu amante Sócrates a relações mais físicas e carnais, e como o filósofo resiste-lhe, tentando incutir no jovem a temperança e a virtude, já que metade dos cidadãos de Atenas tentavam levar Alcibíades ao leito – o que muitos conseguiam. O filósofo Cleanto dizia que Sócrates mantinha o jovem amado seguro apenas pelas orelhas, enquanto este dava a seus concorrentes muitas outras formas de o pegarem, às quais Sócrates não desejava recorrer.

Ainda com Epicuro (341-271 a.C.) a relação mestre-discípulo é uma modalidade de erotismo entre as partes envolvidas; o mestre, através do amor, do vínculo afetivo, dá o exemplo de vida sábia e virtuosa, já que ele considerava que seguimos com mais facilidade os ensinamentos que recebemos daqueles que amamos.

O ideal do Belo também aparece com Plotino (270-205 a.C.), discípulo de Platão nascido no Egito e considerado o último grande filósofo da Antigüidade, para quem a natureza somente cria tendo por objeto o Belo: "A própria Natureza deve sua gênese ao Bem e, pela mesma razão, ao Belo [...] porque é absurdo supor que a Natureza, inclinando-se à criação de belas coisas, as procure gerar senão no Belo." (Plotino, 1963:85).

Ao menos em Lesbos, com as discípulas de Safo, e em Esparta, com sua educação militar, esta relação erótico-pedagógica teve uma contrapartida feminina; podemos imaginar que não fosse comum, dada a condição inferior da mulher, mas que existisse uma ética parecida, que favorecesse a educação das mulheres através de relações afetivas com outras mulheres. Em Atenas e Alexandria havia clubes femininos de instrução; o Jardim de Epicuro aceitava mulheres e escravos e uma jovem de boa família, Hipárquia de Maronéia, casou-se com seu mestre, o filósofo cínico Crates, depois de ameaçar sua família de se suicidar caso não consentissem em seu casamento. Ela adotou seu estilo de vida baseado na pobreza e na mendicância e é citada por Diógenes Laércio em sua *Vida de filósofos ilustres* – a única mulher filósofa desta obra.

Tendo criado uma estética onde o belo confunde-se com o corpo bem desenvolvido, não é difícil entender a predileção dos gregos pela educação erótica dos meninos e adolescentes, ao menos daqueles aptos a elevar-se à beleza e ao bem, os de nascimento livre e nobre. Este ideal aristocrático tem sido confundido por muitos autores como a definição final das relações homossexuais na Grécia Antiga. Ele é um dos aspectos da ética erótica dos gregos, mas nunca foi muito mais do que um ideal. Alguns autores acreditam que as únicas relações realmente permitidas eram as que envolviam um homem mais velho e um adolescente, já que, teoricamente, o papel passivo numa relação só não era desonroso para um cidadão enquanto ele não fosse adulto, enquanto ele não se tornava definitivamente um cidadão (Ver Daniel M. Halperin, 1990 e David Cohen, 1987).

No entanto os ideais nem sempre estão refletidos nas práticas de uma sociedade; na prática podemos verificar que os amores reais nem sempre, ou poucas vezes, obedeciam a eles. Como exemplo, muitos vasos gregos possuem pinturas descrevendo relações com adolescentes, mas outros descrevem relações entre homens maduros ou onde um adolescente, ao contrário do que era o ideal, exercia o papel de ativo com um homem mais velho. E nunca é demais lembrar que vasos, pinturas e poemas obedecem a regras estéticas: eles não podem ser vistos como simples reproduções da realidade, como um exemplo acabado do que todos os gregos pensavam e faziam sobre a sexualidade.

Temos que observar, porém, como lembra Camille Paglia, que os adolescentes não estavam em condição inferior a seus amantes. Eles eram igualmente aristocratas, logo não tinham permissão para cometerem ações desonrosas. "Na verdade, o registro da grande arte literária e visual sugere amplamente que o menino era encarado como *superior*, em virtude de sua juventude e beleza. O homem mais velho dava tutela e orientação em troca da honra pública da companhia do menino." (1993:191). Além disso traduzir amante como o parceiro ativo e amado como o parceiro passivo e tirar daí conclusões sobre os papéis sexuais nem sempre está correto. "Amante" nem sempre significava o parceiro ativo. Podia significar o mais apaixonado, e por isso geralmente o parceiro mais velho, que toma a iniciativa da conquista e educa o mais jovem. Uma mulher também podia ser a amante de um homem e não a amada (Boswell, 1994:57-58).

Muitas vezes nos deparamos com homens que eram ao mesmo tempo amantes (ativos) e amados (passivos) de homens diferentes; o grande dramaturgo Eurípides (480-406 a.C.) foi amante de Agatão enquanto um tinha 72 anos e o outro 40; o grande herói Aquiles exercia o papel de amado quando já possuía filhos; e o belo Alcibíades não era um garoto – "já possuía barba" – quando se ligou ao filósofo Sócrates (470-399 a.C.). No diálogo *Protágoras*, de Platão, Sócrates diz, sobre a barba que começa a crescer no rosto de seu amado: "Qual o problema com sua barba? Você não concorda com a opinião de Homero que diz que 'a juventude é mais charmosa quando a primeira barba aparece?' E este é o charme de Alcibíades agora." (Licht, 1932:417) Como vemos, o modelo pederástico nem sempre era seguido pelos gregos de carne e osso, ou mesmo pelos heróis mitológicos.

Não podemos nos esquecer ainda de que estes ideais referem-se à aristocracia; quanto às classes populares gregas, aos estrangeiros e libertos, pouco ou nada sabemos, mas podemos imaginar que estas práticas homossexuais fossem também comuns. Pois como observa Boswell (1985:86-88), não há evidências para nenhuma época conhecida de que o desejo sexual varie em função da classe social das pessoas, ainda que a moral possa ter diferenças entre grupos sociais diferentes.

Amores militares

Convencionou-se em nossa sociedade que a homossexualidade está ligada à covardia, à efeminação e à fraqueza. Entre os antigos, ao contrário, ela era sinal de virilidade, estava aliada quase sempre a bons e leais soldados. Principalmente se pensarmos que cada cidadão nesta época era, antes de tudo, um soldado. A idéia mesma de que o amor homossexual pudesse enfraquecer a sua virilidade pareceria absurda aos antigos.

Mais do que isso, acreditava-se que, se um soldado estivesse envolvido sexual e emocionalmente com outro soldado, ele estaria mais disposto a dar a vida por ele e seria um guerreiro mais valente e feroz contra o inimigo que ameaçasse seu amado. Como vimos, em Esparta e em Creta o amor entre os soldados era parte fundamental da educação militar dos cidadãos.

A mitologia também oferecia muitos exemplos disso. Hércules era um grande guerreiro e foi ajudado em vários de seus trabalhos por seu amante e sobrinho Iolau. Na expedição dos Argonautas foi acompanhado pelo belo Hilas até seu rapto pelas ninfas. Na batalha contra os centauros foi auxiliado pelo valente e apaixonado Teseu.

Aquiles e Pátroclo são dois dos grandes heróis da *Ilíada* e, embora Homero não tenha sido explícito quanto a relação entre os dois soldados ser ou não erótica, eles foram cultuados como exemplo de amor, dedicação e valentia. Ésquilo (525-456 a.C.) apresenta os dois como amantes em uma de suas peças, *Os mirmidões*, e Sófocles escreve *Os amantes de Aquiles*, na qual o herói aparece rodeado de belos jovens, desempenhando a função descrita no título. A mitologia ainda informa que o valente Aquiles, apaixonado pelo príncipe troiano Tróilo, irmão de Heitor, insistiu que ele cedesse aos seus desejos; este fugiu e refugiou-se no templo de Apolo, onde teria sido morto, no próprio altar, pelo amante desprezado – embora isso não impedisse que tanto Aquiles como Pátroclo tivessem várias amantes, como muitos outros homens gregos.

Era conhecido, do poema de Homero, *A Ilíada*, o desespero de Aquiles ao saber da morte de Pátroclo; ele lançou cinza e terra sobre sua cabeça e seu corpo em sinal de luto, arrancou seus cabelos, gritando e lamentando a perda do companheiro. Apenas a morte de Heitor, que matara Pátroclo, poderia aplacar a ira e a dor de Aquiles. A sua fúria e determinação em vencer o inimigo deviam ser muito parecidas com aquelas que experimentavam os soldados que perdiam seus amantes em batalha.

Outro grande poema épico, a *Eneida*, do romano Virgílio, também possui um par de soldados apaixonados, Niso e Euríalo, do exército de Enéias. Não surpreende, já que se sabe que nos exércitos romanos os aprendizes ofereciam aos soldados os mesmos serviços – não precisamos dizer quais – que grumetes oferecem hoje aos marujos nas marinhas das nações civilizadas (Veyne, 1978:62, n.6).

Em seu *O Banquete,* Platão recorda o mito da criação da democracia ateniense pelos amantes tiranicidas; para ele o amor entre homens era uma ameaça a todas as tiranias, conforme o discurso de Fedro: "Entre os bárbaros, com efeito, por causa das tiranias, é uma coisa feia esse amor, justamente como o da sabedoria e da ginástica; é que imagino, não aproveita aos governantes que nasçam grandes idéias entre os governados, nem amizades e associações inabaláveis, o que justamente, mais do que qualquer outra coisa, costuma o amor inspirar. Por experiência aprenderam isso os tiranos desta cidade; pois foi o amor de Aristogitão e a amizade de Harmódio que, afirmando-se, destruíram-lhes o poder" (1987a:182c).

Platão ainda lança através do discurso de Fedro a idéia, que devia ser comum a várias regiões da Antigüidade, de que se por "algum meio ocorresse de se fazer uma cidade ou uma expedição de amantes e de amados, não haveria melhor maneira de a constituírem senão afastando-se eles de tudo que é feio e porfiando entre si no apreço à honra; e quando lutassem um ao lado do outro, tais soldados venceriam, por poucos que fossem, por assim dizer todos os homens". (1987a:179a)

Também Aristóteles, n'*A Política,* diz que as nações belicosas, que não se deixavam governar pelas mulheres, em geral não dissimulavam a sua preferência pelo amor entre homens. Para ele estava correto o primeiro mitologista que imaginou a união de Ares e Afrodite, pois todos os homens de guerra parecem inclinados a procurar com ardor o amor, seja de homens, seja de mulheres, isto é, eram inclinados aos prazeres sensuais, fosse qual fosse o sexo de seus companheiros (1963:II, 6, 6).

Xenofonte (430?-354? a.C.), em sua *Ciropedia (A educação de Ciro),* novamente coloca em questão a preferência por batalhões formados por amantes. Sobre batalha do exército persa, liderado por Ciro, contra os egípcios, diz ele: "Ora, em muitas ocasiões se provou não haver falange mais forte do que a composta de camaradas amigos." Devemos entender camaradas amigos, nesta discreta tradução, como amantes, dispostos a morrer para defender-se uns aos outros (1965: VII, I, 30).

O Batalhão Sagrado de Tebas

Essa experiência foi colocada em prática no ano de 378 a.C., pelo líder tebano Górgidas, que criou uma companhia militar de 150 casais de soldados amantes, conhecida como o Exército Sagrado de Tebas, assalariado e mantido com recursos públicos. Este batalhão foi uma verdadeira lenda e um símbolo de valentia e poder militar, tendo alcançado inúmeras vitórias importantes, como as de Tégira, em 375, e Leutres, em 371 a.C., quando os poderosos e quase invencíveis espartanos, em vantagem numérica, foram vencidos pelo general Pelópidas (morto em 364 a.C.), íntimo amigo de outro famoso militar, Epaminondas (morto em 363 a.C.). Esta batalha foi considerada a mais famosa de todas as vitórias de gregos sobre outros gregos, colocando fim a 33 anos de predominância militar espartana na Grécia.

Os dois amigos, provavelmente amantes, e Górgidas haviam derrubado a tirania em Tebas pouco antes de organizarem o batalhão sagrado, aproveitando a existência do hábito de formar casais entre os soldados tebanos. Eles provaram que o amor fazia melhores e mais valentes soldados. Pamenes dizia que era preciso colocar cedo o amante junto do amado, porque os homens ocupam-se bem pouco daqueles que são de sua nação ou família quando estes estão em perigo; mas um batalhão formado por amantes não poderia jamais se romper, pois os amantes não abandonariam seus amados e os amados teriam vergonha de serem covardes ou indignos diante de seus amantes. Havia uma anedota corrente de um soldado que, estando caído prestes a ser morto por seu inimigo, pediu-lhe que lhe desse o golpe de morte de frente, com medo que seu amado vendo seu corpo morto, ferido pelas costas, pensasse que ele estava fugindo e se envergonhasse.

Na batalha de Mantinéia, por exemplo, Pelópidas, muito ferido, caiu em combate, sobre um monte de cadáveres. Epaminondas, embora o considerando morto, atirou-se a sua frente para proteger seu corpo e suas armas, sustentando sozinho o combate, preferindo antes morrer a abandonar o corpo de seu amado.

Novamente lutando contra a tirania, Pelópidas foi aprisionado pelo tirano de Feres, Alexandre. Dizem que o tirano, habitualmente cruel e sanguinário, assustou-se com o nome e a reputação de Epaminondas, que se apressou a libertar seu amante; um provérbio dizia que Alexandre "abaixou a asa assim como o galo que sai fugindo da briga". Enviou um mensageiro para desculpar-se e devolveu Pelópidas para os braços de seu amado.

Em Tebas, quando o jovem chegava à idade de ser alistado nas fileiras do exército, era seu amante quem lhe oferecia o equipamento militar, a *panóplia*. Assim como em Creta e Esparta, o treinamento militar do cidadão implicava na existência de uma relação homossexual.

Plutarco diz que os tebanos introduziram entre as diversões da juventude nos exercícios corporais o hábito do namoro, para temperar e adoçar os hábitos turbulentos dos jovens. E em Creta, como vimos, o hábito de raptar o jovem amado terminava com o presente, feito ao jovem, de seu equipamento de soldado.

O Batalhão Sagrado foi vencido apenas na batalha de Queronéia, em 338 a.C., pelo pai do Grande Alexandre, Felipe da Macedônia. Este estava inspecionando os mortos e parou no local onde estavam os 300 casais tebanos, unidos uns aos outros em pares. Sabendo ser o exército dos amantes caiu em lágrimas e disse: "Morra miseravelmente aquele que pensar que o que estes homens fizeram ou sofreram foi vergonhoso."

Esta tropa, nos diz Plutarco, foi denominada sagrada pelo mesmo motivo pelo qual Platão chama o amante de um jovem de amigo divino ou inspirado pelos deuses. Anos mais tarde, o imperador Adriano, em uma viagem pelo oriente, quando conheceu seu amado Antínoo, reconstruiu o túmulo de Epaminondas, em Mantinéia, talvez em honra de seu próprio amor, tão forte como o que unia este a Pelópidas.

Mas Atenas não era, obviamente, indiferente a este tipo de manobra militar. O conhecido Alcibíades, considerado o grego mais belo de seu tempo, engajou-se na expedição contra Potidéia, onde foi acompanhado pelo filósofo Sócrates, com quem mantinha uma relação aparentemente "platônica". Plutarco nos conta que, ferido Alcibíades em combate, Sócrates cobriu-o com seu corpo e defendeu-o, salvando-lhe a vida e as armas. Como prova de dedicação, Sócrates abdicou de seu prêmio de bravura em nome de seu jovem pupilo, desejoso de desenvolver nele a ambição de honra nas ações gloriosas.

Ainda no século II d.C., Ateneu pensava que os homens jovens tornavam-se excepcionalmente corajosos sob a influência do amor que sentiam um pelo outro, o que, segundo ele já fora provado pelo Exército Sagrado de Tebas. Como Tebas, outras cidades utilizaram os serviços de pares de amantes em seus exércitos, como a própria Esparta, que deve ter aprendido a valorizar este tipo de tática militar com sua derrota inesperada, além de Elis e Tera.

Alexandre, o Grande

O fabuloso e valente conquistador macedônio Alexandre, o Grande (356-323 a.C.), também era adepto do amor grego. O filho de

Felipe conquistou toda a Grécia, destruiu Tebas e venceu a Dario, rei dos persas; submeteu a Capadócia, Jerusalém, Damasco, sem falar no Egito e na Índia e acabou morrendo na Babilônia, cidade que conquistara em 331 a.C., aos 33 anos, de malária. Foi discípulo de Aristóteles e de Lisímaco, grandes sábios de seu tempo, mas o que mais lhe importava, desde a infância, era a conquista de um grande império. O que não lhe impediu de ter-se dedicado com afeição ao amor de seus favoritos, Hefestião e o eunuco Bágoas.

Em Ílion, antiga Tróia, Alexandre fez um sacrifício a Minerva e libações aos heróis; banhou com azeite a coluna funerária de Aquiles, o conhecido amante de Pátroclo, andou em volta do túmulo completamente nu com seus companheiros, segundo o costume, depositou ali uma coroa e felicitou o herói que teve, vivo, um amigo fiel e, morto, um grande poeta para glorificar suas façanhas.

Alexandre não escondia seus desejos, e tanto é assim que, como conta Plutarco, Filoxeno, comandante das províncias marítimas de seu império, escreveu-lhe um dia que um certo Teodoro de Tarento, seu vizinho, possuía dois meninos escravos para vender, ambos de grande beleza e perguntava se o rei não desejava comprá-los. Mas apesar de não ser indiferente ao amor dos meninos, Alexandre censurou seu governador, assim como fez com seu amigo Hagnon, que pretendia comprar um menino de Corinto, de maravilhosa beleza, para lhe presentear.

Hefestião e Cratera eram os dois melhores amigos de Alexandre, chegaram, na Índia, a duelar-se por ciúmes do imperador. Os contemporâneos de Alexandre chamavam Hefestião de Pátroclo e Alexandre de seu Aquiles, dando idéia da relação que unia os dois amigos. Hefestião era o braço direito de Alexandre e tinha o posto militar mais importante de seu exército. Quando ele morreu de febre na volta da campanha da Índia, Alexandre caiu em desespero, recusando-se a comer ou a beber por três dias; cortou seus cabelos e decretou luto oficial em seu reino, além de ter preparado um funeral majestoso, dirigindo ele próprio a carruagem fúnebre. Mandou cortar as crinas dos cavalos e das mulas, bem como demolir as seteiras das muralhas das cidades, a fim de que parecesse que até as muralhas mostravam luto, a aparência desolada de demolição dando um indício de dor e sentimento.

Alexandre casou-se com uma bela prisioneira persa, Roxana, embora dedicasse também seu tempo e amor ao eunuco Bágoas. Em Gedrósia, conta-nos Plutarco que, sob a ação do vinho, Alexandre assistiu a coros e a danças nos quais Bágoas, seu favorito e amante, que havia custeado as diversões, obteve um prêmio. Depois de ter recebido a coroa de vencedor, ele atravessou o teatro e foi sentar-se ao lado de Alexandre. Os macedônios que assistiam bateram palmas e convidaram o imperador a beijar o vencedor: ele então tomou Bágoas nos braços e beijou-o carinhosamente, para o contentamento de seus súditos.

2

De Júlio César a Adriano:
o Império Romano

Os deuses não existindo mais e o Cristo não existindo ainda, houve, de Cícero a Marco Aurélio, um momento único em que só existiu o homem.
Gustave Flaubert. *Correspondência.*

Em Roma como os romanos

Esses romanos eram mesmo uns devassos! Nem tanto. Da mesma forma que os gregos, os romanos tinham uma moral sexual estrita e havia entre eles, assim como no cristianismo, inúmeras interdições. Eram considerados libertinos aqueles que desrespeitavam estas interdições: fazer sexo durante o dia, com as luzes acesas sem nenhuma penumbra e estando a mulher totalmente desnuda; também não era moralmente aceitável que um homem livre fosse passivo com outro homem, principalmente se o ativo fosse socialmente inferior ou escravo; praticar a felação, para um homem livre, era a maior das vergonhas; também não se aceitava que um homem fosse escravo das paixões, fosse por homens, fosse por mulheres; e estas, se queriam ser consideradas dignas, nada de sexo livre ou adultério. A diferença era que não eram queimados por fazer nada disso.

O casamento romano, assim como o grego, era, geralmente, uma questão de propriedade e uniões políticas entre famílias. Isso não quer dizer que a vida familiar não fosse importante; a sociedade romana estruturava-se em torno da família e um dos cultos religiosos mais importantes era aquele que reverenciava os antepassados, o culto dos *lares*. A lareira era o lugar onde se acendia o fogo sagrado da casa. Além disso, o pátrio poder garantia ao pai o domínio, praticamente a posse, de todos os membros da família, incluídos os escravos e libertos. Mesmo os filhos adultos e casados deviam obediência ao pai enquanto este estivesse vivo. Fossem eles sexagenários ou senadores, se tivessem pai vivo, não podiam fazer nenhum ato jurídico sem a sua autorização.

Havia várias formas de casamento na sociedade romana. A mulher podia passar ao poder do marido através da chamada "cerimônia da farinha", quando se fazia a oferenda de um pão de farinha a Júpiter, acompanhado de uma série de formalidades e ritos solenes, na presença de testemunhas e padrinhos, e era mais comum na aristocracia. Outra forma de casamento era a convivência em comum, na casa do homem por um ano seguido; o casamento desfazia-se se a mulher passasse três noites seguidas fora de casa, com seus pais. Por fim, havia a venda simbólica da mulher pelo pai ao marido, na presença de testemunhas ou padrinhos, quando o marido pagava ao pai uma moeda de bronze. Mas, a rigor, nenhum ato simbólico era obrigatório, bastando a coabitação dos dois cônjuges.

A grande maioria da população elegia a forma mais simples de casamento, que era a coabitação por um ano; a nobreza da linhagem de sangue era garantida apenas pela "cerimônia da farinha". O marido podia repudiar a mulher a qualquer momento do casamento, por esterilidade, adultério, ou qualquer outro motivo que fosse considerado justo pela família dela. O homem exigia a devolução das chaves da casa e a mulher ia embora sem o seu dote restituído.

O divórcio era mais simples: bastava comunicar o cônjuge do divórcio, o que tampouco era obrigatório; por vezes sair de casa era o bastante. Além disso um novo casamento bastava para anular o anterior e mesmo as mulheres podiam tomar esta iniciativa. Segundo a opinião do filósofo Sêneca, as mulheres da aristocracia se divorciavam para se casar e casavam-se para se divorciar.

A cerimônia formal de casamento servia apenas, segundo Paul Veyne (1978:40), a um objetivo privado, para transmitir o patrimônio aos descendentes em lugar de deixá-lo a outros membros da família ou a filhos de amigos, e para uma política de casta: perpetuar a casta dos cidadãos. Não era nem um ato público, sequer jurídico.

Em caso de adultério a mulher podia ser morta, assim como seu amante se este fosse socialmente inferior ao marido traído; mas os adúlteros tinham de ser entregues ao pai da noiva para que a justiça fosse feita, pois mesmo casada ela estava sujeita à sua autoridade. Mulheres e escravos eram considerados crianças grandes que deveriam ser cuidados e castigados, quando necessário, pelo homem adulto da família. Geralmente, como observa Pierre Grimal (1963:125), para evitar o escândalo, os maridos preferiam repudiar a adúltera, ficar com seu dote e casarem-se novamente, deixando a esposa exposta a sua própria vergonha. O seu cúmplice nem sempre era morto; o marido ultrajado preferia por vezes deixá-lo uma noite como diversão para seus escravos, ou mesmo para si, considerado um castigo até pior do que a morte, que ainda poderia dar-lhe a honra de ter morrido em virtude da conquista de uma mulher casada.

Assim como o homem grego, o romano podia exercer sua sexualidade com quem quisesse, homens ou mulheres. A pederastia não era exaltada como entre os gregos, mas largamente praticada; a interdição era em relação aos adolescentes livres. Sexo com um adolescente ou uma adolescente livres, com ou sem consentimento destes, era considerado estupro. Já o sexo com escravos, atrizes, dançarinos, libertos, com ou sem consentimento destes, jamais era considerado estupro. Estas categorias de pessoas existiam para atender aos prazeres dos homens livres, assim como suas esposas deviam gerar filhos saudáveis e legítimos.

No entanto o amor homossexual não foi trazido da Grécia, quando em 146 a.C. a tomada de Corinto reduziu-a a uma província romana. A bissexualidade, ou a não distinção do desejo pelos homens ou pelas mulheres, era um dado característico de toda a Antigüidade, principalmente entre as sociedades mediterrâneas.

Os romanos, teoricamente, não aceitavam os amores pederásticos pelos jovens efebos livres, pois viam nisso uma exaltação da paixão pura, fazendo do amante um escravo de seu amado e de sua paixão; e, ao contrário dos gregos, não fingiam que o amor por um adolescente pudesse ser "platônico". Tanto assim que meninos de boas famílias, que tinham uma reputação a manter, nunca deveriam sair de casa sem a companhia de um escravo, pois se temia tanto pela sua virtude quanto pela de outras jovens e outros meninos de bom nascimento. Eram muito pragmáticos e realistas estes romanos.

Aqueles meninos que não fossem bem nascidos podiam servir para o prazer, principalmente se fossem escravos. Romanos ricos costumavam ter seus jovens escravos que serviam a mesa, a exemplo de Ganimedes na corte de Zeus. Este batalhão de pajens era um rebanho de meninos bonitos que tinham como função servir a mesa, para encanto dos olhares de seus convivas, e o que mais apetecesse ao seu dono.

Dizia-se que era possível descobrir as preferências sexuais de um homem notando o sexo e o tipo físico de seus escravos.

As esposas não toleravam muito bem esses favoritos, sobretudo quando o marido demonstrava seu afeto por meio de beijos e carícias em sua presença. No momento em que o primeiro bigode aparecia, o primeiro sinal da virilidade, era quando o favorito deveria ser abandonado: o amo cortava-lhe as longas madeixas e ele perdia, em meio a lágrimas, suas funções de favorito, para alívio da esposa. Muitos obstinados ainda mantinham seus favoritos mesmo depois dos primeiros sinais de virilidade, o que era reprovado, mas não proibido. Algumas esposas, precavidas, exigiam contratos de casamento nos quais se estipulava que o marido não poderia ter em sua casa um favorito ou uma concubina, nem tampouco montar outra casa para um amante ou uma amante.

Algumas vezes esses favoritos não eram amantes, mas filhos ilegítimos dos seus donos, que não podiam ser reconhecidos como tal; mas geralmente eram mesmo brinquedinhos sexuais dos pais de família romanos, e viviam em verdadeiros haréns; eram chamados *delicati pueri* ou *delicium*, e eram trazidos principalmente do norte da África, Egito, Alexandria, da Etiópia ou da Síria.

Sabemos que muitos destes pequenos favoritos continuavam a servir seus amos depois de crescidos e mesmo depois de libertos. Sêneca, o pai, cita um caso no qual um liberto é criticado por haver servido de "concubino" a seu patrão, cujo advogado replica que ceder favores sexuais a um homem, ou seja, deixar-se penetrar, "era um delito para um homem livre, uma necessidade para o escravo e um dever moral para o liberto".

A prostituição masculina era tão ou mais praticada do que na Grécia, mas não havia tantos pudores morais em relação à sua prática. Receber dinheiro em troca de favores sexuais não era uma vergonha; era considerado em geral um gesto de cortesia, inclusive em relação às mulheres bem nascidas. Os adolescentes, mesmo da aristocracia, se fossem belos, podiam encher suas bolsas de dinheiro vendendo seus favores, embora fosse repulsiva a idéia de servir sexualmente a um homem socialmente inferior, ou mesmo a um escravo, em troca de dinheiro. Mesmo assim havia uma brincadeira em moda na cidade, entre jovens bem nascidos, que era vestir-se de prostituto ou prostituta, ir a um bordel de baixa categoria, para ver o efeito que isso provocava entre os clientes e quanto eles se dispunham a pagar-lhes. (Veyne, 1978:44)

O poeta Catulo, por exemplo, fala de um certo Juvêncio, um prostituto nascido de boa família, e Suetônio, sempre uma língua ferina, diz que o próprio Augusto vendera seus favores a um núncio romano da Espanha. Talvez por isso o senado romano, em 19 d.C., no reinado de Tibério, tenha proibido que descendentes de senadores e jovens livres com menos de 25 anos atuassem como atores, gladiadores, ou prostitutos.

O próprio imperador Augusto estabelece um imposto sobre a prostituição; havia também uma festa oficial para os prostitutos, um dia depois da festa das prostitutas, em 25 de abril. Este imposto vai ser cobrado até o século VI d.C., inclusive pelos imperadores cristãos. Os locais onde estes profissionais podiam ser encontrados eram a via Suburbana, o Mons Equilinus, o Pons Sublicius e a Porta Trigemina. Havia prostíbulos com vários tipos de prostitutos: os *catamiti*, jovens passivos, e os *exoleti*, adultos ativos. Muitos deles ficavam em porões de circos e teatros, com um discreto e sugestivo emblema nas portas: um enorme falo!

Embora muitos prostitutos fossem baratos, acessíveis mesmo a escravos, outros eram caríssimos; Catão, no século II a.C., indignava-se que o preço de alguns destes profissionais fosse superior ao preço de terras cultiváveis, considerando isso um luxo demasiado caro. Por vezes eles atraíam tanto a aristocracia como as classes baixas, aumentado consideravelmente seu círculo de consumidores. Tácito (*Anais*) assinala o caso de um prefeito que foi assassinado por um escravo seu, em virtude de disputarem os favores do mesmo prostituto. (Boswell, 1985:89)

Cidadãos e escravos

Para um homem romano o sexo de seu parceiro importava muito pouco; era resultado de uma predileção pessoal ou de uma oportunidade, de quem estava mais próximo no momento em que o desejo se manifestava. O importante era o *status* deste parceiro e que tipo de prática exerciam os cidadãos livres. Essa moral romana proibia determinados atos de acordo com a classe social de quem o praticava: "É uma questão de *status*, não de virtudes; de gestos exteriores, não de repugnâncias interiorizadas." (Veyne, 1978:47)

Era moralmente mal visto o cidadão livre e adulto que fosse passivo com outro homem, principalmente se este fosse um escravo ou socialmente inferior. A moral masculina exigia que os homens fossem sempre ativos, que sempre possuíssem seus parceiros, fossem outros homens ou mulheres. Penetrar um escravo ou um plebeu não era mais do que uma das possibilidades de prazer para um cidadão romano; o contrário deveria ser evitado.

Outra coisa que deveria ser evitada era tornar-se escravo das paixões. Povo conquistador, onde o estupro era parte aceita da sexualidade, quando não praticado contra cidadãos livres, os romanos não aceitavam cair em escravidão nem mesmo em sua vida privada e amorosa. Os homens não deveriam perder sua autonomia e, por vezes, seu patrimônio, em nome de paixão alguma, fosse por um homem, uma mulher, um adolescente, por dinheiro ou qualquer outra coisa.

Assim, muitos filósofos e satiristas condenaram ou ridicularizaram aqueles que se tomavam de paixões avassaladoras; considerava-se, em geral, que estas paixões deveriam ser preferencialmente endereçadas a outros homens, visto que o amor por uma mulher, um ser inferior, era uma dupla escravidão. Amores desiguais também eram recriminados: Plutarco lamenta o fato de Sila (138-78 a.C.), cônsul e general romano, ter amado desde sua juventude até o fim de sua vida ao comediante Metróbio, paixão que chama de infame, não por ser um homem, mas por ser um inferior. Ele recriminará da mesma forma a paixão de Sila pela rica cortesã Nicópolis, de quem inclusive tornou-se herdeiro. Sêneca também se queixava de que os jovens da mais alta nobreza cediam voluntariamente aos caprichos dos atores pelos quais se apaixonavam.

Serão alvos destes ataques aqueles que são complacentes com mulheres dominadoras ou adúlteras, que se deixam levar por seus amores, masculinos ou femininos, que praticam atos desonrosos para um cidadão, como a felação, a passividade e, supremo horror e vergonha, a *cunilingus*. É preciso ser ativo, não passivo; receber prazer, não dar, dominar, não ser dominado; ser viril, não efeminado. Um grande insulto era zombar da virilidade de um homem: Verres, um inimigo de Cícero (106-43 a.C.), ofendeu-o certa feita chamando-o de efeminado; como um dos filhos de Verres fosse conhecido, segundo Plutarco, por "usar de seu corpo de maneira pouco digna à graça de sua idade", Cícero devolveu-lhe a ofensa dizendo-lhe: "Esse apodo deves usá-lo em casa, com seu filho."

O problema não são os atos que se praticam, mas como e com quem; o excesso de prazer pode ser visto como excesso de paixão, um passo para a escravidão aos sentidos. Marco Aurélio (121-180 d.C.), por exemplo, felicita-se em seu *Diário* por ter resistido à atração que sentia por seu escravo Teódoto e por sua serva Benedita. "Nesse mundo não se classificavam as condutas de acordo com o sexo, amor pelas mulheres ou pelos homens, e sim em atividade e passividade: ser ativo é ser másculo, seja qual for o sexo do parceiro chamado passivo. Ter prazer de modo viril, ou dar prazer servilmente, tudo está nesse ponto." (Veyne, 1985b:43)

Dessa forma os atos homossexuais não são vistos como ruins em si, mas apenas quando um cidadão livre se submete a outro homem, ou quando há um excesso de prazer. Muitos historiadores homofóbicos usam como exemplo textos antigos, de Aristóteles, Platão ou Apuleio, que supostamente teriam classificado os atos homossexuais como "não-naturais"; mas é preciso lembrar que o conceito de natureza dos antigos era muito diferente do nosso: o não-natural não era monstruoso ou errado; era um excesso, uma desmedida. Para Sêneca, por exemplo, a água aquecida das termas era "não-natural".

Quanto à passividade, Boswell (1985:108) lembra-nos que é preciso analisar a noção de modos efeminados ou passividade mais no contexto de fraqueza, física e moral, de falta de virilidade, do que os atos sexuais propriamente ditos. Homens heterossexuais podiam ser considerados "efeminados" se fossem dados ao luxo, à moleza ou mesmo se tivessem um gosto especial pelas mulheres (Veyne, 1985a:244). E no período imperial, com tantos imperadores adeptos desta variante sexual, como Nero ou Heliogábalo, este preconceito tendeu a diminuir. Heliogábalo chegou a exilar o jurista Paulus, que propôs a punição de cidadãos culpados deste mesmo comportamento, legislando em causa própria, diríamos.

Tampouco a lei proibia os atos homossexuais, desde que não colocassem em risco a virtude de jovens livres. Muitos autores citam uma suposta lei contra os atos homossexuais, a Lei Escantínia, de 226 (segundo Boswell, 1985:97-98) ou 149 a.C. (segundo Veyne, 1985b:43). Um cidadão, Escantínio Capitolino, edil ou tribuno da plebe, é acusado no senado de haver tentado seduzir à força o filho do cônsul Cláudio Marcelo. O rapaz foi chamado a depor e, enrubescido de vergonha, pôs-se a chorar. Os senadores, emocionados, condenaram Escantínio a uma pesada multa, dando então seu nome a esta lei.

No entanto, John Boswell já demonstrou que sequer podemos ter certeza de que esta lei tenha existido; Plutarco menciona o caso de Escantínio, mas não a lei com seu nome. Se ela existiu, tinha como alvo o estupro de cidadãos livres, de qualquer sexo, não visando atos homossexuais em si, e há pouquíssimas evidências de que ela tenha alguma vez sido aplicada. Não sabemos sequer se ela teve relação com o caso de Escantínio Capitolino ou não, visto que apareceu grafada de várias maneiras diferentes. A lei Júlia contra o adultério é estendida de maneira a cobrir os casos de estupro de jovens livres, o que põe em dúvida a existência de uma lei que lhe fosse anterior.

E, mesmo que ela tenha existido, as evidências de sua aplicação são muito poucas; é preciso lembrar que na Roma Antiga as leis eram criadas muitas vezes com o intuito de mudar a sociedade e muitas acabavam completamente esquecidas, "exceto quando um desastrado voltava a falar nela, ao invés de violá-la em silêncio". (Veyne, 1985a:110)

Por fim, Boswell observa que entre os raros autores latinos que eram contrários à homossexualidade, nenhum deles nunca sustentou que ela fosse ilegal. Cícero ironiza vários contemporâneos seus de terem sido prostitutos em sua juventude, mas jamais insinua que eles cometessem algum ato ilegal. E sendo a prostituição legal e taxada pelo estado, dificilmente poderia haver alguma lei proibindo a homossexualidade. Os documentos, ao contrário, mostram como ela era largamente praticada e, sob certos aspectos, valorizada.

Autores cristãos não cansavam de repreender os romanos por sua lascívia homossexual: Minúcio Félix definia as relações homossexuais como "a religião dos romanos"; Taciano acreditava que estes tinham "singular estima" pela pederastia; Lactâncio acrescenta que em Roma os atos homossexuais eram considerados "coisa banal e digna de admiração".

Para as mulheres, embora as romanas aparentemente vivessem mais livres que as gregas, era necessário que se mantivessem castas para garantirem uma descendência legítima a seus maridos; outras mulheres, que não fossem guardadas para o matrimônio, como dançarinas, atrizes, escravas, libertas, cortesãs, podiam ter uma vida sexual livre, o que incluía o lesbianismo, ainda que a opinião masculina geral concordasse com a do filósofo Sêneca, para quem "uma mulher que se toma por um homem é um mundo às avessas".

Mulheres cultas, que não foram tão incomuns em Roma, eram vistas com desconfiança pelos homens: Plutarco elogia Cornélia, filha de Metelo Cipião e esposa de Pompeu; diz ele que, apesar de ser bela, letrada, tocar a lira e saber geometria, não era, por isso, nem desagradável nem vaidosa, como acontecia freqüentemente às jovens que possuíam essas qualidades e essa instrução.

Tríbades galantes, fanchonos militantes

O lesbianismo implicava para os romanos uma difícil questão a ser resolvida, de uma mulher desempenhando o papel de um homem ativa sexualmente. Era este o enigma proposto por Marcial (40?-104? d.C.), "digno da esfinge tebana", de um adultério cometido sem um homem. Dificilmente eles iriam aceitar que uma mulher, um ser inferior, pudesse amar a outra mulher como um homem, ou mesmo guerrear, participar da política ou governar. É provável que tenham considerado estas relações como brincadeiras infantis, sem conseqüências, visto que as mulheres e os escravos não passavam de crianças grandes. Não se sabia, por exemplo, se a relação de uma mulher casada com outra mulher constituía-se ou não em adultério; Sêneca, o pai (60-39 a.C.), e Marcial respondem que sim, afirmando o primeiro que elas estariam sujeitas ainda à pena de morte, se fossem pegas em flagrante; mas era uma questão jurídica difícil de ser resolvida. (Boswell 1985:118).

Mesmo assim, Luciano, em seu *Diálogo das Cortesãs*, apresenta uma mulher de Lesbos, "terrivelmente viril", chamada Mégila, que se apaixona e conquista os favores de uma tocadora de cítara chamada Leona. Esta Mégila, que raspava o cabelo, "como o mais viril dos atletas", e usava uma peruca com cabelo feminino, vangloriava-se de ser um homem em todos os sentidos, e era casada com outra mulher de Corinto, a rica Demonassa.

Leona é contratada para tocar em um banquete promovido pelas duas lésbicas; ao fim do festim, Mégila diz à cortesã: "Vamos Leona, é hora de ir ao leito. Venha deitar-se aqui entre nós duas." Uma vez no leito, as duas amantes abraçam e beijam a Leona, e Mégila pergunta-lhe: "já viste um dia um jovem homem tão belo como eu?" Em seguida explica à espantada cortesã: "eu nasci parecida com vocês, mulheres, mas tenho os gostos, os desejos e todo o resto de um homem. [...] Deixe-me fazer, Leona, se não me acreditas, e tu verás que não devo nada aos homens. Eu tenho uma coisa em lugar de sua virilidade; deixe-me fazer e verás!" A espantada Leona fica embaraçada com este triângulo amoroso e qualifica a situação de bizarra, embora passe então a viver com Mégila, que lhe presenteia com um magnífico colar e ricos vestidos.

Outro escritor da mesma época, Jâmblico, inclui em seu romance *Babyloniaca*, uma intriga secundária com a princesa do Egito, Berenice, e sua paixão pela bela Mesopotâmia. Berenice, ao tornar-se rainha, desposa Mesopotâmia e declara guerra a Garmos, personagem que pretendia matar a amada da rainha. As duas histórias são apresentadas como situações normais e não deveriam parecer muito estranhas aos romanos dessa época.

A poesia erótica

Enquanto a maior parte da poesia grega que conhecemos é elevada e espiritual, a poesia romana nunca teve medo do erotismo e do sexo; para os próprios romanos, esta poesia elegíaca e erótica era o único triunfo da cultura romana sobre a grega. Por ela, podemos vislumbrar um pouco das atitudes dos romanos com relação ao sexo e, mais especificamente, à homossexualidade, que nos interessa aqui.

É claro que o humor leviano desta poesia não reflete o que poderíamos chamar de moral sexual dos romanos, justamente por não se levar muito a sério. Nem mesmo uma experiência pessoal do poeta, ou suas preferências sexuais, que podem ou não estar refletidas em seus poemas. Tampouco se referem a pessoas que eles tenham conhecido ou amado realmente; mas podem refletir o que os romanos pensavam e faziam em termos de sexo para além da moral dominante.

Comecemos pela indistinção do desejo para os romanos: como saber qual dos amores é mais digno de ser louvado? Vários poetas debatem as vantagens do amor das mulheres e dos rapazes, mas a lista dos indecisos não diminui, embora neste poema Catulo (87-54 a.C.) deixe escapar uma certa preferência pelos últimos:

> Célio e Quíntio, a flor da juventude veronesa,
> morrem de amor por Aufileno e Aufilena,
> um pelo irmão e o outro pela irmã: o que se pode chamar
> uma autêntica e grata irmandade fraternal.
> A quem devo apoiar? A ti Célio: pois comprovei
> tua amizade sem igual em meu amor apaixonado,
> quando uma insensata chama abrasava minhas entranhas.
> Oxalá sejas feliz, Célio, Oxalá tenhas êxito em teu amor!
> (Da versão de António Ramírez de Verger)

Álbio Tibulo (54?-19? a.C.) oscila entre o amor das mulheres, melhor dizendo, das cortesãs, e dos rapazes; desiludido com as primeiras, imprevisíveis e incontroláveis, ele declara, raivoso com o fato de que amar é "aprender o quanto é pesada a escravidão":

Aos meus inimigos, desejo que amem às mulheres; desejo aos meus amigos o gosto pelos rapazes, que são como um rio tranqüilo em cuja corrente tua barca desce tranqüilamente: que mal poderia advir de uma extensão aquática tão estreita?
(Da tradução de Paul Veyne, 1985a)

Homens casados, já dissemos, não estavam indiferentes aos amores masculinos e, muitas esposas tinham que se manter atentas para segurar seus maridos e mantê-los longe da depravação e da passividade, como esta de quem nos fala Marcial:

Que gênero de suspeitas, Lino, inspiras a tua mulher e em qual parte ela te deseja mais casto, ela o provou suficientemente por indícios certos, quando lhe deu como guardião um eunuco. Não há ninguém mais astuta e maliciosa do que ela.
(Da versão de H. J. Izaac)

Adolescentes não deixaram de ter seus admiradores em Roma. Como vimos, apesar das proibições e das leis, mesmo os jovens livres estavam disponíveis para o prazer; não podemos saber se este jovem de que fala Catulo era ou não bem-nascido:

Eu e meu jovenzinho, Aurélio, nos colocamos
em tuas mãos. Peço-te com pudor um favor:
se alguma vez hás desejado de todo coração
manter algo casto e inocente
conserva o pudor do meu jovenzinho,
não digo de toda a gente; nada temo dos
que no fórum vão de um lado
para outro ocupados em seus assuntos;
a quem temo é a ti e a teu membro
que aponta aos jovens, bons ou maus.
Meta-o por onde e como gostes,
quanto queiras e quando tenhas ocasião;
só excetuo a este, creio, com pudor.
Mas se tua má cabeça ou tua louca paixão
Levarem-te, criminoso, ao grande delito
de atentar a minha pessoa com enganos,
que desgraça e má sorte a tua:
com as pernas separadas e o cu aberto
Entrarão-te rabanetes e berinjelas!
(Da versão de António Ramírez de Verger)

Os homens que se deixam penetrar por escravos, desonrando sua condição de cidadãos, de dominadores, são sempre repreendidos por esta poesia por vezes muito moralizante; e parece que os exemplos eram suficientemente comuns para serem cantados em seus versos, como este de Marcial:

Teu jovem escravo está mal de sua vara; tu Névolo, estás mal de teu cu.
Eu não sou feiticeiro: mas adivinho o que fazes.
(Da versão de H. J. Izaac)

Os debochados, os escravos das paixões e dos sentidos, os efeminados, os devassos, os prostitutos, serão todos retratados com ironia e um certo desprezo, como em Catulo, quando fala de uma dupla de gatunos, o pai ladrão e o filho prostituto:

Mestres dos gatunos de banhos públicos,
Vibério pai e o marica do filho
(que se o pai tem a direita mais suja,
o filho tem o cu mais insaciável),
por que não partem para o exílio a terras
malditas, já que todos estão ao corrente
dos roubos do pai e tu, filho, não podes
vender tuas peludas nádegas nem por um centavo?

O que dizer daqueles que praticam o infame pecado para os cidadãos que era a felação? Deixemos Catulo, ainda, falar:

Como poderia eu explicar, Gélio, por que esses lábios de rosa
tornam-se mais brancos do que a neve invernal,
quando sais de casa pela manhã e quando nos longos dias
de verão te levantas às duas horas de uma indolente sesta?
E não sei o que acontece de verdade: será certo o que se cochicha
que devoras a parte grossa e tesa de um homem?
Sim, é verdade: o que proclamam os flancos destroçados do pobre
Vítor e teus lábios manchados do leite ordenhado.
(Da versão de António Ramírez de Verger)

Que dizer ainda dos debochados que se entregam a qualquer sorte de prazeres, como este Hilos cantado por Marcial, que prefere gastar seu dinheiro com prostitutos à própria alimentação:

Ainda que em todo o teu cofre-forte não haja mais do que uma só moeda, e que de resto ela seja mais usada, Hilos, que teu cu, não é no entanto o padeiro, não é o taberneiro que dela se aproveitarão, mas o primeiro a chegar que possa orgulhar-se de possuir uma enorme verga. Teu ventre infortunado contempla os festins de teu cu, e o infeliz está sempre faminto enquanto o outro devora.

As relações entre pessoas do mesmo sexo, com seus amores e ciúmes também são cantadas pelos poetas latinos; Catulo canta o amor do belo Juvêncio:

Teus olhos de mel, Juvêncio,
pode-se beijá-los sem parar,
até trezentos mil beijos te daria,
e nunca me sentiria satisfeito,
ainda que a colheita de nossos beijos
fosse mais rica que uma de espigas africanas.

Como deveria sentir-se um pobre coração enganado e abandonado por um amante insensível? Fala-nos ainda Catulo:

Alfeno, ingrato e falso para teus leais amigos,
não sentes nenhuma pena, insensível, por teu querido amigo?
Já não hesitas, pérfido, em trair-me ou enganar-me?
Crês que agradam aos deuses celestiais as ímpias ações
dos traidores? Quando me ignoras e me abandonas em minhas
    desgraças,
diga-me, que podem fazer os homens ou em quem podem fiar-se?
Eras tu, malvado, quem me ordenava entregar-te minha alma,
atraindo-me a teu amor, como se não houvesse nada a temer.
Agora te retiras e permites que teus ditos e feitos,
sem valor, sejam brinquedos dos ventos e das etéreas nuvens.
Mas, ainda que tu esqueças, recordam-se os deuses, recorda-se
a Boa Fé, que um dia fará com que te arrependas de tua conduta.
(Da versão de António Ramírez de Verger)

Como não possuímos uma versão latina de Safo, deixemos Marcial falar um pouco dos amores lésbicos das romanas, ainda que seja uma visão masculina, com todos os preconceitos de uma sociedade que não tinha em boa conta as mulheres, principalmente aquelas que "se passam por homens":

Não vejo jamais, Bassa, nenhum homem a teu lado e nenhuma triste história jamais te atribuiu um amante. Solícitas ao redor de ti, uma multidão de pessoas de teu mesmo sexo te oferecem a qualquer hora toda sorte de serviços sem que jamais um homem se aproxime: também eu te tomaria, eu fiz minha declaração a uma certa Lucrécia. Mas é você, Bassa – oh escândalo! – que a conquistou! Tens a audácia de acoplar dois sexos idênticos e teu clitóris monstruoso desempenha fraudulosamente o papel do macho. Imaginaste um enigma inaudito, digno da Esfinge tebana: um adultério cometido sem a participação de um homem!

Por que, Látara, foges de todas as termas freqüentadas por grupos de mulheres? Para não fornicar. Por que não passeias despreocupada à sombra do pórtico de Pompéia, ou não te diriges à porta da filha de Inacus? Para não fornicar. Por que não mergulhas na água fria seu corpo friccionado com o linimento de Esparta? Para não fornicar. Já que, Látara, evitas a esse ponto o contato com o sexo feminino, por que tua língua procura uma vulva? Para não fornicar.

Os temas gregos, além, é claro, do próprio amor grego, serão recorrentes em diversos escritores latinos. A história de Zeus e Ganimedes será um tema popular até meados da Idade Média. Luciano de Samosate dedica a ela um de seus *Diálogos dos Deuses*, que pode bem representar o amor de um cidadão livre por seu favorito e a disputa de sua esposa legítima pela afeição e atenção do esposo. Ganimedes acaba de chegar ao Olimpo pelas asas de Zeus metamorfoseado em águia:

Zeus: Vamos, Ganimedes, já que chegamos ao nosso destino, beije-me agora, e certifique-se de que não tenho mais nem bico recurvado, nem garras afiadas, nem asas, como me vistes sob minha forma de pássaro.
Ganimedes: Oh! Meu homem, não eras uma águia ainda há pouco, e não caíste sobre mim para arrancar-me do meio do meu rebanho? Como podem ter desaparecido estas asas e apareces para mim agora sob outra forma?
Zeus: Mas não, meu garoto, não é um homem, nem uma águia o que vês. Eu sou o rei de todos os deuses; eu metamorfoseei-me pelas circunstâncias.

O deus fica encantado com a ingenuidade do jovem príncipe troiano e tenta explicar-lhe como será, daí em diante, sua nova vida.

Zeus: [...] De agora em diante és um habitante do céu – farás muito bem a teu pai e a tua pátria. Em vez de queijo e de leite, comerás a ambrosia e beberás do néctar; serás tu que o servirá aos deuses, e, suprema vantagem, não serás mais homem: tu serás imortal. Eu farei brilhar teu astro com o brilho mais intenso; em uma palavra, serás feliz.

Zeus oferece-lhe ainda o pequeno Eros como companheiro de folguedos. Ganimedes pergunta se dormirá com o seu companheiro e as coisas começam a ficar mais claras para o jovem raptado. Zeus lhe diz que dormirá com ele próprio, pois foi para isso que ele foi trazido ao céu. O pequeno pensa que irá incomodar o sono do deus, que não está pensando exatamente em dormir em sua companhia:

> Zeus: É o que me podes fazer de mais agradável, obrigar-me a estar em vigília contigo; pois eu não deixarei de beijar-te e estreitar-te em meus braços.

A esposa do senhor do Olimpo, Hera, é quem não fica muito contente com a chegada do jovem Ganimedes; ela queixa-se a seu esposo que ele não faz mais caso dela desde que o menino foi trazido. Seu marido diz que pensava que ela fosse ciumenta apenas das mulheres com quem ele se deitava, não com "uma criança tão ingênua e inofensiva"; Hera, que não é tola, responde-lhe:

> Mas estas mulheres, ao menos, tu as deixastes na terra, ao passo que este menino do monte Ida tu o trouxestes colocado sobre tuas asas até aqui, tu, o mais nobre dos deuses, e ele habita em nosso lar, sob o pretexto de servir a bebida. [...] E tu que não sabes tomar o copo de suas mãos sem beijar-lhe, sob os olhos de todos os deuses, e este beijo te parece mais doce que o néctar. É por isso que sempre pedes bebida sem sequer sentir sede.

Indignada por ser preterida por um pequeno bárbaro "mole e efeminado", Hera contudo só faz aumentar o amor e o desejo de Zeus pelo seu favorito; a partir de então determina que Ganimedes sirva as taças de néctar apenas a ele, Zeus, dando-lhe sempre dois beijos, um "dando-lhe a taça cheia e outro ao tornar a enchê-la". (103-109)

Outra obra literária interessante é o romance *Satyricon*, de Petrônio, cortesão da época do imperador Nero, condenado ao suicídio por este em 65 d.C. Ele conta as aventuras de três malandros romanos, Ascilto, Encolpo e o efebo Giton, cada um amante do outro em determinado momento de suas vidas. Suas aventuras, a maior parte delas sexuais, são uma das poucas fontes de que dispomos da sexualidade das classes populares na Antigüidade.

As ruas da cidade eram, a crer em Petrônio, uma fonte inesgotável de prazeres. No capítulo VII, Ascilto narra a Encolpo, que fora seu amante no passado, suas aventuras quando se perde em umas vielas de má fama; um senhor, com cara de pai de família, oferece-se a guiá-lo em seu caminho, mas seu interesse era bem outro: "Por vielas estreitas e sem luz, me trouxe até este lugar [um bordel], puxou uma bolsa de dinheiro e me perguntou por quantas moedas eu dava o cu."

O próprio Encolpo, alguns capítulos mais tarde, recebe proposta parecida, de uma rica e devassa mulher apaixonada pelos seus encantos, que envia uma escrava para convencê-lo, a qualquer preço, no velho e tradicional estilo romano de pragmatismo: "Por que você teria cabelos tão lindamente tratados? Por que esse olhar, esse andar sensual, toda essa gostosura que você demonstra, para que tudo isso, se não está à venda? [...] Se você estiver a fim de vender o que tem, tem comprador. Se preferir alugar, tudo bem."

A amizade, e um antigo amor, que unia os dois malandros não impediu Ascilto de tentar tomar Giton, o pequeno amante de Encolpo, que decide expulsar o amigo infiel do quarto onde viviam. Mesmo assim partem os três para o palacete de campo de Licurgo, um milionário que fora amante de Ascilto, para desfrutar de casa e comida gratuitas e praticar algum roubo se houvesse oportunidade.

Na casa de Licurgo, Encolpo conquista o coração, e principalmente o corpo, de uma mulher, Trifena, amante de Licas, um rico proprietário de navios, que faz de tudo para conquistar a Encolpo. Ascilto, por sua vez, reata "suas antigas relações de libidinagem" com Licurgo; Encolpo e Giton decidem ir à casa de Licas e, no caminho, a insaciável Trifena aproveita-se da juventude de Giton. Encolpo, por sua vez, chegando à casa de Licas, cai de amores por sua esposa Dóris, que o convence a ceder a seu marido, para poderem levar adiante seu caso sem levantar suspeitas: "ceder ao marido para poder desfrutar dela na mais santa paz." Até que a enciumada Trifena decide contar a Licas sobre o romance de seu amante com sua esposa, obrigando o casal de amantes, Encolpo e Giton, a irem embora para evitar confusões.

Creio que este exemplo ilustra com a maior clareza como o desejo, para os antigos, independe do sexo do parceiro na maior parte das vezes; mesmo para adolescentes como Giton, geralmente passivos em seus relacionamentos com adultos, o relacionamento com mulheres

Tríbades galantes, fanchonos militantes

nem era impossível nem causava qualquer espanto. O espanto, para os romanos, era que alguém sentisse atração apenas por um dos sexos.

Já em outra aventura, nossos heróis, sem nenhum caráter, vão à casa do rico e vulgar liberto Trimalcião, que encontram "vestido com um manto vermelho, jogando bola com uns garotos de cabelos longos como de mulher". São seus favoritos, escravos jovens cuja função é agradar os olhos de seus convidados, diverti-los e ceder aos apelos sensuais de seu senhor. Quando o favorito principal senta-se à mesa do banquete, junto a seu senhor, sua esposa, Monetária, "furiosa, ofendida em seus direitos de esposa", amaldiçoa o marido, pregando a virtude e desprezando-o por "não conter seus impulsos libidinosos". Geralmente não havia mais que isso a fazer para uma esposa romana em relação aos favoritos de seu marido.

Ele ainda tenta explicar-se, mas Petrônio aproveita para zombar da idéia, tão grega, de que estes amores eram inocentes e desinteressados:

> Por favor, Habinnas, por sua fortuna!, se agi mal, pode cuspir na minha cara. Beijei esse garoto não porque ele é lindo, mas por suas qualidades intelectuais. Conhece gramática. Lê fluentemente qualquer livro. Do que ganha, guardou um tanto para comprar sua liberdade. Com suas economias comprou móveis e duas panelas. Não é digno de minhas atenções? Mas Monetária me reprime. Aqui pra você, decrépita!

Um dos convidados, liberto como Trimalcião, revela a função dos belos escravos: "Durante quatorze anos, fiz as delícias do meu senhor, e da minha senhora também, afinal, meu papel era obedecer. Vocês compreendem. Nem preciso dizer mais, não sou desses que gostam de se gabar."

Petrônio mostra também neste banquete uma rara cena de afeição entre mulheres, entre aquelas que participam da comilança de Trimalcião: "As mulheres, já meio biritadas, riem entre si, e se agarram aos beijos. Uma elogia os cuidados da dona de casa. A outra a generosidade e o carinho da amiga. Enquanto estavam assim entrelaçadas, Habinnas chegou devagarzinho e puxa Monetária pelos pés: – Ai, ai – ela grita, ao ficar com os joelhos à mostra. Ajusta-se, e no seio de Scintilla esconde um rosto que o rubor fazia ainda mais indecente." Como vemos nem mesmo a ciumenta Monetária estava indiferente às delícias de seu próprio sexo.

Ele não perderá outra oportunidade de zombar destes amores por adolescentes, considerados castos. Em outro momento, quando uma impotência temporária impede Encolpo de cumprir seu dever conjugal com Giton, ele tem que se explicar ao garoto, que acusa sua falta de afeto:

> — Mas o que é isso, companheiro? Meu amor é sempre o mesmo. É a idade, com ela, vem a razão, e isso modera as paixões e os arrebatamentos.
> Ele riu e gracejou:
> — Eu lhe agradeço muito por este amor socrático. Jamais Alcibíades saiu tão intacto da cama de seu mestre.

Ave César

Muitos autores citam uma famosa frase do historiador inglês do século XVIII, Edward Gibbon: dos quinze primeiros imperadores romanos, apenas Cláudio não teve nenhum tipo de aventuras homossexuais. Por outro lado, Royston Lambert (1990:38) observa que o único destes imperadores que podemos dizer que fosse exclusivamente homossexual foi o velho Galba, breve sucessor de Nero. Na verdade não há nada que indique que antes do Império a homossexualidade fosse menos praticada; mas os amores destes homens todo-poderosos, senhores do maior império da terra, aparecem com mais força que as relações anônimas das pessoas comuns.

Tibério, por exemplo, o sucessor de Augusto, afastou-se dos negócios públicos em uma propriedade na ilha de Capri, onde possuía vários quartos nos quais um grupo seleto de moças e rapazes, a quem chamava de mestres de voluptuosidade, praticavam toda sorte de luxúria para excitá-lo. Outros meninos mais jovens, chamados seus peixinhos, eram treinados para "brincarem" entre suas pernas durante seu banho. Um destes meninos, Vitélio, acabaria tornando-se imperador, por um curto período, no ano de 69.

Calígula também foi conhecido, além da paixão arrebatadora por sua irmã Drusila e seus ataques às mulheres dos senadores, por seus amores masculinos, tendo sido amante por muito tempo de Lépido, além do pantomimo Mnester e de muitos reféns de guerra que não escapavam de seus estupros. A Mnester beijava em pleno teatro, açoitando, ele mesmo, aqueles que faziam ruído durante as apresentações de seu amado.

Nero, o artista incendiário, chegou a casar-se com dois homens. Com o eunuco Esporo, a quem mandou castrar, vestiu de noiva, com o véu nupcial, e que era tratado com as honras de imperatriz, participando de todos os atos oficiais junto ao imperador. Outro marido foi o liberto Pitágoras, segundo Tácito, ou Doríforo, segundo Suetônio. Dessa vez ativo e vigoroso, a quem Nero servia de mulher, imitando em seus encontros os gritos de uma donzela sendo deflorada.

Com a morte de Nero, seu viúvo Esporo não ficou desamparado: Ninfídio Sabino, comandante dos soldados pretorianos que incitou uma revolta contra o imperador e que aspirava sucedê-lo no cargo, tomou a Esporo como amante, como se fosse sua esposa, segundo Plutarco, chamando-o de Popeu.

Vamos então nos deter na vida de três ilustres imperadores: Júlio César, Adriano e Heliogábalo.

Júlio César

Comecemos pelo mais famoso de todos os governantes romanos, Júlio César (100-44 a.C.), oriundo de uma importante família patrícia, que se dizia descendente da deusa Vênus, chamado por Cúrio de o homem de todas as mulheres e a mulher de todos os homens.

É conhecida sua relação íntima com Nicomedes IV (110-74 a.C.), rei da Bitínia, a quem se dirigiu uma vez, antes ainda de chegar ao poder, pedindo ajuda naval para deter uma rebelião na cidade grega de Mitilene. Por conta desta união era chamado também de Rainha da Bitínia. Encantado com a beleza do jovem Júlio César, Nicomedes tornou-o seu conselheiro particular, oferecendo-lhe inclusive seus próprios aposentos reais.

Esta ligação foi considerada pelos contemporâneos de César uma mancha em sua reputação; Suetônio diz que ele foi visto servindo a mesa de Nicomedes, com os eunucos do rei, diante de várias testemunhas, oferecendo-lhe o vinho como Ganimedes oferecia o néctar a Zeus; outra testemunha viu a ele e ao rei desnudos na cama e exclamou com indignação: "O descendente de Vênus deitado com um caudilho bárbaro!" Cícero escreveu que César foi levado ao quarto do rei por seus soldados e que se deitou em sua cama, coberto de púrpura em um leito de ouro, e que havia prostituído a flor de sua juventude; um dia no Senado, quando César defendia na condição de advogado uma causa de

Nisa, filha de Nicomedes, que reclamava as rendas de terras doadas por seu pai a Roma, recordando-se dos favores que devia ao rei, o mesmo Cícero lhe diz: "Omita, te suplico, tudo isso, porque é demasiado sabido o que dele recebeste e o que foi que a ele deste."

No dia de seu desfile triunfal em Roma, depois de ter submetido a Gália, os soldados, em meio aos versos com que costumavam celebrar a marcha do triunfador, cantaram: "César submeteu as Gálias; Nicomedes a César. Temos aqui César que triunfa porque submeteu as Gálias, enquanto Nicomedes que submeteu a César não triunfa."

Estas visões negativas das relações de César com Nicomedes não têm relação com o romance em si, mas com o fato de um romano livre, de boa família, ter se submetido passivamente a um bárbaro; também ter usado este relacionamento para auferir vantagens políticas e chegar ao poder de Roma, daí Cícero ter falado na prostituição de sua juventude.

No entanto, isso não serviu para diminuir o poder ou prestígio de Júlio César, nem ofuscou as suas conquistas militares e políticas, que fizeram dele o imperador mais famoso da Antigüidade, nem diminuiu seu prestígio junto ao povo de Roma. Foi o conquistador da Gália, dos bretões, desconhecidos até então; foi o primeiro a atacar os germanos para além do rio Reno, depois de construir uma ponte sobre ele, além de ter derrotado todos os seus inimigos, como Pompeu, em uma guerra civil, quando recebeu o senado vitalício e a ditadura perpétua; codificou as leis romanas, além de ter reformado o calendário.

Tampouco foi menor sua fama como corruptor de mulheres de famílias distintas e casadas, romanas ou não; na Gália, seus soldados cantavam a seguinte canção: "Cidadãos, escondam vossas esposas, que trazemos aqui o adúltero calvo [César era careca]; na Gália dedicou-se a fornicar com o ouro roubado dos romanos." O que não quer dizer que não tenha sido amado por seus soldados, já que muitos durante a guerra civil, como conta Suetônio, preferiam morrer, quando eram aprisionados, a voltar-se contra ele. Foi também amante de Eunoé, esposa do rei da Mauritânia e da grande e famosa Cleópatra, com quem teria tido um filho.

Morreu vítima de uma conjuração da qual participou seu filho adotivo, Bruto. Este que, também, tinha seus pequenos favoritos; um deles era tão belo que um escultor o retratou, havendo reproduções desta escultura por toda a parte.

Quase nenhum de seus assassinos sobreviveu-lhe mais de três anos; quase todos morreram de morte violenta, tendo sido perseguidos por Augusto, sobrinho e sucessor de Júlio César, de quem se dizia que tinha cedido aos desejos do imperador, forma corriqueira de alcançar o poder. Marco Antônio dizia que Augusto havia comprado a adoção de seu tio ao preço de sua desonra, e corriam boatos de que havia se prostituído na Espanha por trezentos mil sestércios, uma boa quantia na época, o que tampouco serviu para manchar sua honra e seu prestígio.

Adriano e Antínoo

Não fui senhor absoluto senão uma única vez, e de um único ser.
Marguerithe Yourcenar, *Memórias de Adriano*

Públio Élio Adriano (76 d.C.-138 d.C.) nasceu em Itálica, na Espanha, e foi imperador entre 117 e 138. Era primo em segundo grau do imperador Trajano, o que garantiu sua sucessão, uma vez que o imperador não possuía filhos e o adotou como sucessor; há quem diga que um romance de Adriano com a esposa de Trajano, Plotina, tenha garantido sua ascensão ao poder, o que nunca foi provado.

Adriano foi considerado o mais empreendedor e respeitado governante romano; era chamado de pacificador, por quase não ter envolvido o império em guerras. Seu governo foi um período de florescimento econômico, artístico e cultural, tendo adotado a política de Augusto de manter as fronteiras do império dentro de seus limites naturais, os rios Reno, Danúbio e Eufrates. Foi o único imperador desde Tibério a não deixar o poder assassinado ou morto em guerra.

Além disso, foi também conhecido pelo amor abrasador que sentiu pelo jovem grego Antínoo, nascido em Claudiópolis, na Bitínia, entre 110 e 112. Não se sabe se Antínoo era livre ou escravo; ele teria tornado-se favorito do imperador em 125, que o conheceu em uma viagem pela Ásia, apaixonou-se violentamente e, desde então, não se separou do amado até sua morte.

A morte do efebo grego está envolta em uma aura de mistério; ele afogou-se no rio Nilo, em Hir-wer, no ano de 130. Não se sabe se foi um acidente ou um auto-sacrifício, aconselhado por um oráculo para garantir vida longa ao imperador. O que se sabe é que a dor de

Adriano foi tanta que ele anunciou a deificação do seu amado logo depois de sua morte, dando seu nome a uma estrela e a uma constelação. Fundou também, no local do afogamento, a cidade de Antinoópolis, ou Antinoé; mandou construir templos e altares em seu louvor por todo o império, levantar monumentos, estátuas e bustos, cunhar moedas e celebrar jogos e festivais em Atenas, Elêusis e Argos, que continuaram a ser respeitados por duzentos anos após sua morte.

Antinoópolis foi inaugurada por Adriano em 134; ao seu redor foram traçadas diversas estradas para garantir sua prosperidade. Suas ruínas conservaram-se até inícios do século XIX, quando um industrial egípcio transformou-as em cal e empregou-o na construção de fábricas de açúcar nos arredores.

Para muitos autores, a imagem de Antínoo foi a criação mais nobre e característica da época de Adriano, e mesmo de toda a arte romana. A quantidade de imagens e estátuas feitas em sua homenagem é imensa e, ainda hoje, subsistem muitas delas pelos museus da Europa. Ele foi ainda a única divindade em Roma a deificar o amor homossexual. Este caso de amor trágico foi considerado por séculos um exemplo de amor fiel e virtuoso e, talvez por isso, tenha-se espalhado a idéia de que o jovem bitínio tivesse sacrificado a própria vida para assegurar a vida e a grandeza de seu amante.

Adriano parece ter sido exclusivamente homossexual; ele havia se casado com Sabina, no ano 100, quando ela tinha por volta de treze anos. Deste casamento não nasceram filhos e, até a morte da esposa em 137, eles pouco se viram. Em 136, Adriano adota Lúcio Ceônio Cômodo, seu novo e jovem amante, destinado a ser o novo imperador. Adotou inclusive o título de César, reservado aos príncipes em vias de ascender ao poder imperial, mas ele morre em 137 sem ser aclamado; dessa forma, Adriano vê seus dois amantes morrerem antes dele, que deverá sobreviver a Cômodo apenas mais um ano.

São célebres os versos que compôs o imperador após o afogamento de Antínoo, que dão bem a idéia da profundidade dos sentimentos que ele tinha em relação ao jovem bitínio:

> Pequena alma terna flutuante
> Hóspede e companheira de meu corpo.
> Vais descer aos lugares pálidos duros nus
> Onde deverás renunciar aos jogos de outrora...

Heliogábalo

Elagabalo ou Heliogábalo era um príncipe sírio que foi imperador de Roma entre 218 e 222. Ele nasceu em Antióquia, em 204, da família dos Bassianos, filho de Júlia Soêmia, viúva de Vário Antonino Macrino, durante o reinado de Caracala; recebeu inicialmente o nome de Vário Antonino e adotou o nome Heliogábalo em homenagem ao deus Sol (Hélios), de quem era sacerdote de seu culto realizado em Emesa (atual Homs), de onde vinha sua família. Para Antonin Artaud, seu nome Vário se devia ao fato de sua paternidade poder ser atribuída a vários homens com quem sua mãe se deitara.

Júlia Moesa, avó de Heliogábalo, era irmã de Júlia Domna, a esposa do imperador Sétimo Severo e amante do seu sucessor, Caracala; Moesa organizou uma rebelião contra Macrino, prefeito pretoriano, que havia assassinado a Caracala e que assumiu o Império por um breve período. Nesta rebelião Macrino é assassinado e o neto de Júlia Moesa ascende ao poder.

Júlia Moesa e Júlia Soêmia espalham o boato de que Heliogábalo era filho do imperador Caracala, para ganhar o apoio do exército, o que acontece rapidamente. Em maio de 217, ele é levado aos soldados vestido com o manto púrpura dos imperadores e apresentado oficialmente como filho de Caracala. Na opinião de um contemporâneo, Lamprídio, muito cedo os soldados arrependeram-se de ter dado apoio a um príncipe que "entregava à luxúria todas as cavidades de seu corpo", passando a apoiar seu primo Alexandre Severo.

Como imperador, o jovem Heliogábalo oficializa em Roma o culto de seu deus sírio, o Sol, El-Gabal, e institui também inúmeros cultos a *Príapo*, onde o falo masculino é adorado e deificado. Um culto bem adequado à personalidade do imperador, conhecido por sua predileção por homens fortes e viris; diz-se que ele percorria as termas em busca de homens bem dotados para satisfazê-lo, e que abrira suas termas particulares ao público para inspecionar de perto os corpos dos freqüentadores masculinos.

Como todos os imperadores, Heliogábalo casou-se várias vezes, com três mulheres; com Cornélia Paula, com outra mulher parecida com Cornélia e, contra todas as leis e costumes, casou-se com uma vestal, sacerdotisa que guardava o fogo divino da cidade e que deveria manter-se virgem, sob pena de morte. Casou-se também com o atleta Hierócles que, segundo Dion Cássio, foi um de seus vários maridos.

Muito cedo, Heliogábalo, o imperador menino, perdeu o apoio dos seus soldados, da elite romana e da própria família; além do casamento com a vestal, um crime terrível, seus relacionamentos com homens do povo nas termas e no próprio palácio, ele ainda afrontou o senado, substituindo os senadores por mulheres e ofendendo-os publicamente; acima de tudo não adotou os costumes romanos, tentando impor seu culto teocêntrico ao sol, não respeitando as divindades romanas.

Sua passividade sexual com diversos de seus amantes e sua suposta devassidão – que para Paul Veyne (Ariès e Duby, 1993:196-7) é um puro embuste de literatos e de uma obra falsa, a *Historia Augusta* – pesaram na sua queda, mas não foram os motivos decisivos; passividade e relações com homens e mulheres de condição inferior não chegavam a ser uma novidade para os romanos desde Galba, Nero e Calígula.

Decisiva foi a rebelião dos guardas pretorianos, liderada por sua tia Júlia Mamoea em favor de seu filho Alexandre Severo, em fevereiro de 222. Heliogábalo e sua mãe Júlia Soêmia tentaram fugir, mas foram assassinados nos jardins do palácio e seus corpos foram jogados no rio Tibre. Em seguida, Alexandre Severo torna-se o novo imperador, substituindo o menino que se recusara a aceitar a religião e os costumes dos romanos.

3
Cavaleiros e clérigos:
a Idade Média

Idade Média, eu vos adoro e as vossas nuvens pretas e carregadas
que desembocaram na Renascença luminosa e fresca.
Clarice Lispector, *Onde estivestes de noite*

Os primeiros cristãos

Antes mesmo que a Igreja Católica falsificasse um documento de doação de poder temporal sobre Roma, supostamente feita a ela pelo imperador Constantino, muitos de seus valores sexuais foram adotados pelos romanos e pelos povos que estavam sob sua autoridade. O próprio cristianismo iria adaptar os valores pagãos a sua moral sexual na impossibilidade de mudá-los radicalmente.

Como vimos, os romanos tinham muita preocupação com o excesso de paixões, que poderiam impedir aos cidadãos a execução de seus deveres públicos. As paixões desmedidas perturbavam e obstruíam a razão e a liberdade da mente; e as paixões homossexuais representariam, tanto para alguns pagãos como para alguns cristãos, a escravidão da mente e dos sentidos.

Médicos, políticos e filósofos da época concordavam que o desejo não deveria interferir na vida intelectual e política do cidadão. O contato dos corpos, a manifestação do desejo, chamada *porneia*, tornou-se um signo de mortalidade e perda de fluidos vitais. Médicos como Galeno, Oribásio, Rufo de Éfeso, entre os séculos III e IV d.C., deram as bases para a defesa da castidade, da abstinência e de uma vida monástica de recolhimento, longe dos excessos das paixões. (Aline Rousselle, 1996:4-6)

As recomendações desses médicos, voltadas ao modo de vida das elites, visavam o bom aproveitamento da energia sexual para a geração de filhos saudáveis e para o melhor aproveitamento das energias físicas e mentais para as atividades cívicas. O sêmen, que eles acreditavam ser finito, não deveria ser desperdiçado num excesso de atividades sexuais. Para os homens que queriam engravidar suas esposas recomendava-se que se abstivessem de relações para produzirem um esperma mais abundante e de melhor qualidade.

Relações violentas também eram desaconselhadas, pois esgotavam o corpo e diminuíam a qualidade e a quantidade do esperma produzido. Rufo de Éfeso recomendava a atividade heterossexual, já que a homossexualidade masculina era mais violenta e cansativa, provocando a perda de energia vital. A sexualidade feminina não é levada em conta, pois estes médicos escreviam para os homens, para os esposos e cidadãos, interessados em produzir herdeiros.

O estoicismo, filosofia surgida na Grécia e muito difundida em Roma, dizia que o prazer é indiferente, porque não serve nem prejudica em si mesmo; ele pode trazer a felicidade ou a infelicidade, dependendo do uso que dele se fizer. Quando ele está submetido ao domínio da paixão torna-se um movimento irracional da alma, contrário à natureza, logo, contrário à razão. As paixões eram consideradas "doenças da alma"; assim eles não iriam atacar as práticas homossexuais em si, mas a sua desmedida e o seu excesso. Como elas muitas vezes foram consideradas demasiado cheias de paixão e violentas, muitos vão sugerir que elas devem ser evitadas.

A abstinência sexual era recomendada por alguns para permitir o desenvolvimento da mente e do corpo, protegidos do excesso de sexo; para outros, ao contrário, a vida sexual, dos homens, devia ser estimulada e a retenção de esperma, abundante em homens muito jovens e fortes, poderia ser prejudicial, na opinião de Oribásio e Galeno. O aparecimento dos pelos púbicos no menino ou sua primeira ejaculação eram comemorados por todos na sua casa, como reconhecimento de sua virilidade. Com o cristianismo a primeira tradição seria a vencedora.

No entanto, os primeiros cristãos conviveram durante muito tempo com muitos dos valores considerados pagãos; como observa Aline Rousselle (1996:63-64), eles consideravam sua busca por Deus compatível com a homossexualidade e com a pederastia, práticas comuns e socialmente aceitas em toda a Antigüidade.

É difícil saber onde a moral antiga e a cristã convivem ou separam-se nos primeiros séculos do cristianismo. A passagem da tolerância quase ilimitada dos romanos com relação à homossexualidade às fogueiras dos cristãos é uma questão difícil de resolver. Como observou Boswell (1985:233 e ss.), o cristianismo em seus primeiros escritos não apresenta quase nenhuma condenação ao homossexualismo, que ainda seria praticado com relativa liberdade por vários séculos.

Mesmo entre os povos não-cristãos, os bárbaros que constantemente invadem agora a Europa ocidental, a homossexualidade também era conhecida e praticada. Aristóteles já havia observado que os celtas eram particularmente adeptos desta prática e autores cristãos da Idade Média confirmam isso. A literatura germânica dá a entender que ela era admitida e institucionalizada, principalmente entre os soldados. Os húngaros, quando de suas invasões, só poupavam da morte as mulheres e os meninos adolescentes, para servirem sexualmente suas tropas.

A repressão à homossexualidade não teve muito efeito também porque a Europa, com o fim do Império Romano, não possuía mais uma autoridade centralizada, deixando as pessoas livres de um controle maior, apesar de uma moral oficial cada vez mais intolerante. Não é por acaso que estas leis foram mais comumente aplicadas em Estados com um poder mais centralizado, como o Império Bizantino e a Espanha visigótica, e que tenham se tornado mais repressivas com a montagem dos Estados Absolutistas.

Por outro lado, entre os antigos sempre houve um debate sobre qual dos dois amores, pelos homens ou pelas mulheres, era o mais nobre e digno de louvor. Mas nenhum defensor deste ou daquele amor jamais pregou que o outro devesse ser proibido ou perseguido. Mesmo os médicos que consideravam a homossexualidade desaconselhável, ou os filósofos estóicos, contrários ao excesso das paixões, nunca pensaram em proibi-la.

O fim do mundo antigo

Em 212, o imperador Caracala concede a cidadania romana à maior parte dos homens livres do império; a partir daí muitos soldados e oficiais do exército serão estrangeiros, bem como a maior parte dos imperadores, como o sírio Heliogábalo, que tentou impor seu culto oriental ao império. Os cristãos, passada a onda de repressão e martírios do século III, foram conquistando respeito e espaço político; o imperador Constantino converte-se ao cristianismo em 312.

Em 379, o império é dividido em um império ocidental e outro oriental, o império Bizantino. Ao lado disso os bárbaros foram chegando cada vez mais perto de Roma com seus ataques e invasões; no ano 500, Roma estava saqueada e arrasada, representando o fim do grande império da cidade eterna. Era o começo de um novo clima social e uma nova moral sexual começaria a delinear-se.

Aos poucos os valores cristãos iriam descolando-se dos pagãos; nos séculos II e III, começou a delinear-se uma moral baseada na renúncia sexual, uma ênfase cada vez maior na harmonia conjugal, desaprovação do adultério, inclusive masculino, do divórcio e de segundas núpcias para viúvos e viúvas.

O celibato significava para a comunidade cristã a supressão do que ela considerava uma das principais fontes de desagregação de laços sociais e privados que mantinham a coesão do grupo, que eram as paixões sexuais; além disso, o elogio à castidade era uma forma de diferenciar-se dos valores e costumes dos pagãos. Nestes tempos conturbados pela violência das invasões dos bárbaros, a virgem constitui ainda a garantia de uma descendência legítima; era preciso evitar o estupro, o rapto, o incesto, o adultério, qualquer possibilidade de nascimentos ilegítimos. Além disso, o celibato e a castidade evitariam que os nascimentos ilegítimos transformassem as crianças enjeitadas em prostitutas e prostitutos, colocando os homens no risco de cometer adultério com algum filho, filha ou sobrinho, sem o saberem.

Começava aí o longo e tortuoso caminho em direção à monogamia e à indissolubilidade do casamento, que só viria a tornar-se prática geral a partir do século X, primeiro entre o povo e, depois, entre a nobreza. Em favor da virgindade feminina, Cecaumenos, no século XI disse: "Uma jovem despudorada é culpada não só em relação a si mesma, mas também em relação aos pais e à parentela. É por isso que deves manter tuas filhas trancadas à chave, como culpadas e imprevidentes, a fim de evitar picadas de víboras." (Duby, Ariès, 1993-1995, v.1:554)

A favor da virgindade, bispos, como são João Crisóstomo (349-407), comparavam, para seu público feminino, a realidade difícil da vida conjugal, os perigos do parto, a violência dos maridos, a dor de perder um filho, com a beleza abstrata de uma vida devotada à virgindade e à castidade. Para os homens, eram lembrados os insultos das esposas intratáveis, a fofoca feminina, que faziam o casamento pior que a virgindade e o celibato.

A favor da monogamia os padres tinham as mulheres, sempre à mercê das infidelidades de seus maridos, ao divórcio e ao repúdio; e nisso, nas vantagens da monogamia e da indissolubilidade, vai basear-se sua propaganda. Para aqueles fornicadores irreparáveis, que não podiam viver sem sexo, recomendava-se que se casassem, tomando esposa ou marido para toda a vida

O celibato possuía um exemplo forte nos ascetas do Egito, os eremitas, de *éremos*, deserto: os homens que viviam isolados no deserto em uma vida de contemplação e oração. Um dos primeiros a escolher a vida isolada foi santo Antão, em 270. Logo a experiência destes monges do Egito seria conhecida em várias partes do mundo, tornando-se exemplo de vida casta e santa. Eram visitados pelos moradores das cidades próximas aos locais onde viviam, alguns isolados, outros em grupos, e mesmo por peregrinos de outros países.

Eram tão respeitados que seu exemplo era por vezes seguido por esposas das cidades, que exercitavam a castidade à custa do desejo de seus maridos. Como nem sempre elas conseguiam convencê-los a seguirem a mesma vida, os bispos obrigaram-se a criar a idéia do débito conjugal: o sexo que os casados deveriam praticar de tempos em tempos, para garantir a geração de filhos e evitar a discórdia entre o casal, o divórcio, o adultério, o concubinato e a pederastia, que eram o consolo dos maridos gregos e romanos.

Alguns pais entregavam seus filhos para serem criados por estes homens santos, o que nem sempre preservava a pureza destes meninos, já que alguns eremitas não resistiam à beleza dos jovens pupilos. Uma das questões mais discutidas nesta época era como manter a castidade vivendo com jovens noviços, na flor de sua beleza. Embora são João Crisóstomo defendesse que os meninos aos dez anos, idade na qual em geral eles eram iniciados sexualmente por homens adultos, deveriam ser entregues aos cuidados de monges para serem educados até os vinte anos, muitas vezes esta iniciação ocorria nos próprios mosteiros ou nas cabanas dos eremitas do deserto egípcio, que deviam zelar pela sua castidade.

No deserto estes homens exercitavam a continência, procurando afastar-se das tentações das mulheres e dos rapazes, por meio de uma vida baseada na oração, no trabalho e numa dieta restrita; pouca alimentação deixava o corpo com menos energia para o sexo e, como se sabe, a fome pode levar até mesmo à impotência e à amenorréia, a falta de menstruação nas mulheres. No cristianismo o corpo era uma prisão, fonte do pecado original e de todos os males da humanidade, assim a salvação deveria passar pela salvação do corpo bem como a da alma, evitando os pecados da carne. Fosse nos conventos, fosse no deserto, os monges deveriam eliminar o desejo de suas vidas, principalmente por outros homens, uma vez que os pequenos monges viviam juntos nos mosteiros, muitas vezes dormindo na mesma cama.

Nos *Preceitos* de são Pacômio (286-346), recomenda-se aos monges que evitem toda forma de tentação da carne: eles deviam cobrir seus joelhos quando se sentavam uns ao lado dos outros; não deviam levantar muito suas túnicas quando estivessem lavando suas roupas juntos; deviam evitar olhar-se uns aos outros quando estivessem no trabalho ou às refeições; dois monges não deveriam falar-se diretamente, apenas por meio de um monge que estivesse de guarda para isso; não deveriam fazer empréstimos ou favores particulares entre si, e um monge não deveria nem mesmo tirar um espinho do pé de um companheiro, banhá-lo ou aplicar-lhe ungüentos; não deveriam nunca estar sozinhos em pares, principalmente em seus quartos, chamados de celas, deitar juntos na relva e, em um barco, estar sempre no convés; nunca montar juntos o mesmo burro; não deveriam conversar em locais escuros, dar-se as mãos e evitar qualquer tipo de intimidade. (Rousselle, 1996:155)

Também era rigorosamente proibida a entrada nos mosteiros masculinos de qualquer mulher, fêmeas de animais, e criaturas imberbes, ou seja, jovens e belos adolescentes, para evitar-se qualquer tipo de tentação. Além do contato físico com os companheiros, os monges deveriam evitar a masturbação e os sonhos eróticos, provocados pela visão destes corpos jovens e desejáveis.

Tantos preceitos para evitar o contato físico entre os monges parecem indicar que tinham alguma razão aqueles que consideravam a homossexualidade o "vício dos clérigos". Principalmente se pensarmos o quão próximos estavam da Antigüidade pagã, quando a homossexualidade era praticada e aceita por grande parte dos povos, mesmo entre os cristãos. Epifânio (315-403) freqüentou em Alexandria a seita dos barbelognósticos, que eram gnósticos integrados à comunidade cristã, até que ele os denunciasse ao bispo. (Rousselle, 1996:172)

Os fiéis desta seita espalhavam esperma em seus corpos e rezavam inteiramente nus; como os seguidores de Átis eles renunciavam à reprodução, não pela castração, mas pela sodomia. Seu objetivo era produzir tanto esperma quanto fosse possível e eles ainda proibiam completamente a prática do jejum, fazendo a articulação, com objetivos diferentes, assim como faziam os eremitas e os médicos gregos, entre a dieta alimentar e a sexualidade.

Mulheres também adotavam a vida ascética dos eremitas e anacoretas vivendo sob os preceitos da castidade e do jejum, já que elas também eram providas de desejo por sexo. Algumas chegavam a vestir-se de homens e viverem no deserto a vida anacoreta. Uma monja, Amma Tális, era especialmente amada por suas companheiras de convento. Outra, Amma Sarah, dizia aos homens que pretendiam humilhá-la: "de acordo com a natureza eu sou uma mulher, mas não de acordo com meu juízo." (Rousselle, 1996:185)

Muitas santas dos primeiros tempos do cristianismo viveram travestidas como monges, enfrentando até mesmo falsas acusações de paternidade, como santa Margarida (irmão Pelágio), santa Pelágia (Pelágio), santa Teodora (irmão Teodoro), santa Eugênia e santa Marina (irmão Marino), todas citadas na *Lenda Dourada*, de Voragine, obra de grande circulação, tanto em latim como em vernáculo, e muito popular na Idade Média. Joana d'Arc, que não abandonou seu traje masculino até o fim, teria inspirado-se nestas santas travestidas mais do que na praticidade desta roupa para a batalha. Ainda no século XVII, a mística francesa Antonieta de Bourguignon fugiu de um casamento indesejado vestida de ermitão, para difundir suas visões de uma humanidade criada originalmente como andrógina, estado de perfeição ao qual voltaria na ressurreição dos mortos. (Natalie Zemon Davis, 1990:113; 258, n. 16; 123)

Assim como seus colegas homens, estas monjas eram sempre suspeitas de ligações amorosas e sexuais entre si, e era comum que se acusassem mutuamente. Muitas vezes estes casos acabavam em punições físicas, aplicadas pelo monge ou pela monja que fundara o convento. Santo Agostinho preocupou-se com a natureza do amor que estas religiosas sentiam umas pelas outras e recomendou que ele fosse apenas espiritual e não carnal.

As primeiras fogueiras

Como vimos, o cristianismo participou da crescente repressão à homossexualidade, mas não podemos dizer que ela foi uma criação sua.

Houve com o fim do mundo antigo uma desestruturação do meio social que havia promovido a tolerância até o momento. A vida nas cidades, que até então facilitara a existência de uma cultura homossexual intensa, foi destruída pelas invasões. As populações deslocaram-se para o campo e a insegurança provocada pelas invasões desfez as instituições da Antigüidade e do paganismo.

Foi o momento de novas filosofias mais preocupadas com o mundo espiritual que com o mundo físico, uma extensão cada vez maior da lei e dos poderes públicos sobre aspectos pessoais da vida privada, uma ética baseada mais na moral sexual e no sacrifício de si que nas virtudes cívicas e coletivas. Além disso, com o abandono da diarquia, a partilha do poder entre o senado e o imperador, este concentra cada vez mais o poder em suas mãos.

Principalmente, os valores rurais impõem-se sobre os valores urbanos: a maior parte dos últimos imperadores romanos vinham das províncias rurais do império. Estes valores serão sobrepostos inclusive sobre as opiniões dos cristãos das cidades, muito mais tolerantes com a homossexualidade, como já pudemos ver anteriormente. O escritor romano Tácito chegou a repreender os cristãos pelo seus hábitos sexuais, que ele considerava muito livres.

Marco Aurélio, de origem espanhola e que havia aprendido com seu pai a sufocar nele todo desejo pelos jovens, recusou-se a inscrever Antínoo na lista de amigos de seu predecessor Adriano; Alexandre Severo, no século III, tentou colocar os prostitutos fora da lei; um de seus sucessores, Filipe, nascido na África do Norte, coloca-os na clandestinidade em meados do século III, embora eles tenham prosperado com liberdade por mais de um século. Nas cidades orientais esta prostituição foi não apenas tolerada como taxada pelos imperadores, por dois séculos após o reconhecimento do cristianismo como religião oficial do Estado.

Com as invasões bárbaras e a decadência dos meios urbanos, que haviam abrigado toda uma subcultura homossexual, as idéias repressoras foram ganhando mais espaço contra todas as minorias, como os gays e os judeus. O Código Teodósio, que transformou o estado romano em uma teocracia católica em fins do século IV, previa pena de morte para as relações homossexuais, bem como a outras atividades pagãs, como os sacrifícios religiosos, embora faltem evidências de que estas penas tenham sido efetivamente impostas.

Em 390, ocorreu a primeira condenação à homossexualidade, a

Tríbades galantes, fanchonos militantes

castigos corporais, de um homem que havia feito outros homens prostituírem-se e havia vendido-os para este fim. Esta condenação coincide, como vimos, com a diminuição da tolerância com relação a todas as formas de sexualidade não-procriativas e à prostituição masculina.

O primeiro texto de lei proibindo sem reservas a homossexualidade foi promulgado em 533, pelo imperador Justiniano, que assimilou todas as relações homossexuais ao adultério, ao qual se previa a pena de morte. Segundo Boswell (1985:225-227), Justiniano utilizou esta lei mais como arma política, para perseguir aos seus opositores, do que aos culpados de delitos posteriores à entrada em vigor da lei; talvez por ter sido a sodomia uma prática muito comum entre os poderosos do império. Ela ainda pareceu ter servido para perseguir aqueles que tinham ofendido de alguma forma os governantes ou possuidores de uma grande fortuna, que acirrasse a cobiça do imperador. O antigo historiador Procópio defendeu que o objetivo primordial do imperador e de sua esposa, a imperatriz Teodora, ao criar esta lei, era tirar o dinheiro das vítimas e perseguir seus inimigos, como os samaritanos, os pagãos, os cris-tãos não-ortodoxos e os astrólogos.

Em torno de 650, os soberanos visigodos da Espanha adotaram uma legislação prevendo a pena de castração; convertidos ao cristianismo apenas em 589, os visigodos procuraram impor-se à população cristianizada e estabelecida muito antes na Espanha, fazendo de judeus e homossexuais os bodes expiatórios de todas as tensões sociais. Novas leis mais repressivas contra estas minorias foram adotadas nos séculos VI e VII, com o apoio maior ou menor da igreja local.

Fora da Espanha estas leis são bem mais raras e, aparentemente, sem efeito; apenas no ano 966, em Roma, foi promulgada uma lei punindo os atos homossexuais com pena de estrangulamento e fogueira, provavelmente punindo o estupro e não os atos consentidos. Na França não há notícia de nenhuma lei deste tipo no mesmo período.

Ainda assim, não apenas a passividade numa relação sexual é vista com desconfiança, como qualquer ato entre pessoas do mesmo sexo, ou fora do casamento heterossexual, torna-se alvo da desaprovação pública e, algumas vezes, dos rigores da lei. O casamento vai ganhando cada vez mais importância na moral cristã. No século VI, uma cerimônia cristã, parecida com o nosso noivado, estabelecia um vínculo entre os noivos equivalente ao casamento. Mas o casal e a cerimônia de casamento propriamente dita teria que esperar o século XII para estabelecer-se entre os cristãos, realizada primeiro na porta das igrejas, sem a

A invenção de uma nova moral

É com o cristianismo, religião oficial do Estado e única força organizada que sobreviveu à desintegração das instituições romanas após as invasões bárbaras, que esta nova moral sexual impôs-se, ainda que o primeiro concílio da igreja a tratar da homossexualidade tenha sido apenas o terceiro Concílio de Latrão, em 1179, que impôs também sanções aos usurários, hereges, judeus e muçulmanos. Como as questões de segurança eram mais urgentes para os governantes, os reis relutavam em legislar sobre assuntos familiares e sexuais com mais empenho, coube à Igreja este papel, que criou, então, o direito canônico. (Hardman, 1993:120)

O sexo passou a ter como único fim natural e moral a procriação, embora este tema não estivesse livre de controvérsias durante séculos: no século VII, são João Damasceno e seus discípulos consideravam o prazer como o fim primeiro do casamento. E relações homossexuais, nesta época, eram aceitas pela maioria dos cristãos como perfeitamente naturais, ainda que moralmente condenáveis, principalmente para aqueles que adotavam um estilo de vida ascético, baseado na castidade, como os monges.

A homossexualidade foi criticada por muitos cristãos por ser considerada uma prática voltada unicamente para o prazer e inseparavelmente ligada a uma atividade condenável que era a prostituição masculina; esta, além de tudo, estava ligada aos cultos pagãos, dos quais o cristianismo precisava diferenciar-se nos seus primórdios.

Difundiu-se no mundo cristão o mito de que homossexuais molestavam crianças, numa confusão, talvez deliberada, da pederastia, prática educativa socialmente aceita na Antigüidade, e do abandono de crianças que eram vendidas como escravas e prostituídas. Esta confusão entre pederastia e pedofilia, o abuso sexual de crianças, diga-se de passagem, chega aos nossos dias com força sempre renovada.

No entanto, o que continuou igual aos antigos entre os primeiros cristãos foi o desprezo pelas mulheres. Santo Agostinho exprimiu seu desprezo pelos homens que deixavam outros usarem seus corpos como o de uma mulher porque o corpo de um homem era tão superior ao de uma mulher como a alma era superior ao corpo.

Entre elas também acontecia de quererem inverter a "ordem" da natureza fazendo-se passar por homens. Em uma das versões da vida de santa Godeliève, composta no início do século XII, diz-se que as mulheres, principalmente as jovens, estavam sempre entregues ao aguilhão inevitável do desejo, ao qual satisfaziam-se comumente na homossexualidade, facilitada pela prática de dormir várias pessoas do mesmo sexo, homens e mulheres, na mesma cama.

Além destas poucas passagens, o silêncio dos pais da Igreja é significativo. Anastácio chega a propor, a propósito de uma passagem de Romanos, da *Bíblia*, que as mulheres, evidentemente, não "cavalgavam" umas às outras, ou seja, não era possível que fizessem sexo umas com as outras, mas que apenas ofereciam-se aos homens. Um penitencial, livro que estabelecia as penitências a cada pecado, do papa Gregório III (século VIII) previa penitências espirituais não superiores a um ano para a homossexualidade, mas de apenas 160 dias para as mulheres. Nos dois casos, podiam ser menores se os culpados não tivessem consciência da gravidade de seu pecado.

A Igreja é prudente nestes primeiros anos do cristianismo, identificando a homossexualidade com uma forma de fornicação e adultério. Primeiro vieram as penitências, só depois a fogueira e o fogo do inferno. E por muito tempo ainda os atos de sodomia, ou seja, o sexo anal, serão condenados igualmente se forem praticados por dois homens ou um homem e uma mulher, mesmo casados. Para Boswell (1985:238), a igreja neste período não ignora a homossexualidade mas considera-a uma falta menor.

Todas estas novas leis indicavam uma nova mentalidade de intolerância na Europa, embora elas não tenham provocado muitas condenações; como vimos, estas leis em geral eram usadas para perseguir adversários políticos dos imperadores. Por outro lado, houve toda uma poesia homossexual que se desenvolveu neste mesmo período, até pelo menos o século XI, especialmente entre os padres, principais intelectuais e escritores da época. Esta poesia pareceu ser dedicada principalmente a jovens alunos e pupilos destes padres. Daí talvez a preocupação cada vez maior da igreja em preservar o celibato entre os clérigos e seus esforços para impedir as suas atividades sexuais.

A Igreja por sua vez apresenta atitudes contraditórias com relação à homossexualidade: enquanto ela demoniza todas as formas de sexualidade fora do casamento e não voltadas à procriação, considerava-a ainda um pecado menor. Para Burchard, bispo de Worms (morto em

1025), grande reformador do direito canônico, a sodomia era uma forma de fornicação menos grave que os mesmos atos cometidos entre um homem e uma mulher. Era grave apenas se cometida por homens casados; mesmo assim, para ele, a penitência deveria ser menor que a do adultério heterossexual.

A Idade Média marcou o início da moral cristã e de uma época menos tolerante, mas não exatamente o início das perseguições, que se iniciaram verdadeiramente apenas nos últimos séculos do período medieval. Não podemos esquecer que o período de maior perseguição às bruxas, aos judeus e aos sodomitas começou apenas no final do período medieval e tem seu pico em plena Renascença.

Adoráveis gazelas

Em meio às várias invasões bárbaras na Europa no início da Idade Média, os árabes acabam estabelecendo um próspero império no sul da Península Ibérica em 711, que durou até 1492. Possuidores de uma cultura rica e importante, estabeleceram uma significativa cultura urbana e cosmopolita, na qual conviveram por muito tempo em harmonia com judeus e cristãos, e onde prosperou uma importante subcultura homossexual, inclusive com uma florescente prostituição masculina, em suas cidades, grandes centros irradiadores de cultura.

Grandes poetas, judeus e árabes, cantaram em seus versos o amor masculino, e o amor pelos rapazes era um gênero específico e popular desta poesia. A poesia não-religiosa judaica da Espanha nasceu no século X, influenciada pela poesia árabe, imitando suas métricas e seus temas, sendo, porém, menos explícita nas descrições sexuais de homens com adolescentes.

Na poesia árabe, o haxixe e o vinho eram usados freqüentemente como ajuda na sedução de rapazes relutantes, ou mesmo por rapazes tentando seduzir homens mais velhos. Entre os muçulmanos havia, inclusive, o hábito de *dahib*, engatinhar, que era o ato de "atacar" jovens meninos dormindo em acampamentos públicos de caravanas.

Mesmo a poesia árabe mais antiga apresenta o tema das relações entre homens, como este poema de Di'bil b. Ali, do século IX:

O pênis de Ali é a sua ferramenta, e o ânus de Amir a sua amante
Às vezes ele encontra uma seta, outras uma aljava.

Na Espanha muçulmana o amor apaixonado pelos rapazes era considerado uma grande honraria. Como as três comunidades, árabe, judia e cristã, viviam em relativa harmonia nos primeiros séculos, eram comuns as relações entre homens de religiões diferentes. Al-Mutamin, rei muçulmano do reino de Zaragoza, foi amante de seu pajem cristão; al-Ramadi (936), um dos melhores poetas do século X, apaixonado por um jovem cristão, além de usar o *zunnar*, o cinto distintivo dos cristãos e de fazer o sinal da cruz antes de tomar o vinho, converteu-se ao cristianismo e, uma vez concluída a cerimônia de conversão, tomou nos braços seu amado diante do sacerdote.

Muitas vezes os amantes eram escravos. O preço dos escravos adolescentes costumava ser tão alto, inflacionado pela paixão dos compradores, que por vezes tinham que vender suas propriedades para adquirir um belo e desejado rapaz. (Norman Roth, 1982. Salvo indicação em contrário, os poemas desta seção são retirados deste artigo).

Por vezes os poemas do amor masculino eram expressão de uma relação espiritual e elevada, como este poema de Saif al-Daula (948-957), governante de Alepo, na Síria, e protetor do poeta al-Mutanabi:

> Eu o beijei com medo como
> Um pássaro bebe com medo.
> Ele vê água e a deseja
> Temendo o resultado do medo.
> Aproveita a ocasião e vai
> Mas não chega a aproveitar com o medo.

Já este outro poema de Abu Nuwas é exemplo de uma expressão explícita e quase escatológica de desejo:

> Meu pênis aninhou-se no traseiro de Sam'an
> Ele espera uma hospitalidade que tem dois lados
> Ele nunca teve um anfitrião melhor a recebê-lo do que
> O traseiro do garoto Sam'an.

Entre os árabes da Espanha este sentimento erótico pelos rapazes foi igualmente objeto de uma extensa produção literária e cultural. O secretário do rei Muhammad b. Sa'd de Múrcia, o poeta Muhammad Ibn Malik, é um bom exemplo:

Eu vi um jovem gracioso na mesquita
lindo como a lua quando ela aparece.
Aqueles que o vêem curvando-se para orar dizem:
"Todos os meus desejos são que ele se prostre ainda mais".

Por vezes eram os reis que escreviam poemas a seus amados, como o rei al-Mutamid, de Sevilha, que no século XI escreveu sobre seu pajem:

Eu fiz dele meu escravo
mas a timidez de seu olhar
fez de mim seu prisioneiro,
de tal forma que os dois somos
senhor e escravo um do outro.
(Citado em Boswell, 1995)

Por vezes o objeto de desejo pertencia a outra religião, e os poetas não tinham medo de cometer pequenas heresias para conquistarem seus amados. O poeta Abu Nuwas escreveu um poema de amor endereçado a um menino cristão:

Se eu fosse ao menos o padre, ou o metropolitano
da sua igreja, ou ainda seu Evangelho e sua Bíblia;
Ou se eu fosse ao menos o sacrifício que ele oferece
Ou sua taça de vinho, ou uma bolha em seu vinho.

Na poesia judaica espanhola, o primeiro poeta a cantar o amor homossexual, aparentemente, foi Yishaq bem Mar-Saul (século XI). Tanto em árabe (*gazhal*) como hebraico (*sevi*), usava-se o termo gazela ou cervo, veado (que coincidência!) para designar o jovem amado; esta imagem da gazela foi retirada da Bíblia, do *Cântico dos Cânticos* 2.9.

Gazela desejada em Espanha
Maravilhosamente modelada,
A você foi dado poder e domínio
Sobre todas as coisas vivas;
De formas adoráveis como a lua
Com magnífica estatura:
Cachos de púrpura
Sobre puro e brilhante templo
De José sua beleza

de Adonias seus cabelos
olhos encantadores como os de Davi,
ele imolou-me como Uriah
ele inflamou minhas paixões
e consumiu meu coração com fogo.
Por causa dele eu fui deixado
Sem entendimento e sabedoria.
Lamentem comigo todos os avestruzes
E todos os gaviões e falcões!
O meu amado do coração sacrificou-me
É esta uma sentença justa?

Samuel Ibn Nagrillah (993-1056) foi um dos mais importantes poetas hebreus da Espanha e grande parte de sua obra era dedicada ao amor, ora dos jovens, ora das moças: ele dedicou vinte poemas aos rapazes e dezoito às moças e mulheres, mas Norman Roth (1982:33-34) observa que não devemos concluir a partir disso que ele tenha amado mais uns do que as outras. Como na Antigüidade o desejo sexual não está separado irremediavelmente entre a atração por homens ou mulheres; ainda que para nosso estudo não deixe de ser significativo que o amor pelos rapazes leve uma pequena vantagem:

Adorável gazela, benção enviada dos céus
para a terra, remova-me da armadilha.
Sacie-me a sede, por caridade, com sua língua,
Como se ela fosse um cântaro cheio de bom vinho
Que vantagem tem você quando rompe os corações,
Com esta face brilhante e seus cabelos negros,
E este olhar errante, negro como a noite
Em rubras faces?
Como você exerce sua astúcia sobre os sentimentos
E corações – sem ter conhecimento?
Como você exerce seu ofício sobre os sentimentos
E corações – sem ter um ofício?

Um dos temas preferidos desta poesia é o do adolescente no qual aparecem os primeiros sinais da chegada da idade adulta, os primeiros pêlos no rosto, e que também era comum na poesia grega, indicando a diminuição do desejo por estes seres outrora imberbes – ou possivelmente apenas a troca do amado por outro mais jovem. Salomão Ibn Gabirol (nascido por cerca de 1021) era contemporâneo de Ibn Nagrillah e seu "protegido", e cantou em seus versos a despedida da adolescência do pequeno amado:

> Diga a ele cuja barba abraça seu rosto:
> como pode o meio-dia abraçar a manhã
> não considere isso um pecado para Agur dizendo
> esta beleza é vã e a graça uma mentira.
> É suficiente que suas faces atestem a verdade
> Pois os desígnios de Deus são insondáveis.

Moisés Ibn Ezra (1055-1135 ou 1140) é considerado o maior poeta hebreu da Espanha, conhecido como "o penitente", por causa de seus poemas litúrgicos, embora tenha escrito em quase todos os gêneros, inclusive poemas de amor aos rapazes. Obviamente muitos estudiosos tentaram "salvar" a reputação de Ibn Ezra, como o erudito alemão do século XIX que trocou de masculino para feminino o destinatário de um de seus poemas de amor, reproduzido abaixo, ou um contemporâneo nosso que lembrou ser o poeta casado e pai, como se isso excluísse seu amor por rapazes (Norman Roth, 1982:42):

> Para todos os amantes nosso extraordinário amor
> será um exemplo para todo o mundo.
> Eu me fortaleço contra a minha opressão e você
> é a mais perversa de todas as gazelas.
> Eu devo esconder dos homens o que há em meu coração
> para que eles não digam que é uma doença ou loucura
> Saiba que a doença do amor está em meu coração
> e você piora a moléstia mantendo-se longe de mim;
> o mundo é como um selo rígido porque você passeia por ele
> e esta liberdade sem você é como uma prisão;
> e todos os homens, mesmo os mais nobres,
> longe de você os considero animais selvagens.
> Da sua boca sai um jorro transbordante de mel
> eu desvaneço em minha angústia entre os sedentos,
> seu odor é mirra nas narinas de estranhos e eu resfolego
> como uma hiena no vento seco do deserto.
> Para você – jovem que conhece coisas ocultas
> e uma corça, mas que caça, calmamente, leões;
> que dá a vida a todos os amantes e minha vida
> faz pender, sempre, a minha frente –
> para você, minhas felicitações: saiba que meu amor

aumenta cada vez mais enquanto seu pecado aumenta,
e sua morada é em meu olhar e meu coração;
[...] ressuscita-me, minha pequena corça, como deseja o meu coração,
enquanto o pardal ainda trila entre os ramos.

O "penitente", ao menos em seus poemas, não estava isento do amor de jovens de outras religiões, como mostra este poema dedicado a um menino muçulmano:

Meu coração se lamenta por causa de um filho de Qedar,
uma pequena corça jovem e adorável
sua face é como escarlate e negro é o seu cabelo,
e seus lábios são como o carmesim.

Judah ha-Levi (1075-1141), como Ezra, era mais conhecido por seus poemas religiosos, por ser um influente chefe religioso, do que por sua poesia secular, mas também não deixou de fazer versos de amor masculino:

Faces como brasas em um assoalho de mármore
bordadas ao seu redor em mirra como linho bordado
ele faz crescer o fogo em meu coração ao aproxima-se de mim
e para cada vez que permite-me estar ao seu lado, ele me recusa seis vezes!

Os poetas hebreus emprestaram temas e expressões da poesia árabe e, por vezes, traduziam e adaptavam poemas de autores muçulmanos. Judah há-Levi escreveu estes versos:

O dia em que eu o afaguei em meus joelhos
e ele viu sua imagem nas pupilas dos meus olhos – pequeno enganador,
era o seu reflexo que ele beijava, não os meus olhos!

que é uma adaptação deste poema do famoso al-Mutanabi:

Uma beldade, enquanto estava sozinha comigo
viu sua imagem em minha visão.
Ela beijou meus olhos e enganou-me,
pois ela beijava sua própria boca na minha.

Significativamente ha-Levi, na transposição para o hebraico, decidiu mudar o objeto de desejo de uma mulher para um adolescente.

É importante realçar que esta poesia, seja escrita por árabes, judeus ou cristãos, não é uma produção marginal, em confronto com as crenças religiosas de cada uma das comunidades. Sabe-se que as comunidades judia e muçulmana da Espanha eram rigorosas em questões jurídicas e religiosas. São utilizadas muitas citações do Corão e da Bíblia para designar o amor pelos rapazes e, como observa Norman Roth (1982:50), a Bíblia é a principal fonte da terminologia e dos temas desta poesia medieval hebréia. Samuel Ibn Nagrillah chega a pedir a ajuda de Deus para conquistar seu bem amado:

> Deus, mude, por favor, o coração do pombo que roubou
> o meu repouso – e restabeleça em minhas pálpebras um pouco de descanso.
> O bem-amado que vem jurando em seu nome e com sua bênção e entrega-me
> o amor de seu coração, sem coação, como um presente
> foi traiçoeiro, e todo rapaz é traiçoeiro.
> Mas agora, perdoe seu pecado – ou senão, puna apenas a mim!

Cavaleiros e cavaleiros

Na Idade Média popularizou-se um tipo de literatura chamada romance de cavalaria, característico principalmente do norte da França, dos quais alguns exemplos famosos, até hoje, são *Tristão e Isolda, A morte do rei Artur, O cavaleiro da charrete* etc. Nestes romances, aparecidos primeiro em poemas, depois em prosa, por volta de 1170, temos uma nova visão do amor que é o chamado amor cortês, envolvendo um cavaleiro garboso, em busca de aventuras, e seu amor proibido, por uma mulher casada, de estrato social superior ao seu, geralmente uma rainha.

É o caso do amor de Tristão pela esposa do rei Marc, Isolda, ou de Lancelote por Guinevere, esposa do rei Artur, por exemplo. Vários estudiosos já chamaram a atenção para o vocabulário destes romances, que revelam uma metáfora das relações feudais entre suseranos e vassalos: o amante cavaleiro está abaixo da amada, rende-lhe homenagem e jura-lhe obediência como os cavaleiros menores aos mais poderosos, seus senhores e suseranos. Para conquistar o amor de sua amada o cavaleiro deve provar sua bravura vencendo as dificuldades e, geralmente, um homem mais poderoso.

É deste homem mais poderoso que vem a aura de poder que emana da mulher cobiçada e que atrai o cavaleiro para a aventura amorosa arriscada. Christiane Marchello-Nizia (1981:973) sugere que essa mulher desejada é muito pouco importante, por si só, no desenvolvimento da história e pouco é dito sobre Isolda e Guinevere. Para ela a relação mais importante é aquela que une o cavaleiro amante ao marido de sua dama.

Descoberto o adultério, é significativo que nenhuma reação de ciúme, ódio ou vingança fosse esboçada pelo marido traído; apenas sob pressão de seus conselheiros é que Marc e Artur renderam-se às evidências e aceitaram punir os culpados, sem muito entusiasmo, é verdade.

Na passagem destes romances das versões em verso para a prosa ocorrem algumas modificações importantes. Nestas últimas houve uma valorização da extrema beleza dos cavaleiros. Assim Tristão, obrigado a fugir de seu país, foi recebido na corte do rei da Gália, Faramon e, logo, tornou-se o preferido do rei, por ser tão belo e elegante "que parecia que Deus o havia criado para a alegria dos olhos".

Mudando de identidade, Tristão voltou à corte de seu tio materno, Marc que, também seduzido por sua beleza, não saiu jamais para caçar ou passear sem a sua companhia. Lancelote, quando chega à corte do rei Artur, é descrito como o mais belo e elegante jovem jamais visto na corte e seduz também ao cavaleiro Galahad.

Este novo personagem, um cavaleiro poderoso que havia vencido já a cem reis, desafiou o rei Artur a entregar seu reino e reconhecer-se como seu vassalo, caso não quisesse ter seu reino invadido, ser vencido em combate e ter sua esposa Guinevere roubada. Um ano depois, após uma trégua, Galahad fez a mesma oferta, acrescentando que queria que lhe fosse entregue o jovem cavaleiro Lancelote.

Lancelote aceitou passar algum tempo com o inimigo do rei: foi conduzido ao acampamento de Galahad, recebeu a tenda mais bela e confortável com um leito esplêndido. Durante a noite, Galahad veio deitar-se ao lado de seu "hóspede", sem que ele percebesse. Lancelote aceitou, então, ficar ao lado de Galahad, desde que ele renunciasse a derrotar o rei Artur, seu senhor. Renunciar à vitória seria uma desonra para um cavaleiro tão poderoso, mas mesmo assim, embevecido pela beleza do seu companheiro, ele aceitou, dizendo-lhe: "Você não poderá achar um companheiro que vos ame tanto como eu. Eu peço-lhe que não me prive de sua companhia em troca da de qualquer outro, pois eu vos farei mais do que qualquer pessoa. Se o universo inteiro me pertencesse, eu não hesitaria em dá-lo a você."

Vendo Lancelote infeliz pela separação de Guinevere, Galahad adoeceu, segundo os sábios que tratavam dele, do "mal de amor"; preferindo "sua própria morte à morte de Lancelote", deixou-o partir e deu-lhe uma prova de amor, rendendo-se ao rei Artur a quem quase havia vencido. Logo o cavaleiro morreu e gravou-se em sua tumba: "Aqui jaz Galahad [...] o senhor de longínquas ilhas, que por amor de Lancelote morreu." (Marchello-Nizia, 1981:975-976)

Para Christiane Marchello-Nizia (976-977), nas versões em prosa destes romances, são surpreendentes as relações explícitas de sedução que se estabeleceram entre os jovens cavaleiros e os poderosos senhores. Um trecho impressionante do *Lancelote em prosa* nos mostra um diálogo entre Artur, Guinevere e Galahad, que foi hóspede do rei, sentados aos pés do leito onde jaz ferido Gawaine. O assunto é o "cavaleiro negro" que havia vencido um combate. Galahad perguntou se o rei vira um homem mais valoroso e o que ele faria para ter junto a si um cavaleiro como aquele. Artur diz que lhe daria a metade de seus bens, com exceção de sua esposa, que ele não aceitaria dividir com ninguém. A Gawaine perguntou quais sacrifícios estaria disposto a fazer para ter sempre ao lado de si tal homem. Ele respondeu: "pela cura que rogo a Deus conceder-me, eu poderia ser a mais bela donzela do mundo, com a única condição de que este cavaleiro me amasse mais do que a todo o mundo pelo resto de sua vida e da minha!" Depois desta impressionante resposta, a rainha Guinevere contestou a mesma pergunta: "Por Deus, senhor Gawaine fez a mais grave promessa que uma dama poderia fazer: é possível a uma dama oferecer ainda mais?" O apaixonado Gawaine, por sua vez, fez esta mesma pergunta a Galahad, que respondeu não menos animado: "Tendo Deus por testemunha, eu aceitaria ver minha honra transformada em desonra, com a única condição de que eu pudesse estar tão seguro deste cavaleiro quanto eu gostaria que ele estivesse de mim!"

Outra transformação é que o amor que une o cavaleiro a sua dama é mediado pela ação de um outro homem, mais poderoso, tanto no caso de Lancelote como no caso de Tristão. Se Lancelote foi praticamente enviado aos braços da rainha por Galahad, e foi o rei Artur que chamou a atenção de Guinevere para a beleza do cavaleiro, Tristão também apaixonou-se por Isolda pela rivalidade com o cavaleiro Palamede, que a cortejara: "é pois pelo olhar de Palamede que Tristão cai apaixonado de Isolda." Este amor cortês foi intermediado pela ação de um homem e pela sedução masculina.

A dama escolhida, necessariamente casada, opõe o cavaleiro a um rival mais poderoso. A historiadora Marchello-Nizia indagou se amar esta dama não equivaleria também a amar o senhor seu esposo, se não seria "desejar ser ele mesmo este objeto de amor e de eleição, desejar estar no lugar da dama?" Estar ao lado da amada seria igualmente um meio de achar-se no séquito de seu esposo. A mulher, assim, era a mediadora de uma relação que unia dois ou mais homens.

Mais ainda: a relação entre o cavaleiro e sua dama seria uma figura retórica de uma relação de sedução entre um jovem cavaleiro e um senhor poderoso. Seria uma alegoria da relação de vassalagem, mas permeada de uma sedução homossexual, um amor ainda mais oculto e proibido, mais transgressor que o adultério, mascarado aqui pela relação adúltera com uma mulher casada. Nestas relações amorosas há sempre dois homens e uma mulher, e esta não parece, ao contrário do que possa se pensar, ocupar um papel de muito destaque. Para alguns, o mundo dos cavaleiros tem o mesmo espírito do Batalhão Sagrado de Tebas, com o mesmo ardor para o combate sustentado e estimulado por uma amizade viril e fraternal entre dois cavaleiros. (Maurice Lever, 1996:58)

Um amor parecido com aquele que floresceu na literatura monástica desta época foi o que uniu um clérigo mestre a seu discípulo, tal qual aquele que uniria o senhor a seu vassalo no romance de cavalaria.

O vício dos clérigos

Se como vimos, durante boa parte da Idade Média a Igreja teve uma atitude ambígua com relação à homossexualidade, não podemos estranhar que, entre os clérigos, as opiniões sobre este assunto fossem do ódio inexplicável à prática apaixonada.

Entre os monges, que viviam enclausurados, nem sempre o jejum abrandava o desejo pelos companheiros. Entre as monjas também acontecia de viverem uma amizade estreita, dormindo na mesma cela, por vezes na mesma cama.

Entre 1050 e 1150 reapareceu na Europa uma subcultura gay, na expressão de Boswell, como só existira na Antigüidade; foi o momento de crescimento das cidades, do comércio e de um novo florescimento cultural com a criação das primeiras universidades e uma retomada de autores e temas do paganismo. (Para esta seção ver Boswell, 1985, cap. 9:308-336)

Assim como já vimos nas literaturas judaicas e árabes da Espanha, esta poesia não está inserida em nenhum movimento herético ou contrário aos dogmas da igreja; ela é feita por homens de igreja, por vezes da alta hierarquia, que escreveram também sobre diversos temas religiosos clássicos, de forma ortodoxa, e nenhum deles foi acusado de heresia antes ou depois de sua morte.

Baudri de Bourgueil (1046-1130) é um bom exemplo disso: foi superior do mosteiro beneditino de São Pedro e arcebispo de Dol. Seus poemas falam de afeições apaixonadas mas espirituais. Em alguns poemas, endereçados a amigos religiosos, a linguagem da paixão é usada para exprimir apenas a amizade ou admiração, como neste endereçado a um belo jovem, onde diz: "Eu vos amo intensamente, porque tu me inspiras um amor intenso." Para explicar em seguida a natureza deste amor: "É vosso talento poético que me obriga a vos amar intensamente."

Este outro, dedicado a um jovem chamado João, é um pouco mais claro, falando sobre a inconstância dos amores de juventude:

> Estou surpreso e não consigo sequer exprimir minha surpresa
> De que meu querido João não tenha vindo às pressas até mim,
> Ele que sempre prometeu sob juramento que voltaria.
> O garoto está doente ou ele me abandona, vítima da opinião alheia
> [...]
> O garoto é inconstante, a juventude é sempre inconstante.

Os temas da Antigüidade, o amor dos adolescentes, a inconstância da juventude volúvel e os temas mitológicos são retomados nesta poesia; o mesmo Bourgueil, que fora destituído duas vezes de suas funções por causa de "misteriosos escândalos", provavelmente ligados a suas preferências sexuais, não ignorava os encantos de Ganimedes: "ao redor de mais de um altar Ganimedes tem seu culto/ E mais de um homem cheio de desejos gostaria de ser Júpiter [Zeus]."

Um dos mestres de Baudri, Marbódio, de Rennes (morto em 1123), reitor da influente escola de Chartres, chanceler da diocese de Angers e bispo de Rennes, incluiu, entre seus poemas de temas religiosos, outros dedicados ao amor de rapazes, como este, dedicado a um rapaz que não quer se deixar amar, *O jovem inflexível*:

Mas este rapaz tão amável e sedutor,
Tormento de todos os que deixam cair seu olhar sobre ele,
Foi feito pela Natureza tão cruel e inflexível
Que ele ama mais morrer do que ceder ao amor.
Duro e ingrato, como se ele tivesse nascido de um tigre,
Ele não faz mais do que rir das doces palavras de seus admiradores,
Rir de seus vãos esforços,
Rir das lágrimas de um amante desolado.

Neste outro poema o tema é o amante ausente, que não deve perder seu tempo onde não está seu amado, uma falta irreparável que pode custar a perda deste amor:

Que pode haver de mais precioso do que um rapaz fiel a seu amante?
Mas um atraso mais e aquele que é hoje ainda leal pode tornar-se infiel.
Pois ele é solicitado agora mesmo por muita adulação —
E aquele que é induzido à tentação, ao medo de que ele sucumba.
Apresse-se em voltar se queres ver aquele que amas.

Os poemas de Marbódio foram famosos em toda a Europa, havendo cópias e imitações de suas criações encontradas da Inglaterra à Alemanha, e ele utilizava-os, provavelmente, em suas aulas.

Um aluno do grande filósofo medieval Pedro Abelardo (1079-1142), Hilário da Inglaterra, outro grande nome da igreja neste período, explorou também o tema do jovem inflexível diante do amor de um homem mais velho. Em vários textos endereçados a jovens ingleses, como este *A um jovem inglês,* ele declara seu amor pelos rapazes, embora não seja indiferente ao amor pelas mulheres:

Belo menino, pura flor,
Jóia reluzente, se apenas você soubesse
Que o aspecto encantador de sua face
É a tocha que abrasou meu amor.

Desde o instante em que eu o vi,
Cupido surpreendeu-me; mas eu hesito,
Pois minha Dido me retém
E eu temo a sua cólera.

Oh! Como eu seria feliz
Se por um novo favorito

Eu pudesse deixar este amor
Como é tão comum acontecer
[...]
O próprio rei dos céus [Zeus]
Outrora raptor de rapazes [Ganimedes],
Se estivesse aqui neste momento arrebataria
Uma tal beleza para o seu refúgio celeste

Então, naqueles apartamentos do alto céu
Estarias igualmente pronto a cumprir cada tarefa:
Às vezes em sua cama, outras seu copeiro –
E delícia de Zeus em um e outro papel.

Em seus poemas ele louva a beleza dos jovens rapazes, enquanto se lamenta por sua frieza e indiferença, como neste, *A um jovem angevino*:

Belo e raro rapaz,
Considerai com um olhar favorável, eu vos suplico,
Estas linhas que vos dedica vosso admirador;
Olhe-as, leia-as e tire proveito de vossa leitura
Prosternado a vossos joelhos
Joelhos dobrados, mãos juntas
Como um de vossos suplicantes,
Eu não poupo nem lágrimas, nem preces.
[...]
Oh! Como eu gostaria que você necessitasse de dinheiro!
Minha é a dor! Meu é o sofrimento!
É por ignorância que decidistes
Que tais relações são uma forma de vício.
Certamente, meu jovem, é uma loucura
Ser assim tão inflexível.

Este impressionante poema coloca em questão o estatuto dos amores masculinos, considerados como vício pelo jovem inflexível; mas, segundo o autor, e apaixonado, apenas por loucura se pode considerar este amor um vício. Mesmo dentro da igreja, nos círculos intelectuais, não se tem tão claro se a homossexualidade é um vício abominável ou um pecado o qual a maior parte das pessoas acaba por cometer um dia, como a gula, a avareza ou a inveja, por exemplo.

Sem falar na prostituição, discretamente sugerida pelo poema como uma forma desesperada de conquista do jovem indiferente. Com

Tríbades galantes, fanchonos militantes

o crescimento das cidades a partir do século XII, houve um ressurgimento da prostituição masculina que tinha aparentemente desaparecido durante a Idade Média. Em cidades como Chartres, Sens, Orleãs e Paris, havia nesta época uma florescente vida homossexual e inúmeros bordéis de prostituição masculina. Em 1270, o poeta Guillot, em seu *Dit de rues de Paris* (Ditos das ruas de Paris), cita a rua de Beuabourg como um local perfeito para encontros; na rua dos Marmouzets, o poeta diz ter sido servido por vários prostitutos. (Hardman, 1993:130)

Nosso conhecido Ganimedes reaparece como tema literário neste período e como gíria, designando os homens que costumavam praticar com freqüência a homossexualidade. Muitos poemas serão escritos, em forma de diálogo entre Ganimedes e Helena de Tróia, onde o primeiro defende o amor homossexual e a bela troiana defende o amor entre um homem e uma mulher. Nas *Mil e uma noites* também existem contos em que estes dois amores competem para saber-se qual deles é mais digno de honra: os louros da vitória, ao menos nestes poemas, geralmente são endereçados a Ganimedes.

Aqui também esta poesia não é representante de heresia, mas está integrada na Igreja e seus autores são, geralmente, altos clérigos e intelectuais; esta literatura estava impregnada de um sincero e fervoroso cristianismo. Assim como a poesia árabe e judaica da Espanha, esta poesia utiliza temas religiosos em meio a descrições de amor homossexual. O que não é tão estranho se pensarmos que a vida religiosa dificultava enormemente o contato com o sexo oposto, quando os monges deveriam conviver com jovens noviços, e as monjas com jovens noviças, cuidando e amando uns aos outros no serviço e no amor a Deus.

Enquanto os poemas sobre o amor das mulheres é geralmente escrito nas línguas comuns, os poemas de amor masculino são em sua maioria escritos em latim; muito provavelmente é assim não apenas por estes versos serem escritos em sua maioria por clérigos, mas também para mascarar um "amor que não podia dizer seu nome". O uso de referências à mitologia também serve para mascarar a real intenção destes textos, que seriam entendidos apenas por uma minoria educada.

Personagens cristãos como Rute e Naomi, Jônatas e Davi, cujo amor tanto impressionou o rei Salomão, pai de Jônatas, ou santas Perpétua e Felicidade, cristãs romanas, aquela, aristocrata e esta, sua escrava, martirizadas em Cartago no ano 203, eram devotados na Idade Média como exemplos de amor fraterno, afeição entre pessoas do mesmo sexo e, muitas vezes, de amor homossexual. O clérigo escritor

Aelred de Rielvaux, em seu *Espelho do Amor*, dedicado a são Bernardo, refere-se à relação de Cristo e de seu discípulo são João como um "casamento celeste", uma espécie de amor espiritual que transcendeu todo componente carnal. Ainda que todos os discípulos recebessem o afeto de Cristo, Aelred lembra que João foi o único a receber o privilégio de um amor mais íntimo e de ser chamado o "discípulo amado" por Jesus. (Boswell, 1985:288-289) Muitas imagens e esculturas medievais mostram o jovem João reclinando sua cabeça nos ombros de Cristo, representando, segundo Aelred, "um sinal de seu especial amor".

Mas esta vitória e esta sofisticada poesia gay serão temporárias: elas não resistirão às mudanças do século XIII e à montagem de sociedades intolerantes com todos os grupos minoritários ou diferentes, como judeus, hereges, muçulmanos, mulheres e homossexuais.

Ricardo Coração de Leão e Robin Hood

Com passos firmes seguia sua empreitada
Aquele que era dono de coragem insuspeita.
Canção em homenagem a Ricardo Coração de Leão

Ricardo Coração de Leão (1157-1199) é um dos mais famosos e amados reis da história britânica, "o mais popular dos homens" segundo um contemporâneo, aquele que possui em sua homenagem uma enorme estátua eqüestre em frente ao Parlamento de Londres. Era filho da impressionante rainha Eleonor de Aquitânia, rainha da França por seu casamento com o débil Luís VII, que foi anulado para que ela pudesse se casar com o fogoso Henrique II, Plantageneta, rei da Inglaterra e pai de Ricardo.

Ele era o filho preferido da exuberante Eleonor, que tudo fez para que ele subisse ao trono em lugar de outro filho, o temido João Sem Terra. Após a morte do herdeiro Henrique III e de uma guerra contra seu pai, o rei Henrique, Ricardo foi coroado em 1189.

Ele era considerado o Rei das Cruzadas, um símbolo do ideal cavalheiresco, que pouco tempo passou em seu reino, preferindo vagar em aventuras pela Europa e Oriente, de preferência em companhia de seu inseparável amigo e companheiro Felipe II (1165-1223), rei da França, filho de Luís VII. Conheceram-se quando Ricardo organizou a Terceira Cruzada, quando venceu o sultão árabe Saladino, e da qual participou também o rei da França. Eles comiam juntos, servindo-se do mesmo prato e, à noite, dormiam na mesma cama. Felipe Augusto dizia amá-lo como a sua própria alma. Era uma amizade tão forte e eram tão ligados, que o rei da Inglaterra perguntava-se qual era a natureza exata desta ligação.

Talvez o rei entendesse bem destes assuntos, já que ele próprio tivera uma amizade estreita com seu chanceler, o arcebispo de Canterbury Tomás Beckett, que muito ciúme provocou em Eleonor de Aquitânia, ressentida pelo desprezo que o rei tinha para com ela em presença de seu amigo, a quem abraçava com tal afeição que poderia se dizer que era a paixão o que os unia. Um cronista da época, Guilherme Fitz-Stephen, contou que o rei e Beckett "brincam juntos como garotinhos da mesma idade, na corte, na igreja, nas assembléias, nas cavalgadas". (Citado em Marion Meade, 1991:171) O pudico chanceler só não acompanhava o rei em sua busca por meretrizes nos bordéis de Londres.

Quando Ricardo e Felipe Augusto encontraram-se na Itália, em viagem ao Oriente para a Cruzada, um contemporâneo, Ricardo de Devizes, deixou-nos esta descrição: "O rei da França, ao saber da chegada de seu amigo e irmão, correu a seu encontro e, entre seus abraços e amplexos, suas demonstrações de afeição mal conseguiam exprimir o quanto cada um se alegrava com a presença do outro. [...] Aquele dia de festa transcorreu até a noite nesse deleite; os reis separaram-se fatigados mas não saciados." Esta última frase seria muito clara na descrição do deleite dos dois amigos, mesmo que não soubéssemos que ela é uma citação de uma sátira do latino Juvenal, descrevendo a saída da devassa rainha Messalina de um bordel. (Citado em Michèle Brossard-Dandré e Gisèle Besson, 1993:84)

O romance entre os dois acabou pela recusa de Ricardo em casar-se com Alaís Capeto, irmã de Felipe Augusto, criada na corte inglesa para ser sua esposa mas que, pela indiferença de Ricardo, acabou virando a concubina de seu pai, Henrique II; e também pela liderança do rei inglês na Terceira Cruzada, que deveria ser dividida com Felipe, que era suserano de Ricardo, mas que acabou sendo dominada inteiramente pelo vassalo, fazendo com que o rei francês a deixasse antes do seu término e passasse a conspirar contra o antigo "amigo". Relacionamentos dificilmente resistem a disputas profissionais, principalmente entre dois reis, sendo um de personalidade tão "leonina".

Repudiada Alaís Capeto, que foi devolvida aos franceses com 38 anos, Eleonor de Aquitânia faz de tudo para casar o rei, já que ele se recusava a pensar em matrimônio. Ela obriga-o a casar-se com a princesa

Berengária de Navarra; o casamento é realizado durante a viagem ao Oriente, em Limassol, Chipre. Algumas horas depois o noivo partiu para a Cruzada, passando desde então muito pouco tempo em companhia de sua esposa; há quem diga que o casamento nunca tenha se consumado.

Outros amantes de Ricardo foram um jovem cavaleiro, Raife de Clermon, a quem libertou do cativeiro entre os sarracenos (árabes) e seu menestrel Blondel de Nesles, com quem compôs diversas canções. Uma dessas canções salvou-lhe a vida. Feito prisioneiro, quando voltava do Oriente em 1192, pelo duque Leopoldo da Áustria, a quem tinha ofendido na Cruzada, jogando seu estandarte na lama, e entregando-o ao imperador alemão, Ricardo foi encontrado por seu menestrel, que teria ido em sua busca, na torre de um castelo à beira do Danúbio. Diz uma lenda do século XIII que Blondel saiu pelo mundo em busca do rei e, numa de suas paradas, ouviu-o cantando uma das canções que haviam composto juntos; o amigo cantou o final da canção para se fazer reconhecido pelo rei, voltou à Inglaterra e avisou Eleonor que, em 1193, pagou o resgate exigido pelo imperador Henrique IV da Alemanha.

Embora fosse casado, como deveriam ser todos os reis e nobres, e tivesse, ao que se diz, gerado um filho ilegítimo, batizado de Felipe em homenagem a seu mais íntimo e querido amigo, Ricardo era predominantemente homossexual: em Messina, Itália, pouco antes de seu casamento, fez uma confissão e penitência públicas de suas relações com homens, à porta de uma igreja local.

Organizou várias cruzadas, permanecendo mais tempo na Terra Santa que os outros chefes, além de ser muito ligado a vários religiosos e ter vários mestres espirituais. Fez várias vezes penitências por seus "pecados" com os homens, mas não os considerava mais graves do que dormir com mulheres, o luxo das roupas, o vinho, faltas comuns a todos os nobres. Nem para ele, nem para seus nobres, seus súditos ou para a própria igreja, estes seus pecados pareciam mais graves do que se ele tivesse muitas mulheres e concubinas como a maioria dos reis e senhores feudais.

Na viagem ao Oriente para a Terceira Cruzada, Ricardo ocupou Messina, considerada a cidade mais bem fortificada da Sicília. Parou na ilha de Chipre, onde alguns de seus soldados haviam naufragado e sido feitos prisioneiros pelo imperador Isaac Comneno. Depois de algumas batalhas, conquistou a ilha, submeteu o imperador e levou a herdeira deste como prisioneira, para ser educada em sua corte na Inglaterra. No Oriente venceu o príncipe Saladino, até então considerado invencível e que tomara Jerusalém dos cristãos.

Safadino, o irmão de Saladino, em 1192 disse que quando Ricardo Coração de Leão morresse todos os cristãos pereceriam e seriam conquistados pelos muçulmanos sem contestação. Que de todos os príncipes do mundo cristão "que a superfície redonda da terra sustém", Ricardo era o único que merecia o nome de chefe e de rei, pois "começou bem, em seguida fez melhor, e atingirá os cumes se viver mais um pouco". O poderoso Henrique II, seu pai, na opinião de Safadino, "à maneira de uma Fênix", reviveu em seu filho [Ricardo] mil vezes mais poderoso. E que os árabes só deveriam temer verdadeiramente uma derrota para os cristãos enquanto Ricardo estivesse vivo.

O próprio Henrique II provara da coragem de seu filho quando tentou impedir que ele fosse declarado herdeiro, depois da morte do primogênito Henrique III, quando tentou declarar seu filho preferido, João Sem Terra. Foi derrotado por Ricardo e pelo próprio príncipe João, que preferiu neste momento não entrar em conflito com o irmão mais poderoso e popular.

O rei Ricardo está ligado também a um interessante mito, o de Robin Hood, nobre despojado de suas terras pelo rei João Sem Terra, irmão de Ricardo. Tornado ladrão, Robin Hood só seria reabilitado quando Coração de Leão tornou-se rei e fez dele o primeiro Conde de Huntingdon. Não se sabe se Robin Hood, o ladrão que roubava dos ricos para dar aos pobres, realmente existiu, mas compuseram muitas baladas em sua homenagem e, ainda hoje, existe uma família nobre na Inglaterra que se considera sua descendente.

Um professor da universidade de Cardiff, Stephen Knight, em pesquisas recentes, descobriu que as baladas medievais que contavam sua história foram modificadas, retirando-se o seu conteúdo homossexual, como inúmeros outros documentos de várias épocas e lugares. Nas primeiras histórias não havia nenhuma lady Marian, amante de Robin; seu grupo de ladrões era conhecido pelas "fortes amizades" entre seus membros e do próprio líder pelo seu favorito, João Pequeno. Diz uma destas canções do século XIV, recuperada pelo professor Knight: "Quando Robin Hood tinha uns vinte anos, conheceu João Pequeno, uma espada rápida e perfeita para o negócio, porque ele era um homem cheio de desejo." (Jonathan Leake e Mark Macaskill, 1999)

Quem sabe não foram os dotes físicos de Robin Hood, ou mesmo de João Pequeno, que convenceram o rei Ricardo a devolver as terras do nobre facínora, fazendo do Duque de Aquitânia e soberano da Inglaterra, amante de reis e ladrões?

Eduardo II

Eduardo II (1284-1327) tornou-se mais conhecido do público atual depois que o cineasta inglês Derek Jarman filmou sua versão da peça de Philip Marlowe (século XVI) sobre sua vida trágica.

Desde sempre houve conflito entre Eduardo II e seu pai Eduardo I, talvez por suas inclinações homossexuais ou então pelo seu desinteresse nas questões do reino e da guerra. Ou talvez ainda pela sua inclinação às amizades com homens de condição inferior e seu desprezo pelos nobres, o que iria lhe custar a própria vida.

Para puni-lo, Eduardo I exila seu primeiro amante, Piers de Gaveston, que só retornaria ao reino após a coroação de seu querido Eduardo II, sendo, porém, exilado pelo Parlamento mais duas vezes, por considerar-se que era ele a causa do rei não se ocupar com os assuntos da coroa, preferindo passar todo o tempo ao lado de seu preferido. Gaveston foi seu amante fiel por treze anos, até ser assassinado pelos barões, em 1312; seu romance duraria dez anos ainda após o casamento de Eduardo com Isabela de França, filha de Felipe, o Belo, perseguidor dos Templários; casamento realizado sob a pressão do Parlamento e do Papa Bonifácio VIII.

O rei nunca escondeu o desprezo à rainha, embora tenha cumprido suas obrigações conjugais, fazendo nascer quatro filhos, inclusive seu herdeiro, Eduardo III. No drama de Marlowe, a rainha Isabela queixa-se do abandono do rei: "A meu soberano, o rei, já não lhe inspiro mais que indiferença. Mas desfalece de amor por Gaveston. Acaricia-lhe a face, pendura-se em seu pescoço, lhe sorri, sussurra-lhe palavras ternas ao ouvido." (Citado em Sánchez, 1993:95)

Após o assassinato de Gaveston pelos barões, Eduardo II manteve um romance com Hugo, o Despenseiro, a seu serviço desde a infância e cujo pai era seu aliado político contra os nobres, sempre hostis ao rei, e a quem este sempre fora também hostil. O Parlamento tentou exilar o aliado e amante do rei, ao que ele se opôs em uma sessão parlamentar em 1321. Nesta ocasião, o conde de Aylmer disse ao rei: "Não perca seu reino por causa de um outro ser. Aquele que ama alguém mais que a si próprio acaba por quebrar-se nos rochedos." (Boswell, 1985:377, n. 1)

A rainha lidera, ajudada por seu amante Mortimer de Wigmore, uma rebelião contra o rei: seu amante Hugo tem suas partes sexuais cortadas e queimadas antes de ser decapitado; Eduardo II é preso no castelo de Berkeley, onde foi assassinado, tendo um ferro em brasa introduzido em seu ânus, para que o corpo ficasse sem marcas de violência quando fosse apresentado ao povo, embora haja dúvidas quanto a esta versão. O corpo do rei teria sido exposto aos cidadãos de Bristol e Gloucester como se tivesse morrido de morte natural, embora ninguém tenha se enganado da causa real da morte.

Após sua morte, o rei, que jamais fora impopular com o povo como fora entre os nobres, converteu-se quase num santo. A catedral de Gloucester foi reconstruída com o dinheiro das doações dos peregrinos que vinham rezar sobre a sua tumba, já que era considerado mártir pelo povo. Algumas pessoas queriam que o túmulo fosse aberto e os despojos examinados, pois acreditavam que Eduardo II tinha conseguido escapar de seus assassinos e fugido para a Itália.

Quando seu filho Eduardo III subiu ao trono já no ano seguinte, em 1330, mandou enforcar e esquartejar o amante de sua mãe, Mortimer de Wigmore e encerrou-a em uma masmorra por anos, para vingar a morte do pai, que se não foi um marido exemplar, parece ter sido um pai razoável. Boswell argumenta que talvez a homossexualidade, ou bissexualidade, de Eduardo II não tenha sido o motivo da rebelião liderada por sua esposa, visto que o abandono, no qual se dizia viver Isabela, não era menor que o de outras rainhas da época, como a poderosa Eleonor de Aquitânia, que viveu dezesseis anos enclausurada em uma torre por Henrique II. Como vimos, o rei cumpriu suas obrigações matrimoniais fazendo-lhe quatro filhos; o motivo maior deve ter sido o desejo de fazer coroar seu amante e passar a ter uma influência maior nas decisões de Estado, como tiveram os dois amantes do rei, além dos interesses de seu irmão, Carlos IV, rei da França.

O pecado nefando

Com o crescimento do poder e da importância da igreja católica na Europa, as opiniões diferentes dentro dela foram cada vez menos toleradas. A partir do século XII, com o crescimento da população e a piora das condições de vida, ocorreram diversos movimentos e rebeliões, muitos deles de caráter religioso. Estes movimentos vão ser conhecidos como heresias; alguns dos principais movimentos heréticos foram os cátaros, os valdenses, os albigenses, os beguinos, entre outros.

Em 1198, o papa Inocêncio III criou o tribunal da Inquisição para combater os heréticos e os blasfemadores, todos aqueles que fossem contrários aos preceitos do catolicismo. Ele foi criado no mesmo momento em que o direito civil, pela primeira vez, estendia a tortura a todos os homens livres em caso de crimes de lesa-majestade, ou seja, contra a autoridade do rei e do Estado. A heresia foi considerada como lesa-majestade divina, e a Inquisição também fez uso deste "método de investigação".

A criação deste tribunal coincidiu também com uma centralização cada vez maior de poder nos reis e nas autoridades religiosas, além de um controle maior sobre a vida privada dos súditos e fiéis. O diabo agia às ocultas e era preciso estar atento a qualquer rumor de heresia ou blasfêmia, contra não apenas a Igreja enquanto instituição, mas a toda a cristandade, à sociedade inteira.

Foram identificados com os heréticos e igualmente perseguidos os leprosos, acusados de contaminar e envenenar as águas, e os culpados de sodomia, pecado tão ou mais grave que qualquer heresia a partir de agora; logo as bruxas serão também perseguidas, ou criadas para poderem ser perseguidas. Todos os não-conformistas, religiosos ou sexuais, poderiam agora cair nas labaredas da Inquisição. Sem esquecer ainda dos infiéis, os judeus e muçulmanos presentes, sobretudo, na Península Ibérica e na Itália.

As heresias estavam relacionadas, para a igreja católica, com todo tipo de abominação: incesto, adultério, antropofagia, adoração do diabo, sodomia, pecados "cuja descrição era por si só um pecado". Eram os pecados *nefandos*, dos quais não se devia falar, tão grande era a ofensa a Deus. Já em 1051 Pedro Damião (1007-1072) havia escrito seu *Livro de Gomorra*, no qual declarava guerra a "este indizível e detestável vício", a sodomia, identificando-o à heresia e à contra-natureza, à morte do corpo e destruição da alma. Ele estava preocupado principalmente com os clérigos que mantinham relações com seus monges, a quem deveriam dirigir espiritualmente, mas que acabavam corrompendo no vício, acusando-os ainda de confessar seus pecados com outros padres homossexuais para evitar sanções da Igreja. No século XIV propagou-se também uma impressionante lenda de que Deus, no dia do nascimento de Jesus, teria matado todos os sodomitas do mundo. (Jacques Chiffoleau, 1990:301)

Inicialmente o livro de Pedro Damião não teve uma acolhida muito boa: o Sínodo de Latrão, em 1059, aceita praticamente todas as sugestões de Damião referentes à reforma do clero, exceto aquelas relativas à homossexualidade. O papa Alexandre II, conhecido reformador da Igreja e célebre por suas relações apaixonadas com jovens monges, conseguiu colocar seu livro num cordial esquecimento, até que fosse ressuscitado meio século depois por Urbano II.

Combater a heresia e o pecado nefando era, acima de tudo, garantir a unidade essencial da Cristandade e proteger o domínio universal da Igreja. Foi o momento em que se utilizou o argumento do direito divino e natural de sucessão dos reis por seus herdeiros e da necessidade de proteger este direito e a integridade do reino contra seus inimigos. A indiferença da Igreja medieval até então começou a ser abalada pela ação de pregadores cada vez mais hostis e intolerantes.

O foral de Cuenca (Espanha), de 1189, determinou que qualquer homem implicado em um ato de sodomia devia ser queimado; qualquer um que diga a outro "eu te fodi pelo cu", se pudesse ser provado que era verdade, deveriam ser ambos queimados; se não fosse, deveria ser queimado apenas o que dissera tal pecado. (Georges Duby, 1994:46)

A partir dos séculos XIII e XIV a tolerância com relação à homossexualidade é cada vez menor. A montagem dos Estados Absolutistas marcou a consolidação do poder civil e eclesiástico na Europa e um crescimento da repressão. As mulheres foram ainda mais excluídas; judeus e muçulmanos foram perseguidos, assassinados e mesmo expulsos de vários países; bruxas, hereges e sodomitas foram perseguidos pelas leis civis e religiosas.

Até mesmo a introdução da polifonia nos cantos religiosos, por volta do século XII, foi atacada pelos defensores dos cantos antigos, que a consideram homoerótica, já que ela intercala as vozes masculinas, geralmente misturando homens adultos com rapazes, de uma forma "voluptuosa". (Citado em V. A. Kolve, 1998:1039, n. 56)

Em 1307, a Ordem dos Templários, monges cavaleiros muito poderosos e respeitados em todo o continente, foi dissolvida e seus membros perseguidos, acusados de feitiçaria, heresia e homossexualidade; seus membros praticariam a sodomia como ritual de iniciação com os jovens monges e entregar-se-iam a orgias misturadas com bruxaria e blasfêmias de todo tipo. Acreditou-se que o início da perseguição por Felipe, o Belo, rei da França, deveu-se ao poder muito grande da Ordem e à intenção do rei de se apoderar de seus bens.

Muitos leprosos foram queimados, acusados de envenenar as águas públicas das cidades. Judeus, muçulmanos e homossexuais foram acusados de sacrificar indefesas crianças cristãs e de abusar sexualmente delas. O sexo entre cristãos e judeus foi considerado crime equivalente à bestialidade, o sexo com animais. As bruxas igualmente foram acusadas de usar crianças em sacrifícios ao demônio e, mesmo, devorá-las, como no conto de Joãozinho e Maria.

Foi a época das Cruzadas, das guerras de religião contra os infiéis muçulmanos, e era preciso combater os inimigos da fé, da lei e dos reis, ou seja, de toda a sociedade. Para qualquer crise, social, econômica ou política, os bodes expiatórios estavam prontos para serem perseguidos a qualquer momento.

Com a diminuição da população, as pestes e fome grassando com a falta de braços para o trabalho da terra, o casamento e a reprodução foram incentivados. Assim se vão atacar três crimes terríveis contra a natureza que impediam a procriação: a sodomia, a masturbação e a continência; nesta época considera-se a masturbação e a continência como suscetíveis também de levarem à homossexualidade.

Neste período o pecado de sodomia passa a ser identificado com a homossexualidade, embora ainda se confunda com uma outra série de pecados mais ou menos graves. Com santo Tomás de Aquino (1128-1274) ela tornou-se um crime e um pecado contra a natureza, logo, contra a própria criação divina. A relação entre pessoas do mesmo sexo alteraria a ordem natural do universo, colocando o homem no lugar da mulher e vice-versa, e impediria a procriação, o que seria o fim natural da sexualidade. Curiosamente, outras práticas sexuais que impediam a procriação, como a masturbação ou o coito interrompido, não foram consideradas tão graves quanto à sodomia. Esta posição é, para Boswell, uma concessão do teólogo aos sentimentos populares hostis aos homossexuais, visto que "do ponto de vista teológico, os pecados são necessariamente 'antinaturais', e sustentar que a homossexualidade é um pecado porque ela é 'antinatural' é um pleonasmo". (1985:411-412)

Consciente dessa contradição, Aquino encontrou uma nova justificativa para a condenação da homossexualidade. Ela foi classificada como um vício contra a natureza por não ser encontrada entre nenhuma espécie animal, embora a maioria dos teólogos de sua época considerasse o homem superior aos animais e que eles não poderiam ser paradigma dos atos humanos. Assim nasceu outra idéia contraditória: a de que a homossexualidade é contra a natureza por não ser encontrada entre os animais, ao mesmo tempo em que alguns animais foram considerados naturalmente homossexuais, como as hienas – o que faria deste comportamento uma ofensa a Deus por ser um comportamento selvagem, próprio de animais e não de homens. Bernardo de Morlaix, ao mesmo tempo em que acusa os homossexuais de imitar as hienas, culpava-os também de ter um comportamento que os animais ignoravam. Tudo isso com algumas linhas de distância. (Boswell, 1985:387-388)

O importante é que com santo Tomás de Aquino a homossexualidade deixou de ser o que fora até então, um pecado ligado a outras formas de fornicação, tão grave como o sexo fora do casamento e menos que o adultério, para tornar-se um falta de enormidade sem tamanho, odiado pela maioria e um dos comportamentos mais severamente reprimidos pela Igreja. Isso coincide com o início do estabelecimento da ortodoxia da Igreja, ou seja, a definição de normas muito estritas a serem seguidas, com a respectiva perseguição e repressão aos não-conformistas, àqueles que não aceitavam seguir essas normas. Um herético bom era um herético queimado!

Dessa forma, os atos homossexuais deixaram de ser vistos como um pecado menor, uma simples fornicação, ou um excesso de sensualidade praticado por pessoas educadas e clérigos, e transformou-se num pecado gravíssimo, nefando, que sequer deveria ser mencionado. A partir do século XIII, todos os grupos marginalizados foram segregados e perseguidos. Eles representavam um perigo à comunidade sagrada dos cristãos; vivendo num clima de insegurança material e mental, os cristãos desconfiaram de todos aqueles que pareciam ameaçar o seu frágil equilíbrio. Estes "inimigos" são aqueles que ameaçavam a religião (hereges), o corpo (leprosos, prostitutos), a identidade dos cristãos (judeus, estrangeiros), a natureza (sodomitas, monstros) e o trabalho (ociosos, mendigos). (Le Goff, 1985:179-180) Para redimir esses marginalizados e a própria humanidade, criou-se neste mesmo século XIII, de triste lembrança, o purgatório – para dar uma oportunidade às almas pecadoras de se arrepender antes de irem para o inferno – e as fogueiras da Inquisição – para salvar aqueles que insistissem em não querer se arrepender de seus erros.

4
De Leonardo aos revolucionários: Renascimento e Idade Moderna

A Idade Média, depois de ter sido uma sucessão de renascimentos encadeados, precipitou-se no último renascimento, o grande, o do século XV italiano.
Georges Duby, *Europa em la Edad Media*

Três fenômenos marcaram a passagem da Idade Média aos tempos modernos: o chamado Renascimento cultural e artístico, originado em Florença por volta do século XV, a montagem dos Estados Centralizados, que dariam origem aos Estados Nacionais Absolutistas e o mercantilismo, que se desenvolveria com as grandes navegações e com a descoberta da América.

A vida privada – e conseqüentemente sexual – das pessoas deste período foi cada vez mais controlada pelos aparelhos do Estado – polícia, tribunais, Igreja, Inquisição etc. No século XVI, Martinho Lutero lançou suas teses para a reforma da Igreja e acabou detonando uma divisão na religião, dando início à Reforma protestante e a sua contrapartida, a Reforma, ou Contra-Reforma, católica, que tornou o catolicismo cada vez mais intolerante com os não-conformistas, judeus, luteranos, feiticeiras, homossexuais, entre outros. O Concílio de Trento (1545-1563) lançou as bases do catolicismo como o conhecemos hoje, reforçando o celibato dos padres, o casamento católico, a castidade para os solteiros e a perseguição à homossexualidade. Além disso, o crescimento excessivo das cidades e dos problemas sociais pôde ter criado, ou agravado, uma série de tensões sociais, fazendo dos não-conformistas bodes expiatórios dos conflitos existentes.

Por outro lado, o chamado Renascimento, embora não fosse contrário à Igreja ou à religião, propôs uma retomada dos valores da Antigüidade, tanto estéticos como filosóficos. Assim, o amor grego foi novamente colocado em discussão, e muitos homens famosos do Renascimento foram conhecidos como praticantes deste amor, como Leonardo da Vinci, Miguel Ângelo, Caravaggio, Shakespeare ou Giovanni Antonio Bazzi, o "Sodoma" (1477-1549), como era conhecido, e orgulhava-se de ser chamado, por causa de sua homossexualidade. Este pintor italiano, companheiro de Leonardo, foi responsável pelos afrescos do claustro de Monte Oliveto, perto de Siena e pelas *Bodas de Alexandre e Roxana*, da Farnesina. Longe de sentir-se desonrado pelo apelido, o Sodoma orgulhava-se desse nome, escrevendo canções sobre suas preferências e cantando-as ele mesmo acompanhado por um alaúde.

Montaigne e a amizade

Se insistirem para que eu diga por que o amava [La Boétie], sinto que o não saberia expressar senão respondendo: porque era ele; porque era eu.
Montaigne, *Da amizade*

A Antigüidade retomou a sua importância e com ela voltou-se a falar da homossexualidade, tão importante nos textos antigos lidos pelos homens do Renascimento. Alguns, como o filósofo Montaigne (1533-1592), foram buscar alternativas para a afeição masculina desenvolvida pelos gregos, mas de uma forma menos ofensiva aos costumes de sua época. Visto que as mulheres eram incapazes de uma verdadeira amizade, a amizade masculina era a alternativa ao amor grego, era o amor que poderia passar da beleza exterior à beleza interior e espiritual, uma relação de educação e de aperfeiçoamento.

Em seu ensaio *Da amizade*, que retomou idéias expostas por Cícero em um texto de mesmo nome, ele falou desta afeição entre homens e daquela que tinha pelo também filósofo Ettienne de La Boétie, amizade que os uniu "e durou quanto Deus o permitiu, tão inteira e completa que por certo não se encontrará igual entre os homens de nosso tempo". Quando se encontraram pela primeira vez, casualmente, em uma festa pública em Bordéus, tendo ouvido falar um do outro, sentiram-se "tão atraídos um pelo outro, já tão próximos, já tão íntimos que desde então não se viram outros tão íntimos como nós".

A amizade é superior às relações entre pais e filhos, pelas relações de deveres recíprocos que há entre eles, impedindo uma maior intimidade, e ao amor das mulheres, cujo único ou maior objetivo é o gozo, e a saciedade deste extingue o desejo; quanto ao casamento, ele é apenas um negócio. A amizade, "ao contrário, cresce com o desejo que dela temos".

Montaigne desejou superar o aspecto físico do amor grego para aquilo que os amores dos filósofos antigos, segundo ele, tornavam-se com o tempo: amizade, em que "as almas entrosam-se e se confundem em uma única alma, tão unidas uma à outra que não se distinguem, não se lhes percebendo sequer a linha de demarcação". Nascida do desejo de beleza que inspira o ser amado, o amigo, poderia-se chegar à beleza do espírito, superior à do corpo. É a própria concepção platônica do amor sem a possibilidade, aparentemente, de relações sexuais.

Esta amizade especial, assim como o amor, e mais até que ele, não podia ser encontrada em várias pessoas; era uma conjunção de duas almas feitas uma para a outra numa relação superior de afeto: "Com um amigo único que ocupe em nossa vida lugar preponderante estamos desobrigados de tudo." Este tudo incluiria, talvez, o sexo? Com a perda de seu amigo/amado La Boétie, morto em 1563, depois de quatro anos de convivência, diz Montaigne: "Já me acostumara tão bem a ser dois que me parece não ser mais senão meio [...]."

Se trocarmos os termos do ensaio de Montaigne de amizade para amor, teremos a própria definição romântica do amor antecipada em alguns séculos. Não podemos dizer que ele e La Boétie tenham sido amantes ou tenham chegado alguma vez ao sexo; isto é mesmo improvável. Mas este ensaio e a amizade que os uniu seriam testemunhos de como o amor entre pessoas do mesmo sexo, quando proibido e perseguido, pode tomar novas formas. Se na Idade Média a relação de amor filial unia os monges e monjas a seus jovens discípulos e discípulas, no amor da Igreja e no casamento com Cristo (V. A. Kolve, 1998:1041 e ss.), na Idade Moderna, onde homens e mulheres viviam tão separados, a amizade pode substituir, sem infringir nenhuma lei religiosa ou civil, uma relação homossexual.

Isso levou historiadores apressados a considerarem este período como uma "paraíso" para os sodomitas: "A Idade Média tinha lançado o anátema sobre o 'vício grego', mas a época seguinte, pelo contrário, vestiu-o com os *véus graciosos* dos mitos helênicos." (Jean Delumeau, 1984: II, 100; grifos meus) Como vimos, o período medieval não foi uma época especialmente repressora da homossexualidade, embora as raízes desta perseguição possam ser encontradas ali. Tampouco a Renascença foi uma época totalmente "liberada", visto que todos estavam sob o controle de Estados cada vez mais centralizados e controladores. Os *véus graciosos* a que se refere o senhor Delumeau devem ser os véus de luto das viúvas, mães ou amantes dos sodomitas e das lésbicas queimados pela Inquisição ou pelas autoridades civis. Até porque, como o próprio Delumeau reconhece, o humanismo do Renascimento não negava a autoridade da Igreja e afirmava haver um fundo de verdade religiosa comum a todos os povos antigos e que estes "tinham possuído os elementos essenciais da Revelação". (Delumeau, 1984: I, 113)

De qualquer forma, se não foi um paraíso, o "Renascimento" cultural e das cidades, provocado pelo crescimento do comércio, possibilitou o reaparecimento de uma subcultura homossexual nas grandes cidades européias como houvera antes na Antigüidade. Esta maior visibilidade dos homossexuais teve a sua contrapartida numa maior repressão, que oscilou, é verdade, entre a busca da supressão total dos pecadores, pelas fogueiras, e uma posição mais pragmática de controlar uma prática inevitável.

O vício italiano

Mesmo na Itália, tão liberal, a perseguição foi viva. Nos séculos XIII e XIV, as leis das cidades italianas legislaram cada vez mais sobre a vida privada, definindo e regulamentando a autoridade do marido, os direitos da mulher, dos filhos, os casamentos – definindo até o valor do enxoval, presentes, tecidos permitidos, número e qualidade de convidados –, procurando reprimir o incesto, a bigamia e a homossexualidade.

Por volta de 1400, a sodomia, "crime enorme, ofensa a Deus, perigo para a cidade, contrário à propagação do gênero humano" foi perseguida em Veneza, onde, dizia-se, esta prática atingia proporções inquietantes. Em 1418, passa a ser tarefa primordial do Estado, confiada a um órgão chamado *collegium sodomittarum*, vigiar os locais suspeitos, como escolas de dança, de música ou de armas. Recompensava-se os delatores e as penas foram aumentadas, mesmo para os menores de idade.

Florença também caçou os sodomitas, abundantes aqui como em Veneza – em alemão a palavra *florenz*, florentino, identificava os homossexuais. Em Portugal, ser italiano ou ter passado pela Itália já era suficiente para levantar suspeitas de sodomia, daí ser ela conhecida como o *vício italiano*. A homossexualidade era considerada a causa de uma série de desgraças: "da guerra à peste, do ódio dos inimigos à rebelião e às desordens civis, a sodomia incorporava os males de um mundo imperfeito." (Michael J. Rocke, 1987:701)

Em 1403, criou-se o cargo de *onestà*, para extirpar este "mal abominável" pelo incentivo à prostituição feminina, que deveria concorrer com a homossexualidade. As prostitutas, curiosamente, eram proibidas de vestir-se com roupas masculinas, que usavam para entrar em locais de respeito sem serem notadas e, também, para atrair seus clientes. Em 1415, quando a igreja florentina deflagrou uma campanha em seus sermões contra a homossexualidade, contou com o apoio do governo. Igreja e Estado agiram juntos em várias cidades italianas, como em Veneza, para coibir um mal que, "acreditava-se, causava estragos em todos os lugares, ganhava incessantemente novos adeptos, desviando do casamento e, como diziam continuamente os magistrados venezianos, contribuía para o despovoamento". (Jacques Rossiaud, 1991:86)

Em 1432, Florença criou uma magistratura judiciária, os *ufficiali di notte* (oficiais da noite), para controlar e perseguir a sodomia, entendida aqui como a homossexualidade masculina, e não outros atos que eram identificados com este termo e condenados como sodomia, como a sodomia heterossexual ou o lesbianismo. Entre 1432 e 1502, quando finalmente foi extinta esta magistratura, mais de dez mil homens e rapazes foram acusados pelos *ufficiali di notte*.

Segundo o historiador Michael J. Rocke (1987:702), as autoridades florentinas, tendo que enfrentar a realidade desta prática sexual que, apesar da retórica oficial era tratada com indiferença, adotaram uma posição disciplinante e pragmática, que visava mais conter do que reprimir os excessos sexuais. Isso não significa que as autoridades fossem tolerantes com a homossexualidade masculina – a feminina parece ser absolutamente ignorada – mas preferiram controlar uma realidade que, acreditavam, não poderia ser extirpada.

As leis florentinas anteriores previam as penas de castração (1325) ou morte (1365) para os sodomitas; os passivos, se fossem menores, recebiam penas de multa ou castigos corporais. Em 1408, a mutilação, a morte e o exílio foram abolidos como punição para os que eram pegos pela primeira vez e foram substituídos por multas, em princípio altas. Mas com os *ufficialli di notte*, foram cada vez mais diminuindo. Aqueles que confessassem o "crime" e denunciassem seus companheiros eram absolvidos sem reservas.

A diminuição das penas não significou uma maior tolerância da justiça com a homossexualidade; ao contrário, acabou possibilitando um aumento nas condenações, indo de oito em 1432 para trinta e sete em 1435. Para a sociedade italiana da épocas as relações homossexuais mereciam penas mais leves e as execuções foram bem mais raras neste período, apenas seis entre 1420 e 1500. Eram considerados mais graves os casos de sexo entre cristãos e judeus ou dentro de igrejas.

Para Michael J. Rocke (1987:707), a criação dos *ufficialli di notte* em 1432 era uma admissão das autoridades civis da difusão da homossexualidade em Florença e de sua significância na vida social da cidade. Daí entenderem a impossibilidade de erradicá-la, preferindo assim contê-la o máximo possível, apesar de toda a retórica que a transformava no maior de todos os crimes e pecados; "a disciplina do controle tornou-se menos rígida, mas seguramente mais sutil, coerente e eficaz".

A maior parte dos casos apurados era entre um homem adulto com mais de dezoito anos, ativo, e um adolescente representando o papel passivo. Como em todas as culturas mediterrâneas, em Florença os sodomitas ativos não tinham sua masculinidade colocada em dúvida, principalmente quando o companheiro passivo era jovem. Daí a relativa indiferença da sociedade para com estes relacionamentos.

Entre 1478 e 1502, 4091 homens foram processados e 594 foram condenados, sendo 574 ativos e apenas 20 passivos, que comumente eram absolvidos em Florença. Como o grande número de condenados que recebia apenas multas como penas, muitos destes homens não estavam sendo condenados pela primeira vez: 34 pela segunda, três pela terceira, um pela quarta e um outro pela quinta. E uma grande quantidade deles já havia sido processada e absolvida, o que demonstra como a homossexualidade era largamente praticada na cidade e como as leis eram incapazes de exterminá-la.

Embora a maioria dos denunciados fosse de Florença, havia um número considerável deles que era das várias cidades próximas. Praticamente em todos os pequenos centros urbanos havia ao menos um denunciado por sodomia, que não era aqui restrita apenas às cidades grandes e importantes.

A maior parte destes denunciados era composta por homens pobres – sapateiros, tecelões, pequenos artesãos, agricultores, domésticos,

Tríbades galantes, fanchonos militantes

comerciantes etc. – que mal podiam ser condenados às menores multas. Isso obrigava as autoridades a autorizarem punições corporais entre os mais pobres, mas também uma diminuição das multas para facilitar o seu pagamento. Mas os nobres não estavam ausentes destes processos: 20% dos denunciados ativos e 30% dos passivos possuíam um sobreno- me, sinal de distinção social, e muitos pertenciam às casas patrícias mais ilustres e antigas da cidade. Era, o que podemos dizer, uma prática muito democrática em Florença, a sodomia. Já as penas não eram nada democráticas, visto que recaíam mais freqüentemente sobre os mais po- bres – como sempre, aliás. Dos 80 acusados de sodomia ativa, perten- centes às famílias mais importantes, apenas seis foram condenados. A renda média dos absolvidos era de 662,5 florins e dos condenados de apenas 247,4 florins.

Entre os acusados passivos a maioria – 90% – possuía entre treze e vinte anos, idade em que ainda era socialmente aceito se deixar pene- trar por um adulto; entre seus companheiros ativos, a idade média era de 27 anos. 80% dos acusados tinha menos de trinta anos. A homosse- xualidade parece ter sido uma experiência muito comum entre os ado- lescentes e jovens florentinos e as condenações os puniam com mais rigor; elas eram mesmo uma medida discriminatória contra os conside- rados marginais e violentos: os pobres, os jovens e os celibatários incor- rigíveis.

Em 1502, estranhamente, os oficiais da noite são abolidos, pela honra da cidade, para que não se pudesse dizer que Florença era uma oficina de sodomitas. A reputação da cidade já estava comprometida com tantas acusações; o cronista Pedro Parenti saudou a supressão desta "humilhante magistratura", pois temia que ela pudesse ser uma admis- são pública da preferência dos homens florentinos pelos rapazes. (Rocke, 1987:717) O que os documentos, aliás, parecem confirmar.

Leonardo da Vinci

A vítima mais famosa dos oficiais da noite em Florença foi o pin- tor, engenheiro, escultor e intelectual – talvez o mais importante do Re- nascimento – Leonardo da Vinci (1425-1519), filho ilegítimo de um advogado, Ser Piero da Vinci, e de uma mulher chamada Catarina.

Em 1476, uma acusação anônima chegou aos tribunais: Leonar- do era incriminado, juntamente a mais três homens, sendo um deles da família Tornabuoni, aparentada aos Médicis e uma das mais importantes da cidade, de terem cometido sodomia ativa com Jacopo Saltarelli, aprendiz de ourives de dezessete anos e notório prostituto. Ele foi preso, mas absolvido por falta de provas, embora esta perseguição o tenha marcado por toda a vida. Seu companheiro de pintura, Sandro Boticcelli, não menos famoso, também foi vítima, em 1502, de acusação dos oficiais da noite, como muitos outros famosos do Renascimento.

Nesta época, Da Vinci era aprendiz do artista Verrocchio, muito importante em Florença. Quando o próprio Leonardo tornou-se um mestre, teve uma corte incessantemente renovada de jovens e belos assistentes, aos quais retratou, principalmente nus. Nunca se soube de nenhuma amante de Leonardo e seus contemporâneos não ignoravam suas preferências. O escritor Lomazzo em 1560 põe Leonardo, em um de seus livros, no céu com Fídias, o célebre escultor grego, que lhe pergunta se nunca tinha ele "jogado" com um de seus discípulos favoritos o "jogo do traseiro que os florentinos tanto amam":

> – E quantas vezes! – responde Leonardo. – Imagine que ele era um menino muito bonito, particularmente quando ele tinha quinze anos.
> – O senhor não sente vergonha de dizer isso?
> – Por que vergonha? Entre as pessoas de mérito não há maior razão para orgulhar-se do que esta.

Este discípulo favorito devia ser o jovem Giácomo Caprotti, chamado Salai – em toscano significava pequeno diabo – que foi adotado por Leonardo em 22 de julho de 1490 aos dez anos. Era chamado assim por estar sempre metido em confusões e pequenos roubos. Leonardo adotou-o em Milão para onde se mudara em 1482 para servir a seu protetor, Ludovico Sforza, que governava a cidade. Leonardo chegou a Milão na companhia de seu amigo e aluno, o músico Atalante Migliorotti, de quem fez alguns retratos. Separam-se em 1491, reencontrando-se em 1513, em Roma, onde Atalante conseguira o cargo de verificador dos trabalhos de arquitetura do Vaticano e um novo "protetor".

O jovem Salai era oficialmente uma espécie de servidor da casa de Leonardo, ainda que fosse indisciplinado, ladrão e arrogante, o que seria suficiente para despedi-lo, caso ele não fosse muito mais do que um simples empregado. Salai, o "jovem cheio de graça e beleza, com seus abundantes cabelos encaracolados, de quem o mestre muito gosta-

Tríbades galantes, fanchonos militantes

va", segundo um autor anônimo da época, é tornado discípulo do mestre, ainda que não tenha aprendido muita coisa de pintura. Embora os outros discípulos tivessem de pagar por seus estudos, Salai continuava sendo mimado e vestido ricamente pelo "mestre". "Discípulo de pouco valor, servidor pouco seguro [...] o diabinho possui, em compensação, o rosto de um anjo." (Serge Bramly, 1989:250) Leonardo levou a toda parte até o fim de sua vida e incluiu-o no seu testamento, fazendo dele um de seus herdeiros.

Em 1506 ou 1507, conheceu o jovem Francisco Melzi, da aristocracia lombarda, de quinze anos, jovem belíssimo, segundo Vasari, com o qual manteve uma amizade de grande intimidade, o que pareceu ter irritado Salai. Melzi quis iniciar-se em pintura com Leonardo, o que era impensável para um nobre até então. Seduzido pelo encanto do velho mestre, Melzi conseguiu convencer sua família e acompanhou Leonardo até sua morte na França, dispensando-lhe cuidados, quando de sua enfermidade, e estando em seu leito de morte ao lado de Salai. Melzi foi seu executor testamentário e também herdeiro de seus livros, escritos e instrumentos de pintura, mantendo a memória de seu mestre até sua morte em 1570.

Miguel Ângelo Buonarroti

Miguel Ângelo (1475-1564) é, juntamente com Leonardo, o artista do Renascimento mais famoso e conhecido; eles simbolizam o que há de mais característico do homem renascentista. E Miguel Ângelo não foi menos conhecido do que Leonardo por suas relações homossexuais, embora tenha se relacionado também com muitas mulheres. Seus nus masculinos, tanto em pinturas como em esculturas, são dos mais belos e perfeitos da história da arte ocidental e eram, segundo um biógrafo, uma verdadeira obsessão para ele, que teria escolhido como tema para um afresco, inacabado, no Palácio *Vecchio* de Florença, não uma vitória do exército florentino, como era de se esperar, mas a sua derrota para Pisa, numa batalha realizada em um rio, apenas para poder pintar os corpos nus dos soldados. (Tom Cowan, 1989:32-33)

Embora Jean Delumeau diga que muitos autores "acusaram" Miguel Ângelo de sodomia – o que o autor francês nega –, ele é obrigado a reconhecer que o autor das pinturas da Capela Sistina, da *Pietà* (Vaticano) e do belíssimo Davi, cheio de sensualidade e exposto hoje na Academia de Florença, apaixonou-se pelo jovem e belo Tomás Cavalieri (mesmo não sendo sodomita), dedicando-lhe alguns dos mais belos sonetos de amor do Renascimento. (Delumeau, 1984, II:101) Além dele, também dedicou seus versos a Geraldo Perini, a quem conheceu em 1522; a Cecchino Bracci, a quem conheceu em 1544, ou ainda a Febo di Poggio, adolescente que trabalhava com o mestre florentino. Ele nunca se casou e dizia que só tinha tido uma esposa, a arte, que exigia muito dele, e que seus filhos eram os seus trabalhos.

Miguel Ângelo conheceu Cavalieri quando estava com 57 anos; Tomás era um jovem bonito e muito inteligente, com pouco mais de vinte anos, de uma influente família romana. Após conhecê-lo, o pintor fixou residência em Roma definitivamente e fez dele um retrato em tamanho natural, o que nunca fizera com ninguém, antes ou depois de Cavalieri. Dedicou-lhe também duas versões em desenho do mito do rapto de Ganimedes por Zeus em forma de águia.

Foi neste período que realizou uma das maiores obras-primas da arte ocidental: as pinturas do Juízo Final na Capela Sistina, nas quais trabalhou incessantemente durante quatro anos, praticamente sozinho. Seus nus incomodaram os mais puristas e o capelão do Papa chegou a dizer que seu trabalho era mais adequado a um bordel que a uma capela. Como vingança, o temperamental artista pintou o capelão entre os demônios no inferno.

O escritor Giorgio Vasari, seu biógrafo e contemporâneo, relata que Miguel Ângelo estava incomparavelmente mais ligado a Cavalieri que a qualquer outra pessoa. Não se sabe se esta relação chegou ao sexo, mas durou 32 anos, até a morte de Miguel Ângelo em fevereiro de 1564, quando expirou nos braços de seu amado. E o amor entre eles pode ser confirmado num de seus sonetos dedicados ao jovem romano:

> Tu sabes que sei, senhor meu, que tu sabes
> Que venho para fruir-te mais de perto
> E sabes que sei que tu bem sabes quem sou:
> Por que tanto retardas nosso abraço?
>
> Se verdadeira é a esperança que me dás
> Se verdadeiro é o desejo que me entregas
> Que se rompa o muro entre nós levantado
> Pois dupla força tem o grito sufocado.

Se amo mais em ti, senhor meu caro,
O que tudo mais amas, não te zangues
Pois o espírito do outro se enamora.

O que no teu belo rosto desejo e aprendo
Mal foi entendido por outros homens
Quem quiser saber convém antes morrer.
(Tradução de Nilson Moulin)

Missionários no Oriente

Tendo perdido muitos fiéis para o protestantismo, a Reforma Católica foi buscar em novos mundos novos fiéis para recompor o império de Cristo na Terra. Assim, muitos missionários foram para o Oriente e para as Américas na intenção de converter estes povos recém-descobertos, como os indígenas americanos, ou por muito tempo isolados, caso dos japoneses e chineses.

Um destes missionários deixou um interessante relato sobre os hábitos sexuais dos chineses do século XVI. Trata-se de Mateus Ricci (1552-1610), nascido em Macerata, Itália, jesuíta que passou algum tempo em Portugal e partiu para o Oriente em 1578, passando por Goa (Índia) e China, aonde chegou em 1583 e viveu até sua morte, no trabalho de tentar converter os chineses ao catolicismo.

Mateus Ricci impressionou-se com a grande quantidade de prostitutos existentes em Pequim e com a generalização da homossexualidade na cidade. Segundo ele, escrevendo em 1609, ela não era nem proibida pela lei, nem tida como coisa ilícita, nem mesmo como motivo de vergonha. Falava-se disso em público e era praticada em toda a parte, sem que fosse impedida por ninguém. Em algumas cidades havia ruas públicas cheias de prostitutos; muitos meninos eram comprados e ensinados a tocar instrumentos musicais, a cantar e dançar para complementar seus serviços de prazer. "E então, vestidos galantemente e maquilados com ruge, como mulheres, esses miseráveis homens são iniciados nesse terrível vício." (Citado em Jonathan Spence, 1986:235) Várias representações de amor homossexual, masculino e feminino circulavam neste período em ilustrações eróticas.

Embora houvesse leis proibindo a homossexualidade na China da Dinastia Ming, ela era amplamente praticada. O erudito chinês Mie Xie Zhaozhe, contemporâneo de Ricci, observou que durante a Dinastia Song (século X), as ruas da capital eram repletas de prostitutos dispostos a vender seus corpos e que a Dinastia Ming não era diferente. Na Pequim de hoje, escreveu Mie Xie, "há rapazinhos cantores que vão a todas as festas de vinhos dos fidalgos, e não importa quantas sejam as proibições oficiais, todos os usam [...] Quando um homem os possuiu, logo o hábito se difundiu, e agora todos os fidalgos solteiros usam todas as suas energias para obtê-los, e é como se todo o país tivesse enlouquecido". Ele observa ainda que nesta dinastia, a Ming, encontravam-se muitos casos de homens que se vestiam de mulheres, quando nas dinastias anteriores eram as mulheres que se vestiam como homens.(Spence, 1986:240-1)

Ele já observara a mesma presença da homossexualidade entre os indianos de Goa, onde muitos sodomitas foram queimados pela Inquisição portuguesa presente na cidade. Outros missionários relatam igualmente seu horror com a forma como este "pecado" era comum no Oriente. Galeote Pereira diz que a sodomia era comum entre todas as categorias sociais da China; frei Gaspar da Cruz observou que "este vício desnaturado" não era reprovado entre eles e que os chineses, oh meu Deus!, ficaram surpresos quando ele os repreendeu, dizendo-lhe que ninguém nunca havia lhes dito que fosse pecado ou coisa má.

São Francisco Xavier, numa carta aos jesuítas em 1549, fala sobre o seu choque com a amplitude da homossexualidade entre os sacerdotes da igreja budista do Japão; eles usavam para o prazer sexual os jovenzinhos enviados a eles para serem educados e riam quando eram repreendidos. Era tudo tão público e estavam todos tão acostumados que ninguém se horrorizava. "O mal simplesmente se tornou um hábito."

O padre Francisco Cabral que viveu vinte anos no Japão, em carta a Roma datada de 1596, diz que o principal obstáculo para estabelecer a disciplina religiosa entre os japoneses é a homossexualidade; seus pecados e hábitos viciosos eram vistos como totalmente honrosos. Homens de posição confiavam seus filhos aos *bonzos*, para serrem instruídos em "tais coisas" e para servirem a sua luxúria. Para conforto dos homens da Igreja, além da inquisição portuguesa de Goa, os espanhóis queimaram vários sodomitas, muitos deles chineses, nas Filipinas.

Também havia lesbianismo no Oriente: durante o período Sung (960-1127), foi aceito com indiferença, entendido como conseqüência da existência de várias esposas e concubinas nas casas nobres, vivendo juntas nos aposentos femininos. Não era considerada uma prática ruim ou perigosa a menos que houvesse o uso excessivo de pênis artificiais;

estes eram amarrados à cintura de uma das mulheres e atado com fitas de seda. (Tannahill, 1992:178-179)

Piratas e bucaneiros

As grandes navegações abriram um mundo enorme aos europeus; além dos navegadores e capitães, colonos e aventureiros, abriu-se uma nova atividade muito lucrativa: a pirataria, muito comum nos séculos XVI e XVII. Como se sabe, os navios de piratas não permitiam a presença de mulheres; pelo código de conduta pirata, nenhum garoto ou mulher seria permitido a bordo, sob pena de morte para quem os levasse disfarçados. Como em toda sociedade onde não há convivência entre os sexos, a homossexualidade era muito comum entre as tripulações piratas. Capitães costumavam ter jovens criados e camareiros, que faziam muito mais que servir a mesa e arrumar os quartos.

O capitão Samuel Norman era banhado por Richard Mandervell, de quatorze anos. Enquanto esteve ancorado no Porto, em Portugal, fazia uso carnal do pequeno grumete e chegou a ser acusado de sodomia nesse período; ele podia ter feito uso de mulheres, entre as várias prostitutas da cidade, se quisesse, mas parece que ele preferia seu pequeno serviçal.

Os bucaneiros, os piratas da região do Caribe, reconheciam os relacionamentos entre homens, que chamavam *matelotage*. Camaradas que eram companheiros íntimos (*mates*), compartilhavam infortúnios, lutavam lado a lado e dividiam suas posses; por vezes dividiam seus leitos também, que ninguém é de ferro.

O famoso capitão pirata Edmund Cook navegou durante muitos anos com um criado de nome desconhecido que, quando capturado, viu-se obrigado a confessar que "seu mestre havia repetidas vezes praticado sodomia com ele na Inglaterra, na Jamaica etc", confissão que não chegou a escandalizar ninguém na tripulação. Outro pirata, Bartolomeu Sharp, retornou à Inglaterra em 1682 levando consigo um garoto espanhol de dezesseis anos, que capturou na América do Sul, enquanto o capitão George Shelvocke enfureceu sua tripulação ao promover seu camareiro a primeiro piloto. A questão aqui parece não ter sido o romance do capitão com seu serviçal, mas o desrespeito à hierarquia.

Algumas mulheres vestiam-se de homens para estarem entre os piratas, como Mary Read e Anne Bonny, que navegaram com o capitão

John "Calico Jack" Rackam. Em seu julgamento por pirataria, em 1720, na cidade de Santiago de la Vega, atual Spanish Town, na Jamaica, uma das testemunhas contra elas disse achar que eram mulheres pelo tamanho de seus bustos. Read e Bonny haviam se apaixonado, cada uma pensando que a outra era um homem, ou pelo menos foi isso que disseram a Calico Jack. Condenadas por pirataria à morte por enforcamento, a pena foi suspensa no último momento, quando se descobriu que estavam ambas grávidas. (Kenneth Maxwell, 1999:82-83)

A Inquisição

Em Portugal, a homossexualidade é documentada desde a época da ocupação romana. Durante a Idade Média os *cancioneiros* do século XIII cantavam homens e mulheres que se dedicavam a esta variante de amor; entre os homens, os ativos eram chamados de *fodincu* e os passivos de *fodidincu*, termos emprestados do italiano. Afonso de Cotom, em uma cantiga do século XIV, faz referência a uma mulher, Mari Mateu, descrita por ele como sendo "tão desejosa de cono [vagina] como eu". Outras canções fazem referência aos amores galantes que uniam várias damas da corte. (Este e próximos parágrafos, Luiz Mott, 1988b)

O pequeno reino lusitano não ficou indiferente nem à homossexualidade, nem a sua repressão que, como vimos, aumenta a partir dos séculos XIII e XIV e tem seu pico durante a época moderna. No século XV, promulgavam-se as *Ordenações Afonsinas*, código de leis que considerava a sodomia o pior dos crimes e dos pecados; as Ordenações seguintes (Manuelinas de 1521 e Filipinas de 1606) insistiram também na criminalização da sodomia.

Mas como as leis nesta época não tinham a aplicabilidade que possuem, ou pretendem possuir hoje, e com o exemplo que vinha dos próprios reis, poucos foram condenados; Dom João I e seu neto, Dom João II, o "Príncipe Perfeito" eram conhecidos por suas preferências pelo amor grego. Dom João I chegou a dizer uma vez: "Menos mal ser puto [homossexual], que ser mandado." Dom Afonso VI teve uma relação tão escandalosa com os irmãos João e Antônio Conti, novamente os italianos!, que foi obrigado pelo Conselho de Estado a expulsá-los do reino. Muitos nobres também foram processados pela prática do nefando: o conde do Rio Grande, Lopo Furtado de Mendonça; Dom Fernando do Faro, sexto conde de Vimieira; Dom Luiz Lobo da Silveira, neto de Martim Afonso de Sousa, entre outros.

O Governador do Cabo Verde (África), Cristóvão Cabral, de 33 anos, confessou em 1630 ter cometido a sodomia com cinco homens e seis mulheres, sobretudo com seu pajem Gaspar Telles, de 25 anos, dormindo com ele sempre na mesma cama em todas as noites durante quatro anos e meio. (Luiz Mott, 1989b:43)

Em 1536, a Inquisição é instalada em Portugal e, em 1553, dom João III concede uma provisão ao tribunal autorizando-o a procederem contra a sodomia. As acusações podiam ser anônimas, e os acusados jamais sabiam quem os tinha acusado. Rumores, maledicências, fofocas, cartas anônimas, tudo isso eram indícios de culpa. O que fazia o criminoso era a fama pública de seus crimes e, muitas vezes, o que se punia era muito mais esta fama e "escândalo" que os atos em si.

A Inquisição portuguesa só tinha jurisdição sobre a chamada sodomia perfeita – penetração seguida de ejaculação *intra vas*, ou seja, dentro do ânus. A masturbação mútua, o sexo interfemoral ou a ejaculação fora do "vaso traseiro" eram chamados de molície ou sodomia imperfeita e considerados menos graves. Aqueles que tomavam a iniciativa de confessarem seus "horríveis crimes" eram tratados com maior misericórdia pelo Santo Tribunal. As penas podiam variar de repreensões, prisão, trabalhos forçados até a morte na fogueira e confisco de todos os bens.

O professor Luiz Mott encontrou nos arquivos da Inquisição (os Repertórios do Nefando), 4.419 pessoas implicadas, entre 1587 e 1794, em sodomia; destas, 394 chegaram a ser presas e processadas (estes números podem ser maiores visto que não há outras pesquisas sobre o assunto). Dos condenados, trinta foram entregues às chamas purificadoras da fogueira inquisitorial, sendo três no século XVI e 27 no XVII; destes, nove, ou um terço, eram membros da Igreja – um número menor de execuções do que ocorreu em Genebra, com 75 processos e 31 execuções ou da Holanda protestante onde, entre 1730 e 1732, setenta sodomitas foram executados.

A maior parte destas prisões (278) e das execuções ocorreu no século XVII, época particularmente repressora do sexo e intolerante com a homossexualidade na Europa. Para o professor Mott, esta maior perseguição pode ser devida a uma maior visibilidade dos *fanchonos* que teriam se tornado mais ousados; teriam mesmo formado uma subcultura gay com locais de encontro, festas e personagens conhecidas no submundo da "Gaia Lisboa". Com o avanço do século XVIII, o *Século das Luzes*, as prisões tornam-se cada vez mais raras: em 1711 dá-se a última prisão em Coimbra e, em 1768, as últimas de Lisboa e Évora.

Durante a Idade Média os religiosos praticaram com fervor a fanchonice em Portugal: os frades chegavam a chamar seus amantes através das janelas dos mosteiros, fugiam de suas celas em escadas de corda, trocavam cartas de amor entre si etc. A mais antiga coleção de cartas de amor de um sodomita para seu amado que se conhece é assinada pelo sacristão da Matriz de Silves, no Algarve, Francisco Correia Neto, conhecido como "Francisquinha", denunciado pelo vigário como "sodomita encuberto".

A repressão da Inquisição, com seus olheiros e espiões, revelou-nos boa parte da vida homossexual de Lisboa nesses séculos, que vicejou no país apesar da existência do infame tribunal. Podemos saber de suas histórias, como a do padre Antônio de Antas Barreto, 44 anos, morador em São Mamede (Barcelos), que teve em 1652 duas cartas escritas a um amante interceptadas pela Inquisição, denunciado por um frade de ser fanchono, somítigo (sodomita) e puto agente (ativo), dormindo com um moço que mandou vir de Guimarães, que certo dia apareceu com o traseiro escalavrado que nem sentar se podia. Era tão conhecido que o chamavam de frade "rabista" e os pastores o vendo passar diziam: "Guarda (proteja-se) do clérigo de São Mamede que é fanchono e somítigo."

O jovem Pantalião da Costa, conhecido como "Mininoputo", morava em Lisboa em 1631, onde se vestia à noite de librés, borrifava os cabelos como se fora mulher, pagava para meter as mãos na "braguilha" e beijar a outros mancebos. Não era o único andrógino encontrado: João Correia de Lacerda, pajem de 24 anos, além de se pintar, era acostumado a seduzir os homens com muitos esgares e gatos (trejeitos e dengos) e cantava em falsete como se fosse um *castrato*. Apesar disso, ou quem sabe por causa disso, foi pajem de dois inquisidores em Coimbra e Évora.

Travestis também eram encontrados pelas ruas portuguesas: em 1556 o negro de Benin, Antônio, escravo de Paulo Maniques, grande de corpo, sem barba, foi denunciado pelas prostitutas da Ribeira, revoltadas com a concorrência desleal daquela "pessoa preta, vestida e toucada como negra, que acometia os moços, mancebos e ratinhos trabalhadores que passavam e os levava detrás de umas casas derrubadas num lugar escuso, chamando-os com acenos e jeitos como mulher que os provoca para pecarem. E se viu sete ou oito homens entrarem juntos enquanto os outros espreitavam e riam fora". Embora fosse comum os senhores prostituírem suas escravas mais bem feitas de corpo, não sabemos se este Antônio tinha seu proprietário como seu proxeneta ou se trabalhava por conta própria. Ao tribunal do Santo Ofício, disse ser mulher, tese que não se sustentou na vistoria feita em seu corpo, o que lhe valeu pena de degredo para as galés (trabalhos forçados).

O bairro da Ribeira em Lisboa era um dos locais preferidos dos sodomitas da cidade, entre os séculos XVI e XVIII, para conseguirem atrair seus parceiros, nas proximidades do mercado de peixe que havia às margens do Tejo, local de grande circulação de pessoas. Era onde o francês Joanes Pisones ia ver os meninos nadarem nus, "vindo-lhe algumas más tentações e desejos da carne", e onde em 1560 ele conquistou a Roque Vidais, de dez anos, que após uma noite de prazer denunciou-o à Inquisição. Isso sem falar nos marinheiros, soldados e moços em busca de trabalho que povoavam a região do porto, sempre dispostos a uma pequena aventura.

Conquistado o parceiro, caso o sodomita vivesse sozinho, levava-o a sua casa, às vezes escondido dos olhares curiosos, com uma capa longa ou um chapéu de abas largas, escondendo seu rosto. Caso contrário, utilizavam ruas mal iluminadas à noite, ao ar livre mesmo, ou estalagens. Alguns dos locais mais procurados eram os adros, ou mesmo as latrinas, e muros de igrejas, como a de Nossa Senhora da Graça, próxima do Castelo de São Jorge, e a própria Sé Patriarcal de Lisboa. Na época em que foi cônego da Sé o padre Vicente Nogueira, notório sodomita, os homens faziam amor por toda a parte na Catedral: na sacristia, nos confessionários, atrás dos altares, nas torres do sino, no claustro, no necrotério, atrás do órgão e dentro dos púlpitos. Outros locais citados como pontos de sodomitas eram o muro da igreja das Chagas, o adro da igreja de São José, as escadas do Hospital, os Arcos dos Tanoeiros etc.

As hospedarias e estalagens também eram locais apropriados para se encontrar um parceiro, utilizando os seus quartos para consumar o "pecado". Uma das mais freqüentadas parece ter sido a Estalagem das Portas de Santo Antão da Banda de Dentro, onde em 1560 o padre francês Pisones levara o seu garotinho, e onde levava os seus amantes o falsete João Correia de Lacerda, em meados do século seguinte; tudo isso apesar da proximidade dos "escritórios" da Inquisição, o que não impedia também a existência nesta região de prostitutas, prostitutos e vagabundos. Outras estalagens freqüentadas pelos sodomitas eram a Nova do Rocio, a estalagem da Escada de Pedra na Porta do Mar, a Estalagem no Poço das Fateiras, a de Francisca Prado, a Pousada de Marta Fernandes, a Estalagem da Castelhana no Pelourinho Velho e a Hospedaria da Bistega, esta funcionando desde o século XVI e onde se "davam camas por dinheiro".

Em 1620, Lisboa abrigou seu primeiro espaço de diversão notoriamente homossexual: a *Dança dos fanchonos*, bailes criados pelo mulato Antônio Rodrigues, de trinta anos, morador junto ao Hospital dos Palmeiros. Este mulato era o guia dos bailes desta Dança, também conhecidos como "escarramão" ou "esparramão". Domingos Rois, mulato de 25 anos, ou Domingos das Danças, também é preso por participar destes bailes. Apesar de ser conhecido como bom cristão, trazendo sempre o rosário nas mãos e dando esmolas aos pobres, dançava vestido de mulher, sendo apontado ainda como o guia da dança dos fanchonos e tendo sido paciente (passivo) com diversos homens. Foi queimado em auto-de-fé realizado em 28 de novembro de 1621, junto a outros dois sodomitas, o esmoler Luiz Alves, também mulato, e o padre Bartolomeu Góis, cinqüenta anos, mais conhecido como "Punhetário".

O "escarramão" devia ser um baile itinerante, apresentado em diferentes lugares de Lisboa: uma espécie de pantomima onde os bailadores se vestiam de mulher e deveriam representar cenas picantes com outros dançarinos mais viris. Um dos parceiros de Domingos das Danças, João da Silva, quarenta anos, tocava rabeca nestas "reuniões alegres" (como diz Luiz Mott) e confessou que em 1616 quando tocava no mosteiro das religiosas de Odivelas, onde os fanchonos se apresentavam, aproveitou-se de uma pausa nos folguedos para manter uma relação de sodomia imperfeita com o guia da dança, atrás de uma fonte detrás do convento.

Muitas casas particulares também serviam de locais de encontro para os fanchonos, e veremos que mesmo no Brasil desta época isso não era incomum. Já no primeiro processo de sodomia, em 1547, falou-se de casas nas quais praticava o "pecado nefando" com liberdade. Em Évora, em 1575, a casa do escravo Antônio Luiz era chamada de "açougue", tamanha a circulação de homens que a freqüentavam em busca dos "prazeres da carne".

Antônio Nunes, cristão-novo de 27 anos, morador à rua da Cutilaria, depois junto ao Rocio, sem ocupação, é acusado em 1610 de dar

Tríbades galantes, fanchonos militantes

sua casa e camas, tanto de dia quanto de noite, para virem moços e homens "pecarem" o "pecado da sodomia", recebendo muita gente em sua casa para este fim. André Araújo, 39 anos e morador no Crucifixo, professor de viola para meninos, também tinha fama de levar moços a sua casa e os dar a homens. Na travessa de Santana, junto a São Paulo, morava o padre Davi Cardoso, 27 anos, cuja casa era conhecida como um açougue muito devasso. Em 1620 ele é de permitir que se sodomizassem ali cinco moços numa só cama! Ele cobrava para ceder seus quartos, e mais caro que as estalagens, já que um freguês disse ter pago quatro tostões para usar um quarto por três horas, fechando-se à chave com um outro moço.

Outro padre conhecido na *Gaia Lisboa* era o padre Santos de Almeida, 66 anos, capelão Del Rei, morador do beco da rua Sem Saída, em cuja casa "iam muitos moços e ali lhes dá cama e consente que estejam uns com os outros em torpezas". Era uma casa grande com uma grande cama de casal e vários colchões, e espaço no quintal onde os amantes encontravam-se quando os quartos estavam todos cheios, visto que a casa era muito movimentada. Alguns vizinhos, vendo tantos rapazes extravagantes entrando e saindo, chamavam a casa do padre Santos de "escola e alcouce de fanchonos", "recolhimento de fanchonos" ou "sinagoga de somítigos". Durante mais de dezesseis anos, este sacerdote, capelão em são Miguel Aquém do Castelo, acolheu dezenas de adolescentes que se divertiam ali, jogando, bebendo e comendo, além de divertir os freqüentadores da casa e o próprio padre, exímio especialista em felação – a *sodomia per os,* segundo o professor Mott. Às vezes faziam ruidosas festas, que os vizinhos chamavam de "grandes pagodes", provocando das janelas os que passavam na rua. Preso em 1664, depois de 22 denúncias graves, e considerado "incorrigível" pelo tribunal, foi queimado com outros sete sodomitas em auto-de-fé.

Outra casa famosa em Lisboa era a de Manuel Figueiredo, de 24 anos, natural de Elvas, moço da Câmara de Sua Majestade, protegido de dom Garcia de Noronha, nobre que era neto do vice-rei da Índia e que fora Capitão de Ormuz, também adepto do nefando e que morava à rua Cata que Farás e denunciado à Inquisição em 1618. Ao contrário do pagode do padre Santos, freqüentado por jovens viris, na casa do jovem Manuel predominavam os fanchonos mais efeminados. Ele tinha seus aposentos comunicando-se com os de seu benfeitor, e provavelmente ex-amante, onde, segundo denúncia de vários criados da casa, reuniam-se de dez a doze moços, estudantes, criados de fidalgos, alguns mulatos, moços de gadelhas, frades, tanto adultos como rapazes de doze a quinze anos, um "rio de mancebos". Alguns vestiam-se de mulher, maquiavam-se, chamavam-se por nomes femininos, de manas, putas, más mulheres e regateiras. Dançavam, cantavam e faziam "traquinadas e fanchonices".

Eram recebidos por Manuel com todas as pompas e saíam todos "vermelhos e suados" podemos imaginar muito bem o porquê. Além de imitar prostitutas, alguns fingiam estar executando tarefas femininas e representavam estar parindo um filho; imitavam também mosteiros de freiras e chamavam de sodomia a estreita amizade que unia Cristo a são João.

Algumas mulheres, de verdade, também administravam casas de tolerância homossexuais, como uma da rua do Oliveira, bairro do Marquês, gerida por três irmãs por volta de 1651, "onde se dão homens para homens e mulheres para homens, tudo para o pecado nefando". Nesta mesma rua uma tal dona Ana Correia também agenciava "homens para homens", negócio que parecia ser muito rendoso também nesta época.

O padre Gregório Martins Ferreira, de 47 anos, deão da Sé do Porto, doutor em cânones pela Universidade de Salamanca e lente da Universidade de Coimbra, era conhecido como sodomita e não deixava de namorar os moços nem mesmo durante as procissões. Chegou a compor versos em latim louvando os rapazes mais bonitos de sua cidade, como faziam os religiosos medievais Hilário da Inglaterra e Hincmar de Reims. Tinha um avançado discurso militante, dizendo que a sodomia fora proibida por Deus porque os homens inclinavam-se a ela com muita freqüência, impedindo a multiplicação da espécie; se não fosse isso seria considerada simples fornicação. Dizia ainda que a sodomia era o pecado mais delicioso aos homens. Foi processado pelo Santo Ofício em 1619.

Nestes locais os homens tinham seus próprios códigos gestuais, verbais e de vestuário (ora exagerando, ora imitando as vestes femininas). Tinham seus nomes afetivos e apelidos irônicos e usavam as famosas gadelhas, que identificavam homossexuais desde a Antigüidade. Empregavam ainda uma gíria própria, para poderem identificar uns aos outros e proteger-se dos curiosos e bisbilhoteiros. Para referir-se ao ato sexual diziam *botijar, obrar, fazer*; para dizer a algum prostituto que ele tinha um cliente dizia-se *tenho-vos um gancho de uma pataca*; referiam-se a si próprios como *sendo do ofício*, e aos heterossexuais chamavam *feios*. Caçar também era um verbo utilizado desde a Idade Média para designar a busca de parceiros, e não é por acaso que no mito do rapto de Ganimedes o jovem príncipe seja apresentado "caçando" no sopé do monte Ida quando é levado por Zeus. Por isso chamam Luiz Mott e John Boswell estas características de *subcultura gay*, uma cultura que se estabelece sob a cultura oficial, procurando se manter à margem do controle social, encontrável em praticamente todas as épocas.

A Inquisição portuguesa parece ter adotado a mesma estratégia dos Oficiais da Noite em Florença: ao invés de tentar acabar com uma prática tão disseminada, optou pragmaticamente pelo controle sem grandes perseguições, apesar do pico de prisões e execuções observado no século XVII. Esta repressão do século XVII deve-se provavelmente às tentativas sistemáticas de católicos e protestantes em reformar a cultura popular, aproveitando as novas facilidades de comunicação e de impressão de livros para levar as idéias de suas respectivas reformas religiosas a vários lugares. Assim, comportamentos que não se enquadram nas novas disposições deverão ser reprimidos, como a magia, as festas pagãs e a homossexualidade. (Peter Burke, 1989:258-259)

Na Espanha, a Inquisição começou exercendo jurisdição sobre a sodomia, até que em 1509 decidiu-se que ela só trataria dos casos onde estivesse também envolvida a heresia religiosa. Enquanto esta decisão manteve-se em Castela, em 1524 o papa Clemente VII autorizou o tribunal de Aragão a tratar da sodomia mesmo sem a presença de heresia. Entre 1570 e 1630, a Inquisição espanhola abriu 543 processos com 102 pessoas executadas, excluindo os tribunais de Sevilha e Madri que não tinham jurisdição sobre os sodomitas – um número bem grande de condenações comparado com os trinta executados pela Inquisição portuguesa.

Como na Itália, os mais jovens raramente eram punidos; recebiam pena de morte na fogueira apenas os maiores de 25 anos. Por vezes estas penas de morte eram substituídas por açoite e envio às galés, e não eram raras as penas mais leves aos clérigos, acusados em grandes proporções. Pessoas nobres também costumavam escapar sem maiores penas, como foi o caso de Pedro Galcerán de Borja, grande mestre da Ordem Cavalheiresca de Montesa, acusado em 1572, preso pela Inquisição de Valência, mas que retomou suas atividades políticas três anos depois. Curiosamente a Inquisição espanhola punia com mais rigor os casos de bestialismo (sexo cometido com animais).

O que podem fazer duas mulheres?

O lesbianismo, ou sodomia feminina, é criminalizada pelo tribunal da Inquisição em 1613; no entanto, em 1646 a sodomia feminina é retirada da alçada da Inquisição, depois de não terem chegado os teólogos a uma definição, de se a sodomia feminina era o que se chamava de sodomia perfeita ou apenas molície, uma espécie de masturbação, considerada uma falta menos grave e não submetida à jurisdição do tribunal.

Enquanto as Ordenações Afonsinas (1446) não fazem menção ao lesbianismo, as Manuelinas (1512) consideravam este um crime tão grave como a sodomia masculina. Já os Regimentos do Santo Ofício da Inquisição de 1552, 1570 e 1613 não tratavam da sodomia entre mulheres. Apenas em 1640 previu-se a pena de degredo para São Tomé, na África, para casos de mulheres que fossem condenadas por sodomia com outras mulheres ou com homens.

Não se conhece nenhuma mulher que tenha sido queimada em Portugal, nem pela Inquisição nem pelas autoridades civis, ao contrário de outros países da Europa, como a Alemanha, a Suíça e a França, por exemplo, onde encontramos vários casos de execução, por sodomia e travestismo; vestir-se de homem era um sério agravante. Lésbicas que vivessem sozinhas, mulheres sem marido ou família estavam também sujeitas a serem acusadas de bruxaria, visto que era prática comum acusar estas mulheres pelas desgraças, fome, mortes ou falta de chuvas!

Conhecem-se dois processos em Portugal: um da Inquisição de Coimbra, de 1570, no qual duas mulheres são denunciadas de "se abraçarem, beijarem, apalparem e meterem as mãos nas naturas [vaginas] uma da outra"; outro de 1574, sobre duas freiras do Mosteiro de Santa Marta de Lisboa, irmãs Camila de Jesus e Maria do Espírito Santo, que desenvolveram uma curiosa relação por seis meses, na qual uma, dizendo ter recebido numa visão celestial uma ordem para ser mãe espiritual da mais jovem, dava seus peitos, que dizia estarem cheios de "grandezas e bens de Deus, a ela para mamar". (Citado em Luiz Mott, 1985: snp.; 1987:32)

Aparentemente os inquisidores não estavam convencidos da gravidade do sexo entre mulheres; melhor dizendo, não estavam convencidos sequer que fosse possível haver sexo entre mulheres. Para que houvesse a sodomia perfeita era necessário que houvesse penetração no "vaso traseiro", fosse de uma mulher ou de outro homem, com o derramamento de "semente", ejaculação. Desse ponto de vista, podemos imaginar que era mesmo impossível haver sodomia perfeita entre duas mulheres.

Era considerado um agravante o fato de se usar algum instrumento penetrante na relação, como um falo de madeira ou couro, à moda das tríbades gregas e seus *olisboi*. Mas mesmo assim pairava a dúvida, visto que não era possível ainda o derramamento de semente. Alguns defendiam que, em caso de penetração com algum destes instrumentos, seria da alçada da Inquisição apenas se fosse pelo vaso traseiro, não pelo dianteiro (vagina). Outros, que a sodomia só se consumava com a penetração de um membro verdadeiro. Para a maioria dos teólogos e inquisidores, entre duas mulheres haveria no máximo a culpa de molície – uma masturbação recíproca.

Finalmente o Conselho Geral da Inquisição, depois de ouvir vários teólogos, decidiu em 22 de março de 1646 que o Santo Ofício não devia tomar conhecimento dos atos sodomíticos entre mulheres enquanto não houvesse declaração da Sé Apostólica, o que significou na prática a descriminalização do lesbianismo perante a Inquisição com a manutenção da pena de degredo para as mulheres acusadas de sodomia heterossexual.

Neste momento, no final do século XVII, o italiano Luís Maria Sinistrari (1622-1701) escreveu um extenso tratado sobre a sodomia feminina, publicado em Roma em 1700, onde podemos perceber por que o lesbianismo era considerado um pecado menos grave para os teólogos e inquisidores – para os homens em geral – embora não deixasse de ser condenável. (Lígia Bellini, 1989:39) Para ele a "inventora" da sodomia feminina teria sido a escritora grega Filênis, e ela teria sido espalhada pela mal-afamada Safo, inventora da poesia sáfica – embora o Gênesis descrevesse a destruição de Pentápolis, antes do tempo de Filênis e Safo, por causa deste pecado. (Hardman, 1993:137)

O padre Sinistrari estava preocupado em saber se pode haver sodomia perfeita entre duas mulheres. Baseado no anatomista dinamarquês Bartholin, ele dizia que a mulher produz "esperma" que seria ejaculado dos "testículos" para o útero, onde se juntaria ao esperma masculino e produziria a fecundação. Para que este "sêmen" saísse do corpo da mulher seria preciso que fosse expelido com a urina ou que caísse por seu próprio peso, estando ela de pé. Assim duas mulheres deitadas juntas não poderiam passar, de uma para outra, o seu "sêmen".

O padre Sinistrari discordava da maioria dos teólogos que acreditavam poder haver sodomia perfeita entre mulheres com o uso de instrumentos penetrantes. Mesmo que elas usassem algo, seguindo o modelo do membro viril, não haveria ainda a possibilidade de inseminação. A chave para ele era o clitóris, órgão feminino que era composto pelos mesmos elementos do pênis e era seu "órgão de deleitação venérea". Em certas mulheres, como era comum na Etiópia e no Egito, ele era super desenvolvido por conta de uma abundância de calor e de "sêmen", que os fazia inflar e sair, podendo ser maior do que o dedo médio da mão. Apenas estas mulheres estavam, então, aptas a cometer a sodomia perfeita com outras: "Uma mulher não pode ser nem deflorada nem corrompida por outra mulher, a menos que a que seduz possua [...] uma excrescência carnal um pouco proeminente que pode expandir-se ao modo de um pênis e pela qual as mulheres se excitam no coito como os homens." (Citado em Bellini, 1989:44)

Esta característica fazia estas mulheres propensas ao pecado e à perversão. Ele cita Sêneca para dizer que em Roma havia mulheres que não se limitavam a penetrar outras mulheres, mas o faziam até com homens. Por este ponto de vista, qualquer atividade sexual entre mulheres sem penetração com o clitóris, com ou sem "ejaculação", não era sodomia, mas apenas molície. A penetração com um dedo, por exemplo, seria mais grave do que com um falo artificial, que não fazia parte do corpo da pecadora, mas menos grave do que com o clitóris.

Tendo como parâmetro o sexo heterossexual e o corpo masculino, a teologia não foi capaz de entender o corpo feminino e a sexualidade da mulher, o que acabou por salvar as lésbicas portuguesas ao menos da fogueira, se não da perseguição e do fogo do inferno, que já eram motivos suficientes de medo e terror. A sodomia era ainda um pecado terrível, assemelhado ao assassinato, visto que impedia a procriação, mas ao não compreenderem o funcionamento do corpo e do sexo das mulheres, o lesbianismo foi praticamente ignorado, já que a teologia tornara-o quase impossível. As lésbicas são ignoradas não por tolerância, mas pelo desconhecimento: afinal de contas, que poderiam fazer de tão grave duas mulheres sem um homem?

Marlowe e Shakespeare

Christopher Marlowe (1564-1593) foi um dos teatrólogos ingleses mais famosos do século; foi contemporâneo de William Shakespeare (1564-1616) e inspirador de algumas de suas peças mais importantes.

Se hoje Shakespeare é muito mais conhecido, em sua época ele teve que rivalizar com a fama de Marlowe.

Ele chegou a pensar em ser um clérigo anglicano, mas a vida nas tavernas o atraiu mais, tanto que viria a morrer vítima de uma briga. Além disso, construiu uma sólida reputação de ateu praticante. Participou também do serviço secreto da rainha Elisabete I, e foi teatrólogo, dominando a cena londrina e fazendo com que Shakespeare incorporasse muitos de seus temas e referências, às vezes, frases inteiras, a seus trabalhos.

As peças de Marlowe abordavam mais questões universais do ser humano do que aspectos da vida cotidiana de seu tempo, que eram muito populares. Seus temas eram muito espirituais, apesar de sua fama de ateu, mas não uma espiritualidade dependente de uma religião estabelecida, que ele acreditava serem uma fonte de controle sobre as mentes dos homens. Entre suas afirmações consideradas heréticas estava a idéia de que Jesus e seu amado discípulo João eram amantes – que sugeriu num poema imitando um verso de Virgílio sobre os amantes Córidon e Alexis. Ele disse também uma vez que aqueles que não amavam o tabaco e os rapazes eram todos idiotas. (Cowan, 1996:47)

Tanto ele como Shakespeare foram protegidos do conde de Southampton, a quem pareceu terem sido dedicados os famosos sonetos de amor de Shakespeare, que ainda hoje especialistas discutem se eram dedicados a homens ou mulheres. A maioria acredita que eram mesmo dedicados ao conde, cujo interesse por jovens belos e talentosos era público e notório.

Reis e plebeus

Além de nosso já conhecido Felipe Augusto, no século XIV, outros reis franceses também renderam homenagens ao "amor que não ousa dizer seu nome". Henrique III (1551-1589), irmão da rainha Margô e filho da poderosa Catarina de Médicis, foi rei da Polônia e depois da França, por curto período. Após a morte de sua esposa, o rei dedicou-se apenas ao amor de seus *mignons* – uma guarda pessoal de jovens nobres, de maneiras muito delicadas e que na intimidade chamavam-se de nomes femininos, inclusive a sua Majestade, o Rei. Por vezes estes favoritos raptavam algum jovem forte e bonito, nobre ou operário (não importava), pelos quais o rei demonstrava seu desejo, entregando-os a Henrique III para que deles se servisse.

Para alguns poetas, como Felipe Desportes, Henrique III manifestava em sua magnífica personalidade o melhor de ambos os sexos, visto que ele também foi casado e teve amantes, como todos os reis. Diz-se que alguns nobres, convictos em sua heterossexualidade, fingiam, ou diziam fingir, compartilhar dos gostos do rei para progredirem na corte; já que os favoritos do rei adquiriram muitos privilégios e foram todos casados com damas importantes da corte. O mais querido, Joyeuse, casou-se com a irmã da rainha, foi feito duque e passou a fazer parte da família real. A igreja de São Paulo, onde seus três principais favoritos, Joyeuse, Maugeron e Saint-Mégrin, foram enterrados, era conhecida como o Templo dos Favoritos. Historiadores homofóbicos contestam as relações de Henrique e seus favoritos e realmente a palavra "favorito era ambígua" e podia referir-se apenas a um amigo preferido, embora no romance da Madame de Lafayette (1634-1693), *A princesa de Clèves* (1678), que se passa no tempo de Henrique II, o termo aplique-se apenas aos amantes, tanto homens como mulheres; assim não é impossível que eles realmente fossem amantes do rei, ao mesmo tempo em que eram casados e tinham outros homens e mulheres como amantes.

O rei da Inglaterra e Escócia, Jaime I (1566-1625), filho da desafortunada e decapitada Maria Stuart, também possuía sua corte de favoritos, e foi daqueles reis que pouca atenção dispensou a sua esposa. Coroado rei da Escócia com apenas um ano de idade, Jaime, aos treze anos, apaixonou-se pelo primo, Esmé Stuart, senhor de Aubigny e Duque de Lennox, cortesão francês de 33 anos. Mas este amor só durou três anos, pois o rei foi obrigado a exilar o primo francês, suspeito de defender a causa católica na Escócia protestante (provavelmente o exílio veio também pela influência que tinha sobre seu primo, o rei). Jaime foi conhecido como o *Rex pacificus*, por ter mantido a paz em meio aos conflitos sangrentos entre católicos e protestantes.

Casou-se em 1590 com Ana da Dinamarca e cumpriu seu dever de gerar descendentes; herdou o trono inglês em 1603, após a morte de sua mãe e de sua inimiga Elisabete I, rainha da Inglaterra, quando cercou-se de seus favoritos, os cavalheiros do quarto de dormir do rei, que então morava separado da rainha Ana. Todos eles foram bem recompensados, recebendo títulos, casando-se com herdeiras e fazendo fortuna, como Jaime Hay, seu primeiro favorito na Inglaterra, ou Robert

Carr, jovem escocês educado na França, a quem conheceu em 1607 e por quem chegou a deixar de lado os negócios do reino. Carr foi o primeiro escocês a ocupar uma cadeira na Câmara dos Lordes.

O mais famoso deles foi George Villiers, com o qual trocou intensas cartas de amor e afeição por dez anos, nas quais o rei assinava sempre *Dad* (papai) ou marido, dirigindo-se a Villiers como "minha doce criança e esposa". Beijavam-se em público e no teatro, e um contemporâneo chegou a dizer que o rei amava seus favoritos de uma maneira que ultrapassava o amor dos homens pelas mulheres. Nomeou-o seu ajudante de câmara, tendo que expulsar Robert Carr, que se recusava a deixar o cargo e, talvez, o leito do rei. Villiers logo foi feito copeiro, tendo a honra de servir o rei em público, como Ganimedes fazia com Zeus, e depois se tornando o primeiro duque de Buckingham.

Jaime defendia-se dizendo que amava aqueles que lhe eram caros mais que os outros homens, e que Jesus Cristo fizera o mesmo com seus apóstolos; e se Cristo tinha seu favorito João, ele tinha seu Steenie, como carinhosamente chamava a Villiers por considerá-lo parecido com santo Estevão. Além de seus favoritos, o rei entretinha-se também com jovens e belos arruaceiros, apanhados nas ruas, lavados, enfeitados, penteados e levados ao rei para diverti-lo.

Outro nobre importante implicado em sodomia foi o filósofo literato e político Sir Francis Bacon (1561-1626), muito famoso na corte de Jaime I, da qual foi chanceler, e cuja mãe desesperava-se com a relação pública que mantinha com seu serviçal, "aquele maldito Percy" que arruinava tanto a sua reputação quanto a sua saúde, na opinião de lady Bacon, escrevendo a seu outro filho Anthony, que também tinha os mesmos gostos por jovens pajens assim como o irmão famoso. Sua obra filosófica foi muito importante; ele renovou a ordem das ciências ao romper com a tradição aristotélica e escolástica, sendo o primeiro a indicar os princípios de um método indutivo e experimental. É considerado por muitos como o criador da ciência moderna.

A puritana Inglaterra do século XVII também viu florescer uma vida gay intensa, com clubes e tavernas onde os homossexuais se encontravam, alguns inclusive travestidos, chamados popularmente de *molly houses* (casas de veados). Como em Portugal, algumas dessas casas eram administradas por mulheres, como a de Margarete Clap (1726), onde um agente das Sociedades para a Reforma dos Costumes encontrou quarenta a cinqüenta homens fazendo amor, sentados um no colo do outro, abraçando-se e beijando-se, dançando e usando as mãos indecentemente; depois saindo em duplas para os quartos para se casarem, como diziam. Eventualmente eram freqüentados também por prostitutos em busca de parceiros.

Era comum no século XVII que alguns aristocratas ou burgueses, tanto da Inglaterra como da América do Norte, tivessem em seu serviço jovens criados solteiros servindo de amantes para seus patrões; a condição de empregados podia ser um disfarce para que eles pudessem viver na mesma casa que seus amantes, ou estes jovens serviçais eram uma fonte freqüente e segura de jovens amantes.

No século XVII, o mais notório homossexual da corte francesa foi Felipe de Orleãs (1643-1715) regente do reino e irmão de Luís XIV, o Rei Sol e astro maior do Estado Absolutista. Diz-se que o Cardeal Mazarino tornou-o efeminado para evitar que ele concorresse com o rei ao trono. Verdade ou não, o fato é que Felipe, embora casado com Henriqueta da Inglaterra, em 1661, preferia os pajens e jovens da corte a sua esposa ou a qualquer outra mulher.

Com ela, teve ele em comum apenas um de seus vários amantes, Armando de Grammont, Conde de Guiche, considerado o homem mais belo da corte, que cedeu seus encantos ao irmão do rei e a sua esposa. O Conde de Guiche, ele próprio, era filho de um notório sodomita, o Marechal de Grammont, de quem se dizia que "usava sua vela pelas duas pontas", ou seja era bissexual.

O duque de Orleãs, Felipe, não escondia de ninguém suas preferências; pintava-se e vestia-se de mulher e chegou, em 1667, a dançar um minueto no palácio real com um de seus amantes, o Cavaleiro de Lorena. Mesmo assim, o Duque foi considerado um herói na campanha de Flandres, combatendo com uma coragem invejável, tendo encontrado tempo ainda para cuidar dos ferimentos do jovem Lorena. Seu amor era público, viviam enlaçados pelos corredores, jardins e bosques e sua relação incomodou tanto a sua esposa, Henriqueta, que esta conseguiu junto ao rei, seu amante, a prisão do cavaleiro de Lorena.

O *Monsieur*, como era conhecido o duque de Orleãs, foi também um dos fundadores de uma curiosa ordem, a dos Templários, de jovens nobres partidários da sodomia, como o Duque de Grammont, o Cavaleiro de Tilladet e o Marquês de Brian, que eram os grão-mestres da confraria. Usavam uma cruz de prata dourada com um homem esmagando com os pés uma mulher, a exemplo das cruzes de são Miguel, na qual se vê esse santo esmagando com os pés o demônio!

As reuniões eram realizadas numa casa de campo bastante retirada, terminando, pelo que diziam, em uma grande orgia. Algumas de suas regras eram as seguintes: voto de obediência e castidade em relação às mulheres, sob pena de expulsão; se um dos irmãos se casasse era obrigado a declarar que só o fazia pelo bem de seus negócios e para deixar um herdeiro, devendo fazer juramento de nunca amar sua esposa, de só dormir com ela até ter um herdeiro, mesmo assim pedindo a permissão à Ordem, que só seria dada uma vez por semana; era proibido contar a estranhos sobre a ordem, com exceção daqueles que houvesse esperança de atrair para ela.

Os Luíses, reis conhecidos por sua efeminação e modos e trajes femininos, como as perucas e os saltos altos Luís XV, foram grandes soldados e conquistadores, adeptos fervorosos do poder absoluto dos reis, embora não tenham sido exclusivamente adoradores do amor grego, como se pensa. Mas também não foram indiferentes a ele, como não foram quase nenhum dos grandes nobres da Europa. Luís XV, em sua juventude, teve uma "preocupante" afeição pelo jovem Duque de La Trémouille, "que fizera de seu amo [o rei] seu Ganimedes", segundo Mateus Marais. Este amor secreto logo tornou-se público, fazendo com que o Duque fosse enviado para longe do jovem rei.

Em 1724, fez-se uma tentativa de desvirginar o rei, com mulheres, é claro, numa viagem feita a Chantilly, à casa do Duque de Bourbon, com dezessete moças de vida mais ou menos desregrada, infelizmente para os nobres, sem sucesso.

Tríbades galantes

Sou apenas uma mulher e lamento-o.
Margarida de Angoulême, rainha de Navarra

Brantôme, cortesão francês da segunda metade do século XVII e observador dos costumes da corte, colocou em pauta o comportamento "livre" das jovens nobres, casadas geralmente com homens mais velhos e, numa recorrente fantasia masculina, fogosas demais para serem satisfeitas por eles. Além de pajens e cavalheiros, estas damas galantes também rendiam homenagens à beleza de suas amigas e colegas de corte, sendo algumas solteiras, outras casadas.

Diz ele que algumas eram tão amantes de si próprias, narcisistas, diríamos desde Freud, que se satisfaziam com elas mesmas ou com outras companheiras de seu sexo, à moda lésbica, tirando tanto prazer de suas relações que acreditavam ser impossível ter tal prazer com algum homem; algumas acreditavam não precisar em nada dos homens, sequer pensavam em casar-se com eles.

Ele fala de duas damas que estavam tão enamoradas uma da outra que em todos os lugares aonde iam não podiam esconder suas manifestações de afeto e de amor, beijando-se escandalosamente, dando muito a pensar aos homens, sendo uma delas viúva e a outra casada. Outras amavam suas damas, honrando-as e servindo-as como se fossem homens, fazendo-lhes amor como um homem a sua amante.

Para Brantôme, era melhor que as donzelas e as viúvas dedicassem-se a estes prazeres, frívolos e vãos, para fazer passar seu calor e seu desejo, a se entregarem aos homens com o risco de uma gravidez desonrosa. Parece concordar com algumas opiniões do tempo que viam no lesbianismo um pecado menor, e que estas mulheres não eram tão "putas" como as outras que se entregavam aos homens. Afinal, entre mulheres, que grande pecado poderia haver? Além disso, Brantôme considerava melhor que uma mulher se fizesse passar por homem do que um macho desonrar seu corpo e seu sexo fazendo-se passar por mulher, já que o sexo feminino era tão inferior ao masculino.

No século XVIII, o Século das Luzes, a rainha da França, a austríaca Maria Antonieta, parece não ter sido indiferente ao safismo. Seu casamento com Luís XVI só foi consumado sete anos depois da cerimônia, pois o rei sofria de fimose e tardou muito a decidir-se pela operação. Neste tempo comentavam-se as relações da rainha com as jovens da corte, e não é impossível que ela tenha resolvido os problemas de seu desejo de mulher jovem e saudável com estas favoritas, visto que uma relação com um homem e o nascimento de um bastardo na corte poderiam antecipar sua execução feita pela Revolução.

Mesmo depois da consumação física do casamento, a rainha mostrou-se muito ligada às princesas de Lamballe e de Polignac, que se dizia serem suas amantes. Muitos panfletos revolucionários incluíam entre os "crimes" da rainha dos *brioches* suas ligações com várias mulheres. Elas foram muito ligadas até o fim de suas vidas e quando a senhora de Polignac foi executada durante a Revolução, sua cabeça foi levada na ponta de uma estaca à presença da rainha, que se encontrava detida.

Nesta mesma época fazia furor em Paris a senhorita Françoise Raucourt, atriz trágica da Comédia Francesa, de grande beleza e chamada de Grande Sacerdotisa de Lesbos, que não escondia, "ao delicioso escândalo de seus contemporâneos" sua paixão pelas mulheres. (Marie-Jo Bonnet, 1981:11-12; 115 e ss.) Ela teria feito parte de uma sociedade secreta, a Seita das Anandrinas, da qual ninguém tem certeza de sua real existência. Seria uma seita secreta, de feitio maçônico, para iniciadas chamadas de tríbades. Mirabeau faz referência à seita em seu *Erotika biblion* (1783), assim como outros textos "libertinos" muito comuns neste período anterior à Revolução Francesa. Dizia-se que a senhorita Raucourt era a chefe das tríbades, talvez por ser a lésbica mais famosa e comentada de Paris. Marie-Jo Bonnet diz que para muitos não havia dúvida de que ela esteve a frente de um seita de lésbicas no período de 1775-1784.

As iniciadas desta seita poderiam ser outras atrizes ou cantoras, como Madame Clairon (1723-1803) ou a cantora senhorita Sofia Arnould (1740-1802), à qual se perdoava amar as mulheres, visto que ela encantava toda Paris com sua voz e sua beleza – para os seus contemporâneos, o tribadismo era muito comum entre as senhoritas da Comédia Francesa e a senhorita Arnould, embora conhecesse o outro sexo e tivesse vários filhos, era amante de uma tal Virgínia, que passaria ao leito da senhorita Raucourt em seguida. Poderiam ser ainda damas galantes como Henriqueta de Castelnau, madame de Murat, parente do marechal de Boufflers e autora de diversos romances e contos de fadas. Henriqueta foi presa em 1700 pelo tenente de polícia d'Argenson por suas "desordens" com madame de Nantiat. Ela era acusada de ter uma "afeição monstruosa" pelas mulheres, principalmente por esta madame de Nantiat, já processada por jogo, com quem vivia em sua casa como marido e mulher; madame de Nantiat acabou presa e exilada, para o bem dos costumes da comunidade.

No entanto, sorte pior tinham as lésbicas menos galantes às quais não se perdoava amarem outras mulheres, principalmente aquelas que se vestiam de homem; vale lembrar que para a condenação de Joana d'Arc, no século XV, pesou muito o fato de ela vestir-se de soldado e usar cabelos curtos. Em 1580, em Vitry-le-François, Montaigne escreve sobre a execução de uma mulher que se vestia de homem; alguns anos antes, numa localidade próxima, sete ou oito moças decidem vestir-se com roupas masculinas para "continuar sua vida assim pelo mundo". Uma delas chegou a Vitry onde passou a ganhar a vida como tecelão.

Ali casou-se com uma mulher com quem viveu quatro ou cinco meses, até que foi reconhecida como mulher, levada à justiça e enforcada, por ter usado "invenções ilícitas para suprir as deficiências de seu sexo". (Citado em Bonnet, 1981:53)

No início do século XVII, a alemã Catarina Margarida Lincken foi acusada por ter vestido-se de homem e desposado outra mulher, chamada Margarete, fazendo uso de um pênis artificial de couro que obrigava sua mulher a beijar e sugar; em seu casamento não faltaram nem mesmo os conflitos com a sogra! Ela serviu como soldado em vários exércitos e casou-se com sua esposa uma primeira vez na igreja luterana e uma segunda na igreja católica. Acabou executada em 1727, aos 27 anos de idade.

Em 1566, o jurista Papon fala de duas mulheres que "corrompiam uma à outra sem macho", Françoise de l'Estage e Catarina de La Manière; um dos únicos exemplos de execução conhecida, no qual não havia o agravante do travestismo, pois, como vimos, a sodomia feminina não chegava a ser considerada um pecado grave, a menos que a mulher decidisse "suprir as deficiências de seu sexo" usurpando o papel do macho; a repressão a estas mulheres travestidas foi maior sobretudo em meio às chamas luminosas das fogueiras do Renascimento, no século XVI. (Bonnet, 1981:54-55; 52)

Também na Inglaterra, as lésbicas travestidas foram perseguidas: em 1746 Mary Hamilton foi processada por ter casado-se com uma mulher e viver com ela como se fosse homem. Ela confessou ter sido seduzida por uma vizinha, Anna Johnson, aos catorze anos, quando fora convertida ao metodismo. Johnson dizia ter tido freqüentes relações carnais com suas irmãs metodistas. Após o rompimento com Anna, que se casou com um homem, Mary decidiu viver com roupas masculinas, foi para a Irlanda, assumiu a posição de professor e casou-se com uma viúva de 68 anos, com quem viveu até ser descoberta. Fugiu então para a Inglaterra, onde se casou com Mary Price, de dezoito anos, com o nome de Charles Hamilton, até ser novamente descoberta pela mãe da esposa "enganada". (Spencer, 1996:197-198)

Com a Revolução Francesa a homossexualidade masculina e feminina vai deixando de ser considerada um crime grave; no entanto, aquelas que reivindicavam direitos iguais aos dos homens ainda não tinham espaço para defenderem suas idéias. Condorcet e Olímpia de Gourges apresentavam suas idéias à Assembléia Nacional para a libertação das mulheres. Esta última acabou guilhotinada, punida como conspiradora "por haver esquecido as virtudes que convêm ao seu sexo". (Em Bonnet, 1981:157)

O século das luzes

Às vésperas da Revolução Francesa, a homossexualidade na França, e em quase toda a Europa, era cada vez mais um assunto das autoridades civis que da Inquisição ou dos tribunais religiosos. Paris era uma grande cidade com uma vida gay considerável, com seus lugares de encontro, vocabulário, forma de vestir etc. O comissário Foucault, por volta de 1780, era o responsável pela repressão aos "crimes" de pederastia e por um livro com os nomes de todos os homossexuais conhecidos pela polícia; segundo ele, quase a maioria desses, cerca de quarenta mil, era prostitutos. (Jeffrey Merrick, 1998:287)

O Século das Luzes viu muito menos execuções que o século XVII, mas o controle policial era intenso. O comissário Pierre Louis Foucault, auxiliado pelo inspetor Louis Henri Noël, possuía, como vimos, uma lista muito bem informada dos pederastas parisienses, dos quais muitos foram presos, geralmente em armadilhas engendradas por agentes disfarçados – os senhores Antoine, Brisset, Robinet e Saint-André. Alguns destes agentes eram recrutados entre os homossexuais presos, que passavam para o lado da polícia em troca da liberdade, seduzindo outros homossexuais e atraindo-os para as garras da polícia, geralmente em patrulhas noturnas.

Por exemplo, o comerciante Charles Rassant foi preso em 8 de fevereiro de 1781 por ter metido sua mão dentro das calças de um aprendiz de oleiro num salão de bilhar; este mesmo Rassant já tinha sido preso seis semanas antes por ter metido sua inquieta mão dentro das calças de um assistente de fabricante de perucas, quando assistiam a uma execução na praça da Greve.

Alguns eram presos com suas calças desabotoadas – sabemos bem o porquê; outros não precisavam desabotoar as calças para serem considerados suspeitos: casaco, gravatas grandes, chapéu-coco e laços nos sapatos faziam parte de uma vestimenta específica com a qual os homossexuais podiam identificar seus possíveis parceiros, mas que servia também para se fazerem notados pela polícia. Estas roupas eram chamadas de uniforme pederástico; estes homens não as usavam todos os dias, mas apenas quando desejavam conhecer novos parceiros.

Vagar pelas ruas, entre as árvores dos parques ou às margens do rio Sena também era considerada atitude suspeita. Certa feita o inspetor Noël observou vários homens vagando para lá e para cá nos bulevares e nos parques, vendo que muitos faziam "contatos" com outros homens. Quando presos, eles alegaram estar apenas passeando e conversando como todo mundo. No caso de calças arriadas havia sempre a desculpa de estar satisfazendo alguma necessidade fisiológica. Um homem preso ao tentar seduzir o agente Saint-André disse ter tomado a mão do agente pensando que fosse um vizinho. Tocar as mãos parecia ser um código de paquera entre os homossexuais: um certo Borin tomou as mãos deste mesmo Saint-André, dizendo que estava frio e que desejava aquecê-la.

A maior parte destes acusados era formada por operários e artesãos; entre os mais de 250 homens estudados nos registros parisienses, entre 1780 e 1783, havia cinqüenta serviçais, vinte clérigos, dez soldados, dez sapateiros e dezenas de trabalhadores como cozinheiros, cabeleireiros, fabricantes de perucas, joalheiros, pintores, escultores e vidraceiros. Poucos burgueses ou nobres eram incomodados pela polícia; foram apenas três aristocratas presos, como o barão de Lunas que, em 22 de abril de 1781, deu a mão a um dos agentes de Noël e seguiu-o, caindo numa armadilha; ou o conde Despaulx, vestido com casaca e gravata, com laços em seus sapatos, que convidou um guarda suíço para dar um "passeio" com ele, em 23 de abril de 1781. O marquês de Saint-Clément foi pego andando e conversando com um desempregado de dezoito anos, em 16 de agosto de 1781, que ele havia conhecido alguns dias antes no mesmo lugar. Este marquês apresentou-se ao jovem desempregado como sendo um serviçal, não se sabe se para proteger o bom nome de sua nobre família, estabelecer um vínculo de mais intimidade ou para desencorajar uma possível tentativa de suborno do rapaz.

Estes jovens desempregados muito comuns na Paris pré-revolucionária, muitos deles vindos da província para a capital, deviam ser uma fonte inesgotável de prazer para os nobres e burgueses, ou qualquer um que se dispusesse a pagar por seus serviços; talvez isto explique o número exagerado de prostitutos citados pelo comissário Foucault. Versalhes, onde se localizava a corte francesa, também era uma fonte inesgotável de clientes para os prostitutos parisienses: Jacques Courtois foi preso depois de passar quatro dias em Versalhes prostituindo-se nos jardins do Palácio; declarou astuciosamente que ele não cometera nunca a sodomia, só deixara que alguns homens tocassem o seu corpo, e que fizera isso por conta de algumas "más influências" que conhecera em tabernas, como a *Lune Éclatante* (Lua radiosa).

Quando os prostitutos não iam a Versalhes, a corte ia em busca deles: em 8 de novembro de 1782, um homem visitou Paris com o objetivo de "recrutar" belos jovens, possivelmente para alguma animada festa íntima. Um outro foi até a corte para conseguir alguns jovens para o deleite de um conde na Picardia.

Por vezes o contato com estes profissionais do prazer podia ser ainda mais desagradável do que com a polícia: não eram incomuns os casos de roubos e extorsões cometidos por estes rapazes, que se aproveitavam da posição de seus clientes para aumentar o seu soldo. Mesmo alguns pequenos marginais que não vendiam seus corpos por vezes roubavam os homens com os quais dormiam, como o sapateiro Berthier, que vendia o produto do roubo dos homens que passavam por sua casa na rua des Petits Champs. Um cavaleiro de São Luís, de nome desconhecido, foi vítima do jovem Bouquet, 24 anos, conhecido como Chiffon, e de Lemarchand, vinte anos, conhecido pela alcunha de Griffon, que dividiam um apartamento na rua de Saint Jacques e prostituíam-se nos parques da cidade. Raramente as vítimas davam queixa, pois seriam imediatamente acusadas do "crime" de sodomia.

Como sempre na história da humanidade, os clérigos também eram fonte importante de nomes para o "livro dos pederastas" da polícia: o padre Mathurin Dupuy foi preso em trajes religiosos em pleno Jardim de Luxemburgo, em 30 de julho de 1781, depois de anoitecer; outro clérigo de trinta anos, François Deleobardy, foi preso com um curtidor de couro de vinte anos, em seu próprio apartamento, em 10 de julho de 1781.

A maior parte destes homens, cerca de 80%, tinha entre quinze e 35 anos, e a diferença de idade entre os homens presos juntos, ou seja, dos casais, variava entre cinco e quinze anos. São raros os casos (por volta de uma dúzia), de meninos muito jovens relacionando-se com homens bem mais velhos.

Segundo Jeffrey Merrick (1998:291), a polícia parisiense parecia admitir que os homossexuais que eram presos por ela interessavam-se apenas por pessoas do sexo masculino e nunca lhes perguntavam se eram casados; apenas oito casos referiam-se a esposas, o que também podia acontecer por conta da idade dos envolvidos, muito jovens para serem casados, pois no século XVIII os homens costumavam casar-se muito tarde.

Estes homens tinham seus códigos, como dissemos. Muitos deles usavam apelidos femininos e vestiam-se como mulheres, como o serviçal chamado *La Petite Bergamotte* (A Mexeriquinha), ou *La Pettite Troteuse*, que vivia maritalmente com um vendedor de frutas; por vezes estas alcunhas tinham a ver com a origem: *La Flamande* (A Flamenga); a aparência: *La Blonde* (A Loura); ou a ocupação: *La Belle Sellière* (A Bela Seleira). Havia ainda as aristocratas: *La Contesse de Jeanneau* (A Condessa de Jeanneau); eclesiásticas: *La Religieuse* (A Religiosa); as mitológicas: *La Vénus auxs Belles Fesses* (A Vênus de Belo Traseiro); e ainda exóticas: *La Petite Zelmire* (A pequena Zelmira).

Estes nomes afetivos podiam ser usados nos locais de encontro da cidade: os bulevares, o Palácio Real, as Tulherias, os Campos Elísios, as feiras e os cais do Sena, principalmente o das Tulherias, conhecido como Canapé "entre as pessoas deste tipo". Do mesmo modo que na Lisboa seiscentista, havia casas de encontro, como uma na rua de Saint-Denis, conhecida como uma "casa de pederastas", além de homens que promoviam festas e orgias em suas próprias residências. Além disso, havia as tabernas que ofereciam refúgio da chuva e do frio, somada de uma certa privacidade com relação a vizinhos e parentes. Algumas ainda ofereciam quartos e houve notícia de uma animada orgia gay realizada na taberna *Lune Éclatante* em 16 de agosto de 1781; em outra taberna das redondezas, a *La Courtille*, alguns jovens alugaram um quarto para este mesmo fim, em 16 de setembro de 1781.

Os nobres não costumavam arriscar-se muito na busca de seus companheiros. Um certo Callet, assistente de fabricante de perucas, arranjava amantes para o cavaleiro Eklin e para um marquês. Pierre Paul fazia este serviço a pedido de seu senhor, o marquês de Thibouville; um amigo de Pierre Paul, um certo Langlois, conhecido como Lajeunesse, foi preso em 27 de novembro de 1780. O marquês de Villette, senhor de Thibouville foi, talvez, o mais notório pederasta de sua geração e um serviçal da esposa de Villette, André Laurent, foi preso em 7 de junho de 1782 com outro homem em meio a folguedos entre as árvores dos Campos Elísios.

As atitudes da polícia parisiense e da população em geral com relação aos sodomitas era de relativa tolerância; por vezes os acusados preferiam reconhecer-se como pederastas ao invés de ladrões, considerando, eles e a polícia, a sodomia como um crime menor. Havia mais hostilidade em casos de roubo, violência, sedução forçada ou conduta demasiado ostensiva. Populares, por exemplo, perseguiram dois

Tríbades galantes, fanchonos militantes

homens, um deles "vestido como pederasta", pelos Campos Elísios, chamando-os de "rebeldes".

As penas dependiam sempre das personalidades e das circunstâncias que envolviam os fatos. Aristocratas e burgueses raramente eram incomodados pela polícia, pelo menos até a eclosão da revolução de 1789. Cada vez menos ocorrem execuções de sodomitas e geralmente o inspetor Noël instruía os novatos a evitarem locais, horários e pessoas suspeitas, e sempre inscrevia-os em seu livro para ter informações sobre eles e melhor controlá-los, visto que era impossível acabar com eles. Os reincidentes passavam algum tempo na cadeia e os muito jovens eram entregues aos pais para que dessem um jeito neles. Estes podiam interná-los em hospícios ou prisões, por meio das *Lettres de Cachet*, cartas assinadas pelo rei que autorizavam a família a confinar um parente que tivesse uma vida de libertinagem e desonra, comuns em todo o século XVIII e abolidas pela Revolução em 1790.

Como vimos, a homossexualidade não era coisa apenas de nobres; muitos operários e homens do povo faziam parte desta subcultura, que provia os pederastas de "locais para encontros, gestos, uma forma de falar e nomes para usar" que os diferenciava e na qual podiam identificar-se uns aos outros. Muitos inclusive demonstravam ter consciência de grupo, ao recusarem-se a responder as questões, identificar cúmplices ou implicar amigos, não reconhecendo suas "culpas". (Merrick, 1998:301-302)

Os princípios da Revolução acabaram por descriminalizar a sodomia: o código criminal de 1791 deixa de mencioná-la. Embora se os homossexuais não tenham mais sido mortos nas fogueiras da Inquisição, eles não deixaram de ser reprimidos pelo preconceito e pelas chamadas "polícias de costumes", que procuravam controlar e impedir a desordem, a depravação de jovens por adultos "predadores".

5

De Byron a Lorca:
Idade Contemporânea

Como vimos no capítulo anterior, a Revolução Francesa havia descriminalizado a homossexualidade em sua constituição de 1791. O Código Napoleônico, de 1813, não fazia nenhuma referência à homossexualidade masculina, visto que a feminina raramente era citada por algum código penal; nem se acreditava que ela existisse! O início do século XIX também assistiu ao fim da Inquisição, que é extinta em Portugal em 1821 e em 1835 na Espanha. O Século das Luzes deu lugar ao Século da Ciência, quando os avanços tecnológicos, como a eletricidade, a fotografia, os avanços da medicina, a teoria da Evolução das Espécies de Charles Darwin pareciam ter finalmente substituído os valores religiosos.

O século XIX foi um período de grande crescimento das cidades: elas remodelaram-se, receberam melhoramentos urbanos como água encanada e iluminação pública, primeiramente a gás e depois a eletricidade; isso permitiu um crescimento das atividades de lazer noturnas, como bares, restaurantes e cabarés. Essa vida urbana florescente, como sempre na história, permitiu o aparecimento novamente de uma subcultura homossexual vibrante, mesmo em locais onde ela era ilegal, como a Inglaterra.

Em Nova Iorque, em 1892, o clube *Golden Rule Pleasure*, na rua West Third oferecia cubículos onde jovens rapazes prostituídos, com rostos pintados, voz em falsete e maneirismos femininos atendiam aos clientes. Em Londres, os prostitutos eram reconhecidos por seus modos efeminados e suas roupas na moda e costumavam buscar seus clientes nas proximidades dos hotéis em locais como Quadrant, Holborn e rua Fleet, abordando os homens da mesma forma que faziam as meretrizes.

Em alguns lugares havia casas especializadas em meninos, como em Nova Iorque, mas não tantas como em Paris e Berlim, por exemplo.

Em Paris, havia centenas de prostitutos e, um deles, muito famoso, chamado André, chegou a faturar 1800 francos em uma temporada da Ópera, em meados do século (um operário habilidoso podia faturar entre dois e quatro francos por dia). Muitos destes profissionais trabalhavam travestidos e com seios postiços; como vemos, o travestismo nas ruas de Paris não foi uma importação brasileira.

Ainda em Paris, os irmãos Goncourt, em suas memórias, dizem que um chefe de departamento do Ministério da Guerra estava introduzindo tantos soldados da Guarda Imperial em um círculo de homossexuais ricos que o governo chegou a suspeitar de uma conspiração militar. Os exércitos sempre foram uma fonte inesgotável de diversão aos apreciadores dos folguedos masculinos!

As escolas eram locais privilegiados para os apreciadores do amor grego. Um contemporâneo de Oscar Wilde, W. T. Stead, observou na época de seu processo e prisão que, se todos os culpados do "crime" de Wilde fossem presos, haveria uma surpreendente migração de Eton, Harrow, Rugby e Winchester, escolas tradicionais das classes altas, para as prisões londrinas. (Citado em Tannahill, 1992:381)

Lorde Byron

> *Grande é o amor dos que amam em pecado e medo.*
> George Gordon Byron, *Heaven and earth*

Na virada do século aventureiro e revolucionário que foi o XVIII para o século da Ciência, começa a declinar o Romantismo, movimento cultural e político de afirmação das nacionalidades e da subjetividade na arte. Antes que a medicina tomasse a si a incumbência de classificar e combater a homossexualidade, um dos mais populares poetas e um dos mais conhecidos aventureiros do século não deixou de praticar o amor grego: George Gordon, Lorde Byron (1788-1824).

Byron foi, ao lado de Göethe, que o considerava o gênio do século, o mais popular e cultuado poeta do Novecentos, embora haja os quem diga que ele não estava entre os melhores. Byron influenciou várias gerações de poetas (como o nosso Álvares de Azevedo), os chamados poetas do "mal do século" – os jovens que morriam cedo, devastados pela tuberculose, resultado de uma vida de bebida e diversões noturnas. Ao lado de Walter Scott, Byron ajudou a criar uma literatura de aventura e entretenimento – as aventuras de capa e espada, de bandidos e piratas, que influenciaram o cinema mundial por muitos anos. A primeira edição de seu poema *O corsário* vendeu dez mil exemplares em um único dia.

Byron era conhecido também por sua grande beleza, que atraía a atenção de homens e mulheres, apesar de ter um dos pés defeituoso. Quando jovem, em Cambridge, apaixonou-se por vários de seus amigos estudantes. Um deles foi John Edleston, que conheceu em 1805; era um jovem de família humilde, cantor do coro da capela do Trinity College, que se tornou protegido de Byron; foi homenageado em seu poema *Thyrza*, embora ele tenha mudado o gênero do homenageado para feminino. Chegaram a planejar viver juntos, mas acabaram separando-se depois de um ano e meio de convivência; Byron carregou consigo uma mecha dos cabelos de Edleston até o fim de sua vida e ele parece ter sido o grande amor de sua vida. Também são conhecidas suas relações com seu pajem Robert Rushton e com muitos outros de seus serviçais, na boa e velha tradição inglesa.

Quando se formou em Cambridge, viajou pela Europa com seu amigo John Cam Hobhouse e colecionou aventuras: em Malta envolveu-se com uma mulher casada – ele envolvia-se indistintamente com homens e mulheres – por quem quase bateu-se em um duelo com o marido traído. Foi um dos raros ocidentais a ser recebido pelo governante da Albânia, Ali Paxá, que ficou fascinado, na boa e velha tradição muçulmana, com a beleza do jovem poeta; em uma carta, Byron chegou a dizer que Ali Paxá lhe enviava frutas, doces e sorvetes vinte vezes por dia, e que lhe implorava que o visitasse, principalmente à noite, quando estava mais livre. Em Atenas, apaixonou-se pelo jovem de origem italiana Nicolau Giraud, de quinze anos de idade, cuja dedicação cativara o poeta; viajaram juntos pela Grécia e por Malta, e Giraud ensinou o italiano a seu amante. Quando teve de deixar o jovem Giraud para voltar à Inglaterra, escreveu: "Aos 23 anos, o melhor da vida, e suas amarguras, já ficaram para trás... Estou cansado até a alma."

De volta à Inglaterra em 1811, ano da morte de sua mãe e do amado Edleston, destruiu sua carreira política com seu bombástico primeiro discurso na Câmara dos Lordes, em defesa dos ludistas, tecelões revoltosos que estavam destruindo as novas máquinas que geravam desemprego no setor. Tornou-se neste ano amante de Caroline Lamb, mulher excêntrica, e casada, dada a escândalos públicos, de quem logo se cansou, apesar de ela ter-se vestido de pajem para tentar reacender a paixão de seu amante bissexual. Chegou ainda a pedir em casamento a prima de Caroline, Annabella Millbanke, que recusou.

Mas a mulher que provocou a maior paixão em sua vida parece ter sido sua meia-irmã, Augusta Leigh, filha de outro casamento de seu pai, que obviamente era casada, pois não bastasse o incesto, nosso poeta também decidiu cometer novamente adultério. Para livrar-se desta relação inusual, Byron decidiu casar-se em 1814 com Annabella Millbanke, que não conseguiu resistir mais uma vez aos encantos do sedutor; com ela teve uma filha a quem deu o nome de Augusta Ada.

O casamento durou um ano e duas semanas, ao fim dos quais, em 1816, Byron deixou a Inglaterra para nunca mais voltar. Parece que Annabella não conseguiu aceitar muito bem suas relações homossexuais e o meio-incesto com a meia-irmã. Na Suíça, Byron viveu com o poeta exilado Shelley e a esposa deste, Mary Shelley, feminista e autora do célebre *Frankenstein, ou o moderno Prometeu*, que escreveu em uma disputa literária com Byron, Shelley e John William Polidori em 1817. As aventuras do Lord continuaram com Clare Clairmont, meia-irmã de Mary, que lhe deu mais uma filha, Allegra.

Na Itália, teve inúmeras aventuras, principalmente em Veneza, onde se envolveu com diversas mulheres casadas, mas nenhuma irmã. Levado pelo pai e pelo irmão de uma de suas amantes, a condessa Teresa Guicciolli, de vinte anos, casada, Byron participou do grupo revolucionário dos Carbonários, pelo fim do domínio austríaco no norte da Itália. Decidiu ainda participar da luta pela libertação da Grécia do domínio otomano, em 1823, a convite do Comitê Greco-Londrino. Participou como soldado e também financiando a luta com seu próprio dinheiro, doando 4000 libras.

Em 1824, conheceu o jovem Lucas Chalandritsanos, que o acompanhou por algum tempo pela Grécia e a quem dedicou seus últimos poemas; ele apaixonou-se pelo jovem Lucas, que pareceu não ter correspondido ao seu amor com afeição ou gratidão. Para ele escreveu este que é considerado seu último verso:

> ... ainda assim tu não me amas
> e nunca amarás! Tua vontade não abriga o amor,
> não posso culpar-te por isso, apesar de ser minha sina
> amar-te muito, erradamente, em vão.
> (Citado em Tom Cowan, 1989:67)

O médico e os monstros

Após este amor não correspondido, Byron foi acometido por uma febre que, mal-cuidada, acabou levando-o à morte em 19 de abril de 1824; tornou-se imediatamente herói nacional na Grécia. Seu corpo foi enterrado na abadia de Newsted, junto a seus ancestrais, pois Westminster, onde estão alguns dos mais importantes poetas ingleses, recusou recebê-lo devido a sua má reputação, de incestuoso, revolucionário e bissexual.

O médico e os monstros

Se é verdade que os sodomitas, termo que praticamente desapareceu no século XIX, já não eram mais queimados em praça pública, e alguns países não condenassem a homossexualidade, mesmo assim ela não deixará de ser considerada um pecado grave, para os cristãos, e um erro que ameaça a moral e os bons costumes. Na Inglaterra, ela estava sujeita à pena de morte até 1861, ainda que raramente aplicada, quando esta foi substituída por penas que iam de dez anos à prisão perpétua. Mas a criação mais original deste século da ciência na perseguição aos não-conformistas foi a transformação do amor entre pessoas do mesmo sexo em uma doença mental.

Apesar da Revolução Francesa, ou por causa dela, a Europa, na década de 1840, assistiu a um crescimento da repressão aos pobres e aos diferentes, principalmente após a derrota das revoluções operárias, as chamadas Comunas de Paris. A burguesia estabeleceu-se definitivamente como classe dirigente e tentou diferenciar-se das classes populares e operárias, cujos hábitos sexuais ela considerava quase selvagens e animalescos, e também dos hábitos que considerava demasiado livres da aristocracia. Principalmente com o surgimento das classes médias, os valores sexuais foram cada vez mais voltados a valorizar as relações heterossexuais dentro do casamento; o único sexo legítimo é aquele realizado dentro da família conjugal. A homossexualidade, a prostituição, a masturbação e o aborto serão considerados nocivos àqueles que os praticam e à toda a sociedade.

Este século foi conhecido como o período da moral vitoriana, uma moral sexual estrita e contrária a qualquer tipo de erotismo e sexualidade. Por outro lado, parece que não se falou de outra coisa além de sexo neste período: na literatura, a prostituição e o adultério são temas constantes – basta lembrar da prostituta bissexual Naná de Émile

Zola, e as adúlteras Emma Bovary de Flaubert, Ana Karênina de Tolstói ou a ambígua Capitu de Machado de Assis.

Tanto a moral como a ciência médica rejeitavam o homossexual e o celibatário, aquele solteiro que não tinha intenção de se casar, que preferia a liberdade sexual às obrigações sociais do casamento e o preconceito contra as mulheres sem homem, as solteironas, é algo que sobrevive ao tempo. O homossexual, cuja preferência só pode ser resultado de uma doença mental – e moral – muitas vezes, quando sua vida não era envolta no silêncio, podia ser internado em um hospício; principalmente as mulheres, dependentes de seus pais e maridos, estavam sujeitas a este "tratamento", quando incomodavam a harmonia de suas famílias, e são conhecidos os casos de internação de Adèle Hugo, filha do escritor Vítor Hugo, ou Camille Claudel. O amor lésbico ou por um homem mais jovem, ou mais velho e casado como era o caso da Claudel, podiam levar à internação da pecadora, e não foram raros casos como estes em pleno século XX.

Na ciência médica as "perversões" sexuais foram o assunto preferido: estudavam-se os males que causam à sociedade e à família a prostituição, a masturbação, a pederastia e o lesbianismo. Para Foucault, existiu neste período, no Ocidente, uma explosão discursiva sobre o sexo, uma "vontade de saber". (1985a:17) Não foram apenas os atos reprimidos mas o próprio desejo: o homossexual foi entendido como um ser biologicamente distinto das "pessoas normais", com uma "natureza singular". "A homossexualidade apareceu como uma das figuras da sexualidade quando foi transferida, da prática da sodomia, para uma espécie de androginia interior, um hermafroditismo da alma. O sodomita era um reincidente, agora o homossexual era uma espécie." (Foucault, 1985a:43-44)

Em 1860, o médico alemão Karl Heinrich Ulrichs (1825-1895) propôs uma interpretação congênita para a homossexualidade masculina, sendo ela resultado do desenvolvimento embrionário: os embriões, nascidos iguais, dividiam-se em três, masculino, feminino e o homossexual, ou *urning* (de uranista, termo que criou para os homossexuais, derivado da Vênus Urânia, citada no *Banquete* de Platão como a patrona dos amores homossexuais). Sua idéia era impedir a perseguição legal aos homossexuais, argumentando que estes instintos eram inatos, portanto naturais. Em 1869, C. Westphal estendeu este conceito para as lésbicas.

A palavra homossexual foi usada pela primeira vez em 1869 pelo médico alemão de origem húngara Karoli Maria Benkert (que mudou seu nome para Kertbeny em 1848), e acabou superando outros termos que a medicina da época criara para definir as relações entre pessoas do mesmo sexo. Ele usou esta palavra pela primeira vez em uma carta aberta ao ministro da Justiça alemão, pedindo a supressão do parágrafo 143 do código penal da Prússia que considerava crime as relações entre homens. Benkert, que era homossexual, criou este nome para dar uma imagem positiva da homossexualidade, que era denominada até então com termos negativos, como sodomita ou pederasta, que evocavam o vício, a loucura e o abuso de crianças. Este termo híbrido criado pelo doutor Benkert, metade latino, metade grego, designava apenas as relações entre pessoas do mesmo sexo, sem uma conotação moral negativa. (Bonnet, 1981:180-181)

Neste momento aparece também a palavra heterossexual que, curiosamente, referia-se a uma perversão sexual, uma inclinação erótica exagerada pelo sexo oposto. Apenas no começo do século XX o termo heterossexual designou a prática sexual "normal"; uma confusão típica deste século com obsessão pela classificação e pela doença. A especulação em torno da sexualidade *anormal* teria promovido uma igual especulação em torno da sexualidade *normal*, ou seja, a heterossexualidade. (Jonathan Ned Katz, 1996:65)

A medicina buscou, então, estabelecer normas de conduta higiênicas, no sentido tanto de proteger esposas e maridos das doenças venéreas – que ainda não tinham cura até a descoberta da penicilina – assegurando a geração de filhos saudáveis, bem como à sociedade, garantindo que os desviantes, aqueles que ameaçavam o equilíbrio social, a moral e os bons costumes e a pureza da raça, fossem classificados, estudados, e quando possível, curados, ou então confinados em hospitais ou prisões. Entrou em cena o leito individual, logo depois o quarto individual, para evitar a promiscuidade dos leitos coletivos dos séculos anteriores, pelo medo de epidemias e de libertinagens sexuais, como sodomia e incesto. Não é por acaso que os leitos individuais apareceram primeiro nos conventos e depois nos hospitais, antes de ganhar as casas burguesas; as casas operárias, com pouco espaço, poucas camas e muitas pessoas, foram consideradas, na visão das elites e dos médicos, como fonte de doenças e perversões, resultado de sua natural tendência ao vício e à bebida, eximindo os baixos salários, obviamente.

Se o termo homossexual, e também heterossexual, foram criados apenas neste século, não devemos crer, como alguns seguidores de Foucault, que antes disso a própria homossexualidade (Halperin, 1990) e a heterossexualidade (Katz, 1996) não existissem. O fato de alguma coisa não existir na linguagem não significa que ela não exista na realidade; esta idéia só pode nascer de uma indiferença às fontes históricas que nos mostram como, desde a Antigüidade, existiam pessoas que eram identificadas e reconheciam-se como apreciadoras de relações com pessoas do mesmo sexo, embora não dessem um nome, ou uma importância muito grande a isso. A ciência do século XIX criou um nome, uma teoria e uma prática, mas não criou a homossexualidade.

Mary Chapman e George Sand

Com a valorização cada vez maior do casamento e do amor conjugal, a mulher homossexual foi tema de maiores atenções por parte da medicina. Como vimos, a lei e a religião pouco ocuparam-se das lésbicas nos séculos anteriores, e também a desprezaram neste século. Mas o médico, tão ocupado com a histérica e com o pederasta, não foi mais indiferente às invertidas, às mulheres que se faziam passar por homens e suas seduzidas vítimas.

A medicina considerava um erro o lesbianismo, pois a agressividade sexual era considerada atributo masculino; ela negava a importância do desejo feminino, que deveria ser, em sua passividade, um objeto dos desejos do marido. O pior pecado para uma mulher era degenerar na prostituição ou no lesbianismo, coisas que estavam absolutamente ligadas para os médicos, como a masturbação à pederastia.

Para os médicos franceses, por exemplo, a maior parte das prostitutas eram lésbicas; adquiria-se o vício nos bordéis, pela comida abundante, pela ociosidade forçada, pelas conversas lascivas; ou ainda nas prisões, onde eram seduzidas pelas mais velhas que tinham "horror a homens". A proximidade destas "decaídas", irmanadas no vício, confidentes, também era propícia à eclosão de paixões; um vício a mais em meio ao mar de lama moral da prostituição. Sem esquecer, ao que diziam, do ódio ao cafetão que as explorava, ao homem em geral, unindo por séculos as mulheres. Muitas viviam juntas nos bordéis, as chamadas *gougnotes*, as irmãzinhas. Nos dias de saída habitualmente reservados às pensionistas, os casais de mulheres fechavam-se num quarto com licores e guloseimas.

O costume dizia que a mulher que, no bordel, conseguisse obter os favores sexuais de uma de suas amigas deveria mandar servir, numa mesa comum a todas, na primeira refeição depois da noite de amor, duas garrafas de champanhe, "uma delas colocada diante da vitoriosa e a outra diante da nova amiga", para que todas soubessem do novo casal na casa. Podiam chegar a tatuar o nome uma da outra na barriga. Nos estabelecimentos mais finos, as lésbicas eram particularmente procuradas, oferecendo um espetáculo sáfico aos clientes. Em algumas casas, como o *Chabanais*, as mulheres eram recebidas como clientes, assim como os homens; havia em Paris quatro ou cinco casas deste tipo para lésbicas mundanas. (Laure Adler, 1990: 107)

O lesbianismo era geralmente identificado à uma forma de masturbação, o clitoridismo, ou o uso do clitóris em lugar da vagina; os médicos estavam presos ainda a um esquema que via o clitóris como uma pobre imitação do pênis. A lésbica era muitas vezes a mulher que usava um clitóris superdesenvolvido para fazer amor com outras mulheres. O seu uso em vez do sexo vaginal era considerado, além de uma forma de masturbação, como uma tentativa de se equiparar aos homens. Ou seja, inveja do pênis!

Assim, uma mulher que seduzia outra mulher era uma invertida, alguém que invertia a ordem natural, que tomava o lugar do homem, que adotava o papel social do homem e por vezes suas roupas, também. Homens que adotavam o papel passivo e mulheres viris eram os invertidos, os verdadeiros doentes que ameaçavam o equilíbrio social.

Não é por acaso que os primeiros movimentos de emancipação das mulheres, dos operários e dos homossexuais sejam acompanhados de teorias médicas e sociais que tentam demonstrar a perversão destes grupos; já vimos que para muitos médicos a homossexualidade, a prostituição e os movimentos de reivindicação eram característicos da vida dissoluta que levavam os operários e pobres. As sufragistas, mulheres que reivindicavam o direito feminino ao voto, eram consideradas invertidas e homossexuais, visto que só isso poderia explicar seus atos e desejos tão pouco femininos.

As operárias eram consideradas mais propensas ao vício talvez pelo motivo óbvio de estarem mais expostas à prostituição e porque muitas delas vestiam-se de homem, não sempre pelo desejo de seduzirem suas parceiras como homens, mas para receber os salários masculinos, mais altos, ou mesmo para aumentar sua produtividade, diminuída pela falta de mobilidade das roupas femininas. A queima de sutiãs teve precedentes, como vemos.

Mas muitas destas mulheres, além dos salários mais altos, desejavam outros tipos de emoções, e temos muitos exemplos vindos dos

Estados Unidos nesta época. Emma Edwards, depois de ler o conto popular *Fanny Campbell ou a Capitã dos Piratas* (1815), quis provar, como Fanny, a liberdade e a independência proibidas ao seu sexo: cortou os cabelos, vestiu-se de homem e quase se casou com uma moça da Nova Escócia; acabou por alistar-se na armada da união durante a Guerra de Secessão americana; em 1835, o jornal *Times* falava sobre Mary Chapman, uma campeã em virilidade: ela, além de brigar na rua, tinha uma amante, ao mesmo tempo que uma "esposa"; em 1850, Lucy Ann Lobdell abandonou seu marido em Nova Iorque, o reverendo Joseph Lobdell, e se fez passar por homem a fim de ganhar sua vida, recebendo um salário masculino, e passou a viver com Maria Perry; em 1870, a imigrante francesa Jeanne Bonnet, era freqüentemente presa em Nova Iorque por travestismo. Ela visitava um bordel onde se apaixonou pela prostituta Blanche Bruneau a quem convenceu a abandonar a profissão para viverem juntas. Em 1876, um homem a assassinou com um tiro quando ela estava deitada com sua amante Bruneau. (Judith Walkowitz, 1991:411-412)

Outras mulheres travestiam-se não por motivos de salário ou produtividade, mas por questões ideológicas; mulheres ricas que podiam ser excêntricas sem ter contra si a ira da sociedade e da lei, e que não dependiam de maridos para se sustentarem. A escritora George Sand (Aurora Dupin, 1804-1876) foi uma das mais conhecidas destas travestis; usava-se o termo pejorativo george-sandismo para designar estas mulheres que se vestiam como homens. George Sand adotou vestes masculinas aconselhada por sua mãe, para poder explorar melhor a cidade de Paris, com a liberdade que as roupas masculinas possibilitavam; ela era conhecida também por suas relações com homens femininos, como o compositor Chopin, e por sua correspondência apaixonada com a cantora Marie Dorval. Era conhecida como "homem de letras", termo que a escritora francesa Rachilde, casada com o fundador do jornal *Mercure de France* tomou para seu cartão de apresentação; ela e a inglesa George Elliot (Mary Ann Evans, 1819-1880), que como George Sand adotou um nome masculino, também vestiam-se como homens. Perceberam todas elas que para vencer num mundo masculino tinham que usar suas mesmas armas – e roupas!

Muitas mulheres descobriam nos pensionatos, internatos e escolas uma espécie de fraternidade feminina e, algumas vezes, amizades apaixonadas, com intensa troca de cartas mesmo depois de seus casamentos: esta correspondência revela que estas relações íntimas eram muito livres, com troca de presentes, roupas, uma cozinhando para a outra e dormindo ambas na mesma cama. Quando as amigas passavam a morar juntas, estas relações eram conhecidas como "casamentos de Boston", expressão usada na Nova Inglaterra para designar relacionamentos duradouros entre mulheres "solteiras" e independentes financeiramente, que eram recebidas nos círculos da elite e das classes altas. Estes casamentos foram descritos, de um ponto de vista masculino, por Henry James em *Os bostonianos* (1885). Já as operárias que desejassem viver juntas deveriam fazê-lo escondidas. O travestismo e as amizades românticas eram duas formas com as quais as mulheres se relacionavam com o lesbianismo no século XIX.

Rosa Bonheur

A pintora Rosa Bonheur foi uma das únicas mulheres a pedir autorização especial à polícia para se vestir como homem, em 1857, embora outras, como George Sand, não o tivessem feito e, tampouco fossem perseguidas pelas autoridades – pois eram ricas e conhecidas. Ela foi também a única mulher no século XIX que vivia exclusivamente de sua pintura; não contente com isso, viveu longos anos com Nathalie Micas, no castelo de By, comprado com a venda de seu imenso quadro *O mercado de cavalos (Le marché aux chevaux)*. (Ver Bonnet, 1981:199-203)

Rosa (1822-1899) nasceu em Bordéus, sendo educada por um pai progressista, que lhe transmitiu o gosto pela pintura; sua mãe morreu muito cedo, mas Rosa cultuou sua imagem durante toda a sua vida. Sua carreira como pintora foi marcada pelo sucesso, tendo recebido, por causa dela, a Legião de Honra do governo francês; recebeu a medalha de ouro do Salão da Arte em 1848 e a venda de seu *Mercado de cavalos* nos Estados Unidos permitiu-lhe viver uma vida independente ao lado de sua querida Nathalie, cuja amizade para ela foi fundamental em sua bem-sucedida carreira artística, permitindo, segundo ela própria, o desabrochar de suas faculdades criadoras.

Uma aluna norte-americana, Anna Klumpke, viveu alguns anos em seu castelo, após a morte de Nathalie, onde escreveu uma biografia de sua mestra. Ela diz a Anna que começou a usar roupas masculinas não para fazer-se passar por homem, mas para facilitar seu trabalho, já que gostava de estudar os animais ao ar livre, como os cavalos, para pintá-los. Para sua amante Nathalie Micas, era também uma forma de ela não estar submetida às regras da moda às quais tinham de sujeitar-se as mulheres elegantes; ela poderia criar para si uma vestimenta simples e prática que a acompanharia por toda a vida.

A escolha de uma mulher como sua biógrafa não foi por acaso: ela queria evitar as anedotas e mal entendidos que se costumava escrever sobre sua vida, geralmente escritos por homens. Para Rosa apenas uma mulher poderia entender a forte ligação espiritual com Nathalie e com a sua mãe morta. Além disso, Anna era nascida nos Estados Unidos, onde a situação das mulheres era mais avançada que na Europa. Ela não seria capaz de ver na ligação com Nathalie nada sujo, como tantos homens tinham feito antes.

Rosa diz a sua biógrafa que se tivesse sido um homem, elas teriam se casado, teriam tido filhos que seriam seus herdeiros e ninguém poderia inventar nenhuma história suja. Elas fizeram-se herdeiras uma da outra e, ao morrer, Rosa Bonheur fez questão de ser enterrada junto ao corpo de sua amiga, num sepulcro que ela própria havia preparado para recebê-las, onde escreveu: "A amizade é a afeição divina." Diz ela em sua biografia: "Esta afeição divina não morre, ela dura além de nossa existência terrestre. Nada é tão grande ou tão puro. A amizade da alma é a verdadeira parentela; ela é superior àquela que Deus nos dá, pois em vez de aceitá-la de suas mãos nós a escolhemos nós mesmos."

Mulheres caídas

As novas teorias com relação à homossexualidade diziam que ela era congênita e que os "doentes" já nasciam predispostos a ela; eles possuíam até mesmo características físicas específicas, como voz aguda, maneiras delicadas, quadris largos e até mesmo a incapacidade de assobiar nos homens, ou ausência de menstruação, pêlos no corpo, um clitóris superdesenvolvido nas mulheres – recuperando as antigas idéias do padre Sinistrari – e a estranha capacidade de assobiar! Como vemos, observação muito científica, sem um pingo de ideologia!

Apesar disso estes mesmos médicos preocuparam-se com a possibilidade de adquirir a homossexualidade pelo contato com os "invertidos". Revelou-se aqui, além de uma contradição na teoria, a presença do preconceito de classe e de raça: enquanto se consideravam os ricos e a classe média como doentes, entre os pobres, operários e negros, a homossexualidade era parte da própria imoralidade característica destas pessoas, que eram naturalmente pervertidas. O contato com estas classes podia levar a adquirir estes hábitos e dizia-se que a presença de criados nas casas respeitáveis facilitava o "contágio". As relações entre brancos e negros por si só eram consideradas uma perversão em países como os Estados Unidos, como na Idade Média considerava-se bestialismo o sexo entre cristãos e judeus. (George Chauncey Jr., 1982:107)

Uma das principais discussões daqueles preocupados com as ameaças dos perigosos e traiçoeiros homossexuais era em relação aos locais onde conviviam apenas pessoas do mesmo sexo, como escolas, internatos, hospitais, casernas etc. Ou ainda os reformatórios para crianças abandonadas, infratoras ou aquelas cujos pais não tinham condições materiais ou morais – era o caso das prostitutas – para cuidar dos filhos, muito comuns nos países industrializados em meados do século XIX.

Muitas vezes os internos, fosse de escolas ou reformatórios, dividiam os mesmos leitos ou dormiam em camas muito próximas, vinte ou trinta jovens num mesmo dormitório, facilitando os contatos. Às vezes estabeleciam-se relacionamentos estáveis entre os meninos ou entre as meninas, ou diríamos amizades muito estreitas. Para isso havia uma grande vigilância contra a masturbação e as "amizades perigosas".

As prisões eram também um local privilegiado para relações entre pessoas do mesmo sexo, principalmente nos locais onde crianças e adolescentes eram confinados junto a presos adultos. Um inspetor de prisões de Massachussets, Geórgia, Louis Dwight, em 1826, dizia que meninos eram "prostituídos para a luxúria dos condenados mais velhos e os meninos bonitos que chegavam à prisão eram objeto de uma verdadeira disputa entre "aqueles desavergonhados de cabelos grisalhos". (Citado em Spencer, 1996:241)

Nos reformatórios femininos, muitas vezes o internamento era resultado de uma sexualidade precoce; se para os meninos o reformatório servia para protegê-los do crime, para as meninas a criminalidade era apenas um estágio no declínio para a prostituição e para a perversão sexual: precisava-se protegê-las de sua "inevitável queda", principalmente se fossem filhas de outras mulheres "caídas". (Michelle Cale, 1993:203)

Procurava-se não misturar as meninas e meninos de idades diferentes, pois acreditava-se que os mais velhos poderiam ensinar o vício aos mais jovens, ou seja, seduzi-los. As meninas mais velhas ganhavam às vezes um pequeno cubículo individual e uma cama própria nos reformatórios ingleses, para prepará-las para a vida fora das instituições, valorizando a privacidade e o espaço pessoal, mas também para controlar sua sexualidade e seus contatos com as outra internas. Evitava-se assim que as mais velhas desenvolvessem, entre si e com as mais jovens, contatos físicos e que trocassem experiências sobre o desenvolvimento de seus corpos e de sua sexualidade. Em alguns locais, certos objetos eram escondidos para que as meninas não os usassem umas com as outras como falos artificiais.

As meninas deveriam cooperar umas com as outras, mas não deveriam desenvolver amizades muito íntimas; isso para evitar que aprendessem coisas relativas à sexualidade com as mais experientes ou que desenvolvessem romances lésbicos, o que não era de modo algum uma coisa incomum. Entre os meninos a descoberta de uma relação homossexual era um grande escândalo, equivalente à descoberta de uma gravidez entre as meninas; o principal era que os rapazes não descobrissem as delícias do homoerotismo e que as moças não descobrissem a existência do sexo, visto que o sexo não era um assunto de mulheres.

Os uranistas

Magnus Hirschfeld (1868-1935), judeu alemão e homossexual, dedicou parte de sua vida à supressão do parágrafo 175 do código penal alemão (antigo 143 do código prussiano) sobre a homossexualidade masculina. Hirschfeld era um sexólogo de Berlim que considerava a homossexualidade um terceiro sexo; ela seria inata, portanto não dependeria de uma escolha, não podendo ser considerada nem pecado nem crime, e deveria ser protegida pela lei, não perseguida.

Em 1897, fundou o Comitê Científico-Humanitário com o objetivo de reformular as leis, educar o público sobre a homossexualidade e motivar os homossexuais a lutar pelos seus direitos. Em 1903, ele publica *O Uranismo*, a partir do qual iniciou um movimento internacional pela descriminalização da homossexualidade, que continuou vários anos após sua morte. Suas atividades consistiam em pesquisa, na publicação de livros sobre o assunto e em diversas viagens pelo mundo, proferindo palestras e participando de congressos e debates, com cientistas e com o público em geral, além de ter implantado seções de seu comitê em várias cidades européias, como Londres, Viena e Amsterdã.

Seu prestígio fez com que em 1898 liderasse uma recolha de assinaturas para petições pedindo a reforma do código penal, com mais de 6000 assinaturas, entre as quais as de dois dirigentes do Partido Social Democrata Alemão, August Bebel e Karl Kautsky, psiquiatras como Richard von Krafft-Ebing, filósofos como Karl Jaspers, escritores como Lou Andreas-Salomé, Hermann Hesse, Thomas e Heinrich Mann etc. Bebel foi o único parlamentar da época a defender a petição de Hirschfeld, defendendo-a no Parlamento em 13 de janeiro deste ano, mas nenhum partido chegou a defender esta mesma posição publicamente.

Embora as lésbicas não fossem alvo de nenhum código penal, Hirschfeld defendia que elas enfrentavam muitas dificuldades para viverem abertamente seus estilos de vida, se não por causa das leis, pela ignorância geral sobre sua natureza. Assim ele contou com a participação em seu Comitê de várias ativistas, como a lésbica e feminista Anna Rühling que, em 1904, declarou num congresso de mulheres que o movimento feminista estava sendo omisso em abordar a questão lésbica, considerando todas as conquistas que as lésbicas tinham conseguido para as mulheres em geral dentro do movimento feminista. (Mott, 1987:47; Sam Deaderick, Tamara Turner, 1997:23)

Em 1908, Hirschfeld foi um dos fundadores da Sociedade Psicanalítica de Berlim, juntamente com Karl Abraham, discípulo de Freud; este chegou a recomendar a Abraham que não tivesse prevenções contra Hirschfeld por causa do desagrado reinante contra ele, por conta de sua militância. Hirschfeld não foi o primeiro cientista a ter uma visão positiva da homossexualidade, mas foi o primeiro a criar um movimento internacional de reivindicação de direitos civis; podemos considerá-lo o primeiro ativista gay da história moderna.

Em 1929, sua luta teve frutos, com a supressão do infame parágrafo 175; uma vitória temporária, pois com a ascensão do nazismo em 1933 ele foi restaurado. Os nazistas queimaram o seu Instituto Berlim de Ciência Sexual, fundado em 1919, felizmente em um momento em que ele se encontrava no exterior, caso contrário seria preso. As leis discriminatórias na Alemanha duraram até o ano de 1968, mas poderiam ter durado muito mais sem o ativismo político e intelectual do doutor Magnus Hirschfeld.

Outra ativista importante foi Emma Goldman (1869-1940), que nasceu em Kaunas, Lituânia, e morreu no exílio em Toronto, Canadá. Emigrou aos Estados Unidos em 1885; lá, trabalhando como operária em Rochester e New Haven, encontrou um grupo de emigrados europeus, em geral judeus e anarquistas ou socialistas, com os quais passou a militar. Mudou-se para Nova Iorque em 1889, quando então ficou conhecida como A Vermelha, por causa de sua militância e de suas idéias arrojadas, pelas quais passou seis anos na prisão, entre 1893 e 1899.

Emma defendia o planejamento familiar, o amor livre, a arte, a reforma do ensino e foi uma das primeiras pessoas na América do Norte a defender a homossexualidade, mesmo não sendo lésbica. Para ela defender os gays era uma questão de lutar contra as injustiças e em prol de uma sociedade livre. Para defender estas idéias teve que lutar contra o preconceito da sociedade e a resistência de muitos de seus companheiros anarquistas, que temiam que esta militância atrapalhasse a causa anarquista. Apesar disso, ela nunca deixou de defender suas idéias contra quem quer que fosse; tanto assim, que foi expulsa dos Estados Unidos, em 1919, e da União Soviética, onde combateu o centralismo e a repressão aos anarquistas, em 1921.

Para ela, a libertação da sociedade, em especial da mulher, passava pela libertação sexual; as mulheres deveriam afirmar-se como seres humanos e não como objetos sexuais dos homens, simples reprodutoras, para se libertarem dos verdadeiros tiranos: a ideologia e a opressão sexual. Entrou em conflito com as sufragistas, dizendo que a emancipação não começava na cabina de voto, mas na cabeça da mulher. Polemizou com o seu mestre, o líder anarquista russo Kropotkin, que discordava de suas idéias sobre a liberação sexual das mulheres, achando que quando a mulher fosse igual ao homem intelectualmente, partilhando seus ideais sociais, seria tão livre quanto ele. Emma respondeu ao mestre anarquista que esse era o argumento de um velho para quem a sexualidade não era mais importante. (Elisabeth Souza Lobo, 1983:43)

Em 1923, escreveu um artigo em uma revista alemã defendendo os direitos dos gays e lésbicas e discutindo a condenação de Oscar Wilde, a quem sempre defendera publicamente, e sobre a poeta e anarquista francesa Louise Michel, conhecida como lésbica, em que dizia: "É uma tragédia...estas pessoas com um tipo sexual diferente são presas em um mundo que mostra tão pouco entendimento dos homossexuais e é tão crassamente indiferente às várias gradações de gênero e sua grande significação na vida... toda a perseguição e condenação de Wilde atinge-me como um ato de cruel injustiça e hipocrisia..." (Citado em Deaderick e Turner, 1997:31)

Oscar Wilde e a importância de ser prudente

A prudência é uma das primeiras virtudes que os não conformistas devem aprender quando vivem em tempos sombrios de incompreensão e repressão. Esta lição o escritor Oscar Wilde (1854-1900) aprendeu muito tarde. Sua vida extravagante era sua maior obra de arte, dizia ele, embora tenha sido um dos grandes gênios literários do talentoso século XIX. Chegando ao porto de Nova Iorque, em 2 de janeiro de 1882, para uma série de conferências pelos Estados Unidos, o inspetor da alfândega perguntou-lhe se tinha algo a declarar: "Nada além de meu talento", respondeu o modesto gênio. (Cowan, 1989:87) Este estilo bombástico, de declarações irônicas e inteligentes, fizeram sua fama e garantiram sua queda, que não foi pequena.

Oscar Wilde era filho de uma importante família irlandesa; sua mãe era poeta e liderava salões literários e um círculo de intelectuais poetas e artistas, e seu pai era um conhecido médico. Estudou em Oxford e, depois de formado, mudou-se para Londres com o objetivo de se tornar famoso, o que não tardaria a acontecer, pelo seu talento e por sua extravagância. Ele era o que se costumava chamar de dândi, um homem que se vestia de maneira extravagante, dentro da moda e criando modas, sempre acompanhado de pessoas que classificava como *beautiful people*, sempre chocando os outros com suas roupas e ditos espirituosos.

Em Londres, foi apresentado ao mundo do teatro pelo pintor Frank Miles, que foi seu amante e com quem dividiu um apartamento para solteiros por algum tempo, em 1879. Conheceu Lily Langtry, atriz e amante do príncipe de Gales, e Sara Bernhardt, a atriz mais famosa do século (e talvez da história), logo fazendo parte dos mais elegantes grupos da cidade.

Sua carreira de escritor começou com um escândalo, com a publicação de seu primeiro romance, *O retrato de Dorian Gray* (1890), sendo acusado de expor uma ambígua personalidade homossexual na figura de seu protagonista; este livro viria a ser um dos maiores ícones da cultura homossexual deste século, e Dorian Gray praticamente um sinônimo de homossexual masculino. Gray era também o nome de um de seus amantes mais queridos, John Gray, a quem homenageou neste romance. Sua peça *A importância de ser prudente* é considerada a primeira comédia moderna da Inglaterra. Seus textos são um exame bem humorado da moral hipócrita da Inglaterra vitoriana e seus tabus e

Tríbades galantes, fanchonos militantes

preconceitos, sociais e sexuais. Em 1894, sua peça *Salomé* foi proibida, por uma lei do século XVII que proibia a exposição de temas bíblicos no teatro, o que o levou ao ato teatral, bem ao seu estilo, de renunciar à cidadania britânica, tornando-se cidadão francês.

Como se não bastasse, ele defendia o socialismo e o anarquismo, traindo assim sua classe social, tendo escrito um pequeno ensaio intitulado *A alma do homem sob o socialismo* (1891), em que defendia o fim da propriedade privada e da exploração – não sexual, é claro – do homem pelo homem; para ele a consolidação do Socialismo teria como vantagem livrar-nos "desta imposição sórdida de viver para outrem, que nas condições atuais pesa de forma implacável sobre quase todos". (Wilde, 1983:9) Estas imposições não eram apenas aquelas sociais e políticas, mas as que condicionavam os hábitos e costumes, às quais ele sempre combateu.

Em 1884, casou-se com Constance Lloyd, com quem teve dois filhos, Cyril e Vyvyan. Apesar de seu casamento, Wilde não fazia questão de esconder suas preferências sexuais, que também incluíam os belos rapazes. O grande amor de sua vida foi lorde Alfred Douglas, filho do marquês de Queensbery, que conheceu em 1891 e a quem carinhosamente chamava Bosie. Wilde ficou fascinado por sua juventude e beleza, e tiveram a partir daí um romance público. Em 1894, viajaram juntos pela Argélia, um paraíso para europeus ricos em busca de rapazes disponíveis para o sexo, onde encontraram o escritor francês André Gide, em busca dos mesmos prazeres.

Este romance ruidoso obviamente chegou aos ouvidos do marquês de Queensbery, a quem Alfred fazia questão de chocar e ofender com sua vida escandalosa. Wilde acabou entrando em uma disputa entre pai e filho que acabaria por arruiná-lo. Em 1895, o marquês escreveu-lhe um cartão, no clube onde eram sócios, ofendendo-o e chamando-o de "sodomita"! Instigado por Bosie e pelo absurdo erro de grafia, imperdoável para alguém tão culto, decidiu, com muita imprudência, processar seu sogro desafeto por calúnia. Este processo virou-se contra Wilde em uma acusação de sodomia, que era crime. No tribunal seus próprios livros e ditos espirituosos, feitos para chocar a sociedade moralista, foram usados como prova. A sociedade moralista vingou-se: foi condenado a dois anos de trabalhos forçados, tendo sido a pessoa mais importante e conhecida da Inglaterra condenada por esta infame lei; seu processo desencadeou uma verdadeira histeria e onda de perseguições aos homossexuais, levando muitos deles a emigrarem para o continente.

Na prisão, abandonado por Bosie e por todos os amigos, compôs *De profundis*, uma carta a seu amante com trinta mil palavras, e *A balada do cárcere de Reading*, baseado na execução de um prisioneiro, sobre a brutalidade das prisões e sua própria experiência. Ao sair da prisão já não tinha mais sua esposa, que se divorciou dele, perdeu contato com seus filhos, que mudaram de nome, não tinha mais amigos, dinheiro ou fama. Viveu ainda três meses com lorde Douglas, em Paris, para onde emigrou sob o nome de Sebastian Melmoth, e onde morreu, esquecido e completamente destruído, em 1900, num quarto de hotel, vitimado pela meningite.

Rimbaud e Verlaine

Paul Marie Verlaine (1844-1896) nasceu em Metz, na França, único herdeiro de uma família rica. Estabelecido em Paris em 1851, desde cedo demonstrou sua inclinação à poesia, à bebida e aos homens, sendo responsável por vários escândalos por conta de seus porres homéricos. Apesar disso, acabou casando-se com Matilde Mauté, embora mantivesse uma estreita amizade de muitos anos com seu amigo Lucien Viotti.

Em 1870, os dois amigos inseparáveis alistaram-se nas fileiras do exército na guerra franco-prussiana, onde Lucien morreu de varíola, fazendo com que Verlaine passasse a beber cada vez mais até que, em 1871, recebeu uma carta do jovem Artur Rimbaud (1854-1891), que viria a ser o grande amor de sua vida. Rimbaud havia lido os poemas de Verlaine e queria mostrar os seus próprios a ele; depois de uma troca de cartas, Verlaine envia dinheiro ao jovem, que vivia em Charleville com sua família, para que fosse até Paris encontrá-lo, onde então iniciariam um romance: Verlaine com 26 anos e Rimbaud na flor de seus dezesseis.

Em Paris, Rimbaud foi saudado pelo círculo de seu amigo como um gênio que desabrocha; curiosamente Matilde Mauté não apreciou o talento literário do menino, nem tolerou sua presença. Ela acabou indo à casa de seus pais, com o filho recém-nascido, na esperança de que seu marido abandonasse seu pequeno companheiro, o que não aconteceu. Em 1872, ela iniciou um processo de separação, quando Verlaine prometeu-lhe não mais encontrar Rimbaud, convencendo-a a voltar para casa. Apesar desta promessa, ele continuou vendo-o em segredo, servindo-se até mesmo de sua mãe para a troca de correspondência com seu jovem amante. Uma nova separação era previsível e inevitável.

Do ponto de vista literário, a relação dos dois foi muito frutífera para ambos. Em julho de 1872, decidiram viver na Bélgica: Matilde e sua mãe foram a Bruxelas buscá-lo, ele fingiu aceitar voltar com elas, mas escapou, voltando para Rimbaud. Vivem juntos depois disso em Londres, apesar do alcoolismo de Verlaine, que não diminuiu nem mesmo com seu tórrido e rocambolesco caso de amor. Um dia Verlaine decidiu voltar para sua esposa e acabou atirando em Rimbaud, que tentava impedi-lo, em um quarto de hotel em Bruxelas, enquanto a mãe de Verlaine lutava para que seu filho não se matasse ali. Verlaine acabou preso e condenado a dois anos de prisão, mas a literatura mundial ganhou um dos livros mais importantes de Rimbaud, *Uma temporada no inferno*, aparentemente autobiográfico!

Saído da prisão, Verlaine acabou convertendo-se à religião e tentou converter também a Rimbaud. Converteram-se apenas a um novo romance, repleto de cenas de pugilato e agressão. Separam-se e, enquanto Paul estabeleceu-se em Londres, Rimbaud viajou pelo Oriente em busca de aventuras, vendendo armas, fazendo versos e, provavelmente, namorando jovens árabes.

A Revolução Russa

Um dos principais acontecimentos do século XX foi a Revolução Russa de outubro de 1917, que derrubou o governo czarista e criou o primeiro governo comunista da história. Logo que o governo bolchevique de Lênin chegou ao poder, todas as leis que regulavam as condutas sociais foram abolidas, inclusive as que penalizavam a homossexualidade, o aborto e o divórcio. Por alguns anos, os delegados soviéticos tiveram um papel importante no Congresso Mundial para a Reforma Sexual, uma organização que trabalhava pela liberdade sexual e pelos direitos gays. Da mesma forma, as mulheres tiveram grandes avanços dentro do novo regime.

Por outro lado, a psicanálise trazia novas idéias acerca da sexualidade, que faziam pensar em novas teorias mais objetivas e científicas sobre a homossexualidade, sem estarem eivadas de ideologia e moralismo estreito. Aparecia também pela primeira vez na história um grande número de lésbicas assumidas e famosas, que criaram toda uma subcultura lésbica no começo do século, com seus bares, salões literários, livros e heroínas. Nos anos 20, grande parte dos países ocidentais reconheceram o voto feminino (no Brasil ele foi reconhecido pela constituição de 1934).

Tudo fazia crer que a libertação estava a um passo de ser conquistada; mas ilusões são ilusões e nem a psicanálise nem a política revolucionária cumpriram as esperanças que lhes foram depositadas. O voto feminino não levou as mulheres ao poder e a liberdade de todos sofreu sérias ameaças neste século dos extremos.

Freud não explica

Os estudos sobre a sexualidade, e sobre a homossexualidade em particular, deram um grande salto, das teorias da medicina legal sobre a inversão e o homossexual enfermo, que hoje consideramos esdrúxulas mas que eram levadas a sério, para as teorias sobre a sexualidade do médico austríaco Sigmund Freud (1856-1939), que levaram ao desenvolvimento da psicanálise.

Freud foi um dos primeiros pesquisadores a dar atenção à sexualidade infantil e, mais do que isso, a considerar a infância um momento decisivo nas definições sexuais do indivíduo; um de seus princípios era de que "o emaranhado emocional dos primeiros anos e as paixões da vida adulta estão inevitavelmente interligados". (Peter Gay, 1995:255) Principalmente a homossexualidade podia ser explicada nesta fase do desenvolvimento da criança. Os homossexuais teriam apresentado neste período uma intensa afeição erótica por uma figura feminina, geralmente a mãe, causada e alimentada por sua excessiva ternura e pela ausência de afeto e de uma presença mais efetiva da figura masculina do pai. Depois desta etapa, o menino reprimiria seu amor pela mãe colocando-se em seu lugar, identificando-se com ela e tomando a si mesmo, de forma narcisista, como modelo dos objetos de amor que irá escolher: iguais a si próprio, ou seja, outros homens.

Para Freud esta seria uma etapa natural do desenvolvimento psico-sexual de todos, mas o corriqueiro seria que, ao apaixonar-se pela mãe, o menino se identificasse com a figura masculina do pai e escolhesse como objeto de sua afeição erótica alguém do sexo oposto. Sua teoria era de que os seres humanos são dotados de uma constituição basicamente bissexual, mas que o caminho natural, mais saudável e

Tríbades galantes, fanchonos militantes

adequado do desenvolvimento, era aquele que levava à heterossexualidade. O homossexual não era um doente para Freud, apenas alguém que por algum trauma ou ausência de modelo masculino – ou feminino, no caso das mulheres – havia parado em uma fase inicial de seu desenvolvimento.

Nas mulheres, a quebra no desenvolvimento normal da sexualidade dava-se quando elas não passavam de uma fase de prazer clitoridiano para o prazer genital vaginal, ou seja, aquele prazer que depende das relações com outros homens. "Assim, o clitóris não representa mais a potencial desmedida sexual feminina mas a infância da sexualidade das mulheres." (Bonnet, 1981:186) Sua teoria, para Bonnet, delimita sobre o corpo da mulher o território do prazer masculino para ligá-lo à reprodução: "Ao clitóris a infância feminina, à vagina a maturidade e a destinação masculina." (187)

Os homens e as mulheres que "param" seu desenvolvimento nesta fase narcisista não fazem a passagem da bissexualidade inicial para a heterossexualidade. "Essa fixação narcisista, como Freud a denominou, contribui para uma homossexualidade declarada na vida adulta ou para uma sublimação das tendências homossexuais em amizades apaixonadas ou, num palco mais amplo, no amor pela humanidade." Ou então degenerava nas neuroses e nas paranóias. (Gay, 1995:264-265) Uma parte de sua teoria muito pouco lembrada é de que Freud considerava que o interesse sexual dos homens por mulheres também era um problema que precisava ser esclarecido e não um fato evidente por si mesmo. (Katz, 1996:81)

O próprio Freud experimentou uma destas amizades apaixonadas com o médico Wilhelm Fliess, que teria desenvolvido uma bela paranóia, que para Freud significava homossexualidade disfarçada, depois que se descartara de sua inclinação não pequena por ele, ou seja, depois de romperem a amizade. Difícil saber qual dos dois possuía uma inclinação maior pelo outro, já que Freud escreve-lhe em 1901: "Não partilho de seu desdém pela amizade entre os homens, provavelmente porque estou nela envolvido a um alto grau. Na minha vida, como você bem sabe, a mulher nunca substituiu o camarada, o amigo." Ele admitia ainda, a vários de seus discípulos, que sua amizade com Fliess tivera um componente homossexual. (Gay, 1995:258; 95)

Aparentemente Freud não discriminava os homossexuais; ele chegou a responder a uma mãe norte-americana que lhe escrevera, preocupada com as tendências de seu filho, que se a homossexualidade não era uma vantagem, tampouco era uma coisa para envergonhar-se: "Não é um vício, não é uma degradação, não pode ser classificada como uma doença; nós a consideramos como uma variação da função sexual, produzida por determinada suspensão do desenvolvimento sexual." (Gay:1995:551)

Apesar desta visão lúcida e muito objetiva para a época, para chegar a uma visão mais positiva, sem ver a homossexualidade como um desvio da sexualidade reprodutiva da família conjugal ou, nas ambíguas palavras de seu biógrafo, "satisfazer os homossexuais *decididos a considerar seus gostos sexuais como uma alternativa adulta do modo de amar*" (Gay, 1995:551, grifos meus), Freud precisaria romper com os preconceitos de classe média aos quais estava preso, o que nem sempre é um processo muito fácil, mesmo para pessoas psicanalisadas.

As grandes damas de Paris

Na passagem do século XIX para o XX, pela primeira vez na história podemos falar de uma subcultura lésbica que se desenvolveu nas grandes cidades, principalmente da Europa. Apareceram desde bares para lésbicas operárias até elegantes cafés e cabarés para mulheres ricas e independentes. Estas, principalmente, irão criar redes de contato e grupos, aos quais conhecemos melhor porque geralmente tratava-se de escritoras, atrizes, cantoras, mulheres que deixaram registros para a posteridade, de próprio punho ou na descrição de seus contemporâneos.

Na Berlim do início do século XX, havia inúmeros clubes para homossexuais, como o Eldorado, de travestis, o Admirável, de gays e o Escorpião e o Maly, para lésbicas. Para Louise Brooks, o sexo era o negócio da cidade, e grandes estrelas do cinema alemão freqüentavam estes lugares, considerados da moda, como Brigitte Helm, a Maria do filme *Metrópolis*. Em Londres, o grupo de Virginia Woolf e seu marido, Leonard Woolf, conhecido como *Bloomsbury*, se não era um grupo de homossexuais, atraiu a muitos, como Vita Sackville West, John Maynard Keynes etc.

Lésbicas famosas ousavam levar uma vida aberta com suas amantes. Jane Addams (1860-1935), que ganhou o prêmio Nobel da Paz em 1931 e foi eleita por muitos anos seguidos como a mulher mais ilustre dos Estados Unidos, não fazia segredo de seu relacionamento, que durou quarenta anos, com Mary Rozet Smith. Em suas viagens, telegra-

Tríbades galantes, fanchonos militantes

fava antecipadamente aos hotéis para reservar uma ampla cama de casal para as duas.

Um dos poucos registros não urbanos de lesbianismo trata das "virgens juradas" da Albânia e de Montenegro. Estas mulheres, habitantes das regiões montanhosas da fronteira atual da Albânia e da Iugoslávia, vestiam-se de homens e participavam de todas as atividades masculinas, indo à guerra e casando-se com mulheres, sendo muito respeitadas nas comunidades que as reconheciam publicamente como homens; muitas dedicavam-se a cantar e a compor canções. Algumas delas tornavam-se homens por questões de sucessão, para poderem herdar terras em famílias sem herdeiros masculinos, mas muitas faziam isso por vontade própria, para adquirir um *status* masculino mais elevado e levar um estilo de vida lésbico sem romper o equilíbrio social do grupo. Eram chamadas de "virgens juradas" porque deveriam, uma vez tomando a identidade masculina, manterem-se sem contato sexual com homens ou mesmo engravidar; esta tradição muito antiga era comum na virada do século e ainda hoje encontram-se umas últimas remanescentes desta prática, apesar de não haver mais necessidade, com a urbanização e as leis de igualdade de herança entre homens e mulheres.

Aquelas de quem trataremos aqui foram, porém, sofisticadas mulheres que freqüentaram os mais deslumbrantes salões da Europa.

Renée Vivien e Natalie Clifford Barney

> *A mais bela vida é aquela que vivemos criando-nos*
> *a nós mesmos, e não procriando.*
> Natalie Clifford Barney, *Éparpillements*

Uma das primeiras mulheres famosas a assumir-se publicamente como lésbica foi Renée Vivien, pseudônimo de Pauline Tarn, poeta de origem inglesa que vivia em Paris. Foi a primeira mulher a publicar em vida poemas de amor lésbico – era chamada por André Billy de Safo 1900. Ao contrário de Safo, no entanto, a poesia de Renée Vivien tem um tom fúnebre, onde a morte triunfa sobre a vida. (Mára L. Faury, 1983:52) Não devia ser muito fácil ser lésbica nessa época, afinal de contas.

Renée foi amante de Natalie Clifford Barney, uma milionária norte-americana, apelidada de A Amazona, que vivia em Paris em meio a uma corte de admiradoras e amantes, entre as mais conhecidas lésbicas da França: as escritoras Marguerithe Yourcenar, Colette, Gertrude Stein, Radclyffe Hall, Djuna Barnes, Lucie Delarue-Mardrus, Liane de Pougy, Hilda Doolitle, as pintoras Marie Laurencin, Romaine Brooks, a editora inglesa Sylvia Beach, da livraria *Shakespeare & Company* e responsável pela edição do *Ulysses* de James Joyce, Adrienne Monnier, as pianistas Wanda Landowska e Renata Borgatti, Dolly Wilde, sobrinha de Oscar Wilde, além de artistas importantes como os escritores Ezra Pound, André Gide, Rainer Maria Rilke, a bailarina Isadora Duncan, entre outros.

Natalie e Renée Vivien tentaram, por duas vezes, criar uma pequena colônia de poetas, tendo Safo como modelo; uma delas teria sido na ilha de Lesbos, obviamente. Após a separação das duas, Natalie inaugurou o seu salão literário, em 1905, chamado o *Temple de l'Amitié* (Templo da Amizade), que manteria durante quase setenta anos. Fundou uma companhia, a *Bel Esprit* (Belo Espírito), para proteger novos talentos ou ajudar artistas em má situação financeira; um dos artistas que se beneficiou deste mecenato foi Paul Valéry, importante poeta francês que pôde, assim, dedicar-se integralmente à poesia. (Faury, 1983:51)

A Amazona foi ainda personagem de vários romances escritos por suas amigas: em *Idílio sáfico* de Liane de Pougy, de quem fora amante, de 1901; em *Claudine*, de Colette; em *Ladies Almanach*, de Djuna Barnes e foi ainda a Valérie Seymour do famoso livro *O poço da solidão* (1904), de Radclyffe Hall. Ela própria escreveu mais de uma dezena de livros de poesia, drama, ficção, ensaios e memórias, embora seja mais conhecida hoje pelo seu estilo de vida e por seu círculo de seguidoras famosas.

A poesia de Renée Vivien é considerada por alguns como uma das mais perfeitas da língua francesa do início do século XX, mesmo tendo sido o francês uma segunda língua para ela. A maioria das antologias de sua obra, que não são muitas, exclui os versos lésbicos, embora seu estilo de vida nunca tenha deixado dúvidas sobre suas preferências. Aos 32 anos, morreu por complicações com o alcoolismo. Dedicou em 1901 estes versos a sua querida Natalie Clifford Barney em seu livro *Estudos e prelúdios*:

> À única amada
> À divinamente loura Natalie
> Este livro é para ela
> Pleno dela
> É-lhe ternamente dedicado.
> (Bonnet, 1981:219)

Além deste círculo lésbico, havia o de Gertrude Stein (1874-1946), outra expatriada norte-americana na cidade luz. Stein teve um contato muito grande com a pintura moderna e foi amiga de Pablo Picasso por toda a sua vida. Em 1907, ela recebeu em Paris uma visita da jovem de São Francisco, Alice B. Toklas, com quem passou a viver até o fim de sua vida. A casa das duas mulheres tornou-se um salão literário famoso pela presença de vários escritores norte-americanos, como Ernest Hemingway e F. Scott Fitzgerald. Era conhecida por suas frases espirituosas e freqüentemente maldosas: sempre que podia, incomodava a escritora Djuna Barnes, elogiando suas belas pernas, o que equivalia dizer que desprezava seus livros.

Havia ainda o de Winareta Singer, herdeira das máquinas de costura Singer, que se casou em 1883 com o príncipe Edmond de Polignac, homossexual como ela, e que veio a tornar-se a segunda princesa lésbica de Polignac da história. Era pintora impressionista, amiga de Édouard Manet e de Marcel Proust, que se baseou em seu marido para criar várias de suas personagens homossexuais. Pianista e promotora de diversos artistas como os compositores Claude Debussy, Erik Satie, Igor Stravinski e Manuel de Falla, e os escritores Proust, Jean Cocteau e o pintor Pablo Picasso.

Marguerithe Yourcenar

Marguerithe Yourcenar (1903-1987), nascida Crayencour, veio à luz em oito de junho, em Bruxelas, de pai francês e mãe belga, que faleceu dez dias depois de seu nascimento. Foi criada pelo pai Michel, uma grande referência em sua vida, que incentivou sua carreira literária e ajudou-a a criar seu nome artístico, um anagrama de seu nome de família. Ele iniciou-a no prazer das viagens, na leitura dos clássicos, no estudo do inglês, latim e grego, cuidando de sua educação, já que ela nunca freqüentou escola. Aos oito anos já lia Racine e aos dezessete já publicara dois livros de versos. Traduziu para o francês obras de Thomas Mann, Yukio Mishima, Virginia Woolf e do poeta grego Constantino Caváfis.

Michel de Crayencour foi ainda modelo para muitas de suas personagens masculinas. Era um aristocrata sem moradia fixa, que levava uma vida nômade e sem controle de gastos. Assim como ele, Marguerithe passou grande parte de sua vida, até a eclosão da segunda guerra, morando em hotéis pela Europa. Passou muito tempo na Grécia, com amigos intelectuais e escritores, traduzindo e estudando a história e a cultura gregas. Teve também aqui um dos romances mais importantes de sua vida com uma bela mulher, Lucy Kiriakos, que conhecera em meados da década de 1930, esposa de um primo de seu grande amigo Constantino Dimaras, com quem passou o inverno de 1938 e 1939 na Áustria. Sua relação durou até 1939, quando Marguerithe deixou a Europa e Lucy morreu em um bombardeio no ano seguinte.

Em 1938 conhecera em Paris a norte-americana Grace Frick, com quem passou a viver a partir de 1939 e que seria sua companheira até a morte de Grace em 1979. Com ela, deixou a Europa em 1939, no início da Segunda Guerra, passando a viver nos Estados Unidos, em Hartford; em 1950, compraram uma casa na ilha dos Montes Desertos, no Maine, a Petite Plaisance. Marguerithe dava aulas de literatura comparada e francês na Universidade Sarah Lawrence, uma instituição progressista para mulheres ao norte de Nova Iorque, enquanto escrevia suas obras-primas e recebia seus amigos em sua residência dos Montes Desertos.

Foi a primeira mulher eleita para a Academia Francesa de Letras, em 1980, não sem a resistência da maioria de seus colegas escritores, além de fazer parte da Academia Real da Bélgica. É autora de livros famosos como *Alexis, ou o tratado do vão combate* (1929), *Memórias de Adriano* (1951), e *A obra em negro* (1968). Nestes três livros, tratou do tema da homossexualidade masculina, no alquimista Zênon, no imperador Adriano e em Alexis, o marido que escreve uma longa carta a sua esposa Mônica, explicando-lhe os motivos de ter abandonado-a, ou seja, sua homossexualidade. Em seus livros, a homossexualidade é sempre apresentada como um modo de vida positivo e viável, um componente a mais da vida das pessoas.

Seu sucesso mundial começou com a publicação de *Memórias de Adriano*, quando voltou à França pela primeira vez depois da guerra. Este livro começara a escrever muitos anos antes, em 1924, na Europa, e retomou o trabalho depois de receber, no final dos anos 40, uma mala abandonada num hotel da Suíça com suas anotações. Com ele conseguiu fama mundial, independência financeira e a possibilidade de voltar um pouco a sua vida nômade de antes da guerra, embora nunca tenha abandonado a casa que construíra com Grace Frick, que era sua assistente, secretária e tradutora para o inglês, além de esposa.

Em 1960, em uma de suas inúmeras viagens, conheceu em Portugal, no Porto, o poeta homossexual Eugénio de Andrade, com quem conversou sobre a célebre história de Inês de Castro, a plebéia amante do príncipe Pedro, futuro rei Pedro I de Portugal, no século XVI, assassinada pelo rei para que não se casasse com o príncipe seu filho, e que foi desenterrada e coroada por ele. Andrade, que lera *Memórias de Adriano* e sabia de seu interesse pelo tema, contou-lhe que este homem, desvairado de paixão por uma mulher, gostava também de rapazes. Segundo ele, Yourcenar ficou "absolutamente... sem voz. Isso a fez apaixonar-se". (Josyane Savigneau, 1991:333)

Suas personagens homossexuais são sempre homens, principalmente pela dificuldade de reconstituir a vida das mulheres, sempre afastadas das grandes decisões da humanidade, sobre as quais há tão poucos relatos ou documentos e que, por séculos não puderam deixar seus próprios registros na história. Nas notas às *Memórias de Adriano,* ela explica essa sua preferência: "Impossibilitada também de tomar como personagem central uma figura feminina, de dar, por exemplo, à minha narrativa Plotina em lugar de Adriano. A vida das mulheres é demasiado limitada, ou demasiado secreta. Basta que uma mulher narre sua história e a primeira censura que lhe será feita é a de deixar de ser mulher." (Yourcenar, 1995:299-300)

Outra escritora lésbica também dedicou-se a descrever personagens homossexuais masculinos; foi a inglesa Mary Renault, autora de uma conhecida trilogia sobre a vida e os amores de Alexandre da Macedônia, e que é sua obra mais conhecida, embora tenha escrito um livro com personagens lésbicas, praticamente esquecido, *The middle mist.* Escreveu seus primeiros livros no tempo em que não estava servindo na Segunda Guerra como enfermeira. Assim como Yourcenar, Mary viveu por toda sua vida com sua amante, tendo emigrado ambas para a África do Sul depois de finda a guerra.

A era do jazz

O amor é uma invenção da propaganda e fazer amor – depois dos primeiros momentos de êxtase e curiosidade – não passa de mais uma maneira petulante de passar o tempo enquanto se espera que o estúdio ligue.
Louise Brooks

Assim ficou conhecido o período entre a Primeira e a Segunda Guerras mundiais, conhecido como os anos loucos dos clubes de jazz, da máfia e das grandes estrelas do cinema. Época na qual os cabelos das mulheres e suas saias diminuíram, o sexo era encontrado em cada esquina, onde a homossexualidade deixava pouco a pouco de ser vista como um crime ou uma doença, ao menos nos meios artísticos e entre os ricos.

Os clubes de jazz e de música negra muitas vezes eram locais de encontro de homossexuais, brancos e negros, alguns mais liberados, com espetáculos eróticos para públicos de todas as identidades e preferências sexuais. Os clubes do Harlem, bairro negro de Nova Iorque, eram freqüentados por gays e lésbicas e muitos músicos famosos, como Ma Rainey, Bessie Smith e Cole Porter, eram homo ou bissexuais. Como eram marginalizados, não é difícil perceber porque eram bem vindos nos bairros e clubes dos negros, ainda mais marginalizados.

Era a época das melindrosas, mulheres liberadas, cuja imagem oscilava entre a inocência da adolescente e a sensualidade da mulher fatal. E a maior delas foi Louise Brooks.

Louise Brooks era bailarina e atriz de cinema, síntese de uma época e de um meio específicos, que acabou com a Segunda Guerra. Ela popularizou o corte de cabelo conhecido como Chanel ou Joana d'Arc, um visual andrógino, meio masculino, meio feminino, atraindo ambos os sexos. Tinha maneiras afetadas, o que hoje chamaríamos de uma "mulher bicha". Seu amigo gay, Charles Weidman, que dançou com ela no Balé Denishawn, disse-lhe uma vez: "Louise, todos acham que você é uma lésbica, mas você realmente não é. Você é uma bicha." (Barry Paris, 1989:239)

Teve dezenas de amantes, entre eles Charles Chaplin; e duas amantes, sua amiga Pepi Lederer e a grande Greta Garbo, a quem conheceu em 1928. Greta ainda teria um romance tórrido com a roteirista espanhola Mercedes de Acosta, que foi muito íntima também de Marlene Dietriech. Uma das grandes amigas de Brooks era uma bailarina famosa do *Ziegfeld Follies*, o mais famoso teatro de revista dos Estados Unidos, Peggy Fears. Segundo ela, todos os homens de Nova Iorque – os heterossexuais, é claro – invejavam suas conquistas, geralmente mulheres lindíssimas. Este era o padrão deste mundo do espetáculo: a bissexualidade. Brooks declarou ainda que os melhores amantes que ela teve em toda a sua vida eram homossexuais!

Sua beleza andrógina e uma briga com os estúdios Paramount levaram-na à Alemanha, em 1931, para filmar com Geog W. Pabst dois dos maiores clássicos do cinema mundial, que mais tarde lhe valeram a fama mundial de ser lésbica: *Lulu, A caixa de Pandora* e *Diário de uma perdida.* No primeiro filme há a inclusão da primeira personagem lésbica do cinema, a condessa Geschwitz, apaixonada pela sedutora e fatal Lulu (Brooks), interpretada pela obscura atriz belga Alice Roberts, com uma antológica cena de sedução na dança da condessa com a bela Lulu.

Em *Diário de uma perdida,* Thymiane, a moça do título e personagem de Louise Brooks, é levada, depois de uma gravidez na adolescência, a um reformatório feminino dirigido por uma diretora sádica e com tendências homossexuais, interpretada por uma grande atriz alemã, Valeska Gert (1896-1978), lésbica lendária em Berlim, que tinha um cabaré onde se apresentava vestida de marinheiro, recitando seus poemas. A liberal Alemanha de antes da guerra realizaria ainda um clássico do cinema lésbico, *Senhoritas de uniforme* (1931), da diretora Leontine Sagan, novamente sobre um estabelecimento de mulheres e as amizades íntimas e apaixonadas das internas.

Se os filmes de Hollywood não eram tão liberais como os filmes europeus, o mesmo não pode ser dito sobre a vida de seus astros. O grande, o maior, o mais desejado e cultuado de todos os astros do cinema mundial, Rodolfo Valentino, italiano que fez a América nos anos 20, chegou a ser "acusado" de homossexual por alguns jornais. Foi casado com a milionária Natacha Rambova, amante da atriz russa Alla Nazímova, em um matrimônio que provavelmente foi preparado por seu estúdio, visto que casamentos arranjados para recuperar a reputação de galãs e heroínas eram comuns naquela época, como são ainda hoje. Seu enterro em 1926 foi acompanhado por uma multidão de mulheres histéricas, que se consideravam provavelmente viúvas do belo ator – viúvas virgens, obviamente.

O mexicano Ramón Novarro (1899-1968) foi outro galã da mesma época de Valentino, com a mesma beleza, prestígio entre as mulheres e a mesma preferência pelos homens. Estreou no cinema em 1917 e chegou a contracenar com Greta Garbo em *Mata Hari* (1932). Além de contemporâneo de Valentino, foi seu amante durante algum tempo e, após a morte desse em 1926, foi considerado seu sucessor natural e o artista latino mais famoso desse período. Teve também outros casos com produtores de cinema, jovens atores, iluminadores, cabelereiros etc., fazendo com que seu estúdio, a Metro, tivesse de pagar altas quantias para manter seus escândalos em segredo. Na privacidade de sua mansão em Holywood, o astro podia promover suas famosas festas com temas cinematográficos e muitos rapazes nus ou semi-nus para divertir seus convidados.

Sua carreira declinou nos anos 30, como a de muitos astros do período mudo, com o início do cinema sonoro e com a substituição dos tipos latinos pelo caubói na preferência do público. Sua morte esclareceu sua vida: foi assassinado em 31 de outubro de 1968, em Hollywood, por dois michês que havia contratado. (Jesús Burillo, 1999:20)

No período falado, os dois mais conhecidos galãs que renderam suas homenagens ao "amor que não diz seu nome" foram Tyrone Power, que, apesar de casado e pai de vários filhos, foi amante durante muitos anos do também ator Mel Ferrer, com quem diversas vezes pilotou seu avião para férias de amor e desejo; e Rock Hudson, o galã das comédias ingênuas de Doris Day, que saiu do armário forçosamente como um dos primeiros astros a morrer de aids.

Bessie Smith

Bessie Smith (1894-1937) foi uma das mais importantes cantoras de jazz e blues da história, influenciando cantoras como Billie Holliday e Janis Joplin. Nasceu no Tenessee e, como a maioria das cantoras negras desta época, teve uma vida de abandonos e privações. Em 1912, entrou no grupo de espetáculos itinerantes de Moses Strokes, levada pelo irmão que era bailarino e comediante. Lá conheceu a cantora Ma Rainey, conhecida como a mãe do blues. Quando Rainey deixou a companhia, Bessie a acompanhou e é provável que tenham sido amantes, visto que Ma Rainey era sabidamente lésbica e Bessie também. Houve rumores de que ela tivesse sido raptada por Ma Rainey, que cuidou dela e deu um grande impulso a sua carreira. Logo Bessie seria conhecida e requisitada no circuito de casas de música negra. Ela acaba administrando sua própria trupe de músicos e dançarinas muito jovens. Era protetora e ciumenta de todos os homens que se aproximavam de suas meninas, e com freqüência apaixonava-se por uma delas. Chegou a ser presa uma vez, acusada por uma bailarina despedida de agressão sexual. Eram sempre negras retintas, como a própria Bessie, pois ela nunca aceitou o jogo das casas de espetáculos, que queriam cantoras e coristas mulatas, para não ofender seu público de brancos ricos.

Foi casada com Jack Gee de 1922 a 1930, tendo vivido depois com Richard Morgan, um contrabandista de bebidas com quem passou vários e agitados anos. Um de seus romances mais turbulentos foi com uma de suas coristas, chamada Lillian, que chegou a tentar suicídio quando Bessie quis romper o caso, motivada pelo medo de Morgan descobri-las e também por não manter por muito tempo suas aventuras amorosas com homens e mulheres.

Em 1937 sofreu com Morgan um acidente de automóvel. Suspeita-se que tenha morrido por negligência do médico branco que parou para socorrê-la, que teria dado preferência a outra acidentada branca, e por ter sido recusada em um hospital para brancos.

John Maynard Keynes

Não são apenas artistas, escritores ou aventureiros que rendem homenagem aos amores homossexuais. Há muito tempo existe a lenda de que determinadas atividades atraem mais ou menos os homossexuais. Na verdade, determinadas atividades apresentam menos preconceito contra comportamentos diferentes da média, e talvez por isso atraiam mais os homossexuais, ou nestas atividades eles sejam mais visíveis. Na ciência e na política as pressões são maiores sobre a moral e a vida privada das pessoas.

Embora Cecil Rhodes, aventureiro inglês que fez fortuna na África e deu seu nome a três colônias (Rodésia do Norte, Rodésia do Sul e Rodésia Niassalândia) e um país independente (Rodésia, atual Zimbábue) não seja o único político homossexual da história, e o austríaco Ludwig Wittgenstein, um dos maiores filósofos do século XX, não seja o único cientista e pensador, não são muitos aqueles cujas vidas chegam até nós, como é o caso de John Maynard Keynes.

John Maynard Keynes (1883-1946) é considerado o maior, ou um dos maiores economistas do século XX. Seu pai, John Neville Keynes, era um importante economista e sua mãe, Florence Ada Keynes, foi uma das primeiras mulheres a graduarem-se em Cambridge – chegou a ser prefeita da cidade. Fez parte do famoso grupo de intelectuais, o grupo de Bloomsbury, com Virginia Woolf, Leonard Woolf, Lytton Strachey, seu amigo de Cambridge, entre outros. Neste grupo era possível a todos os seus membros expressarem-se honestamente acerca de suas opiniões, tanto políticas como sexuais.

Durante a Primeira Guerra teve um papel importante trabalhando no Tesouro Britânico, onde ajudou a incrementar as relações comerciais com os aliados ao final da guerra. Além disso, como delegado britânico na Paz de Paris em 1919, ele se opôs às pesadas reparações de guerra que queriam impor à Alemanha, considerando-as uma ameaça à estabilidade financeira mundial, como efetivamente foi. Neste mesmo ano, publicou *As conseqüências econômicas da guerra*, defendendo a unidade econômica da Europa, bem como apontou o egoísmo por parte dos aliados na divisão das reparações de guerra, cujo valor para ele eram irreais e devastadores para a economia mundial, dizendo que estas reparações nunca deveriam ser pagas. Preocupou-se ainda com as origens e os efeitos do alto desemprego e da inflação do pós-guerra.

Suas próximas publicações, preocupadas com a grave crise econômica – a Depressão – ocorrida em 1929, são consideradas os grandes clássicos da economia moderna, *O tratado da moeda* (1930) e *A teoria geral do emprego, do lucro e do dinheiro* (1936), defendendo que a renda e a taxa de emprego dependem diretamente tanto dos investimentos públicos como dos privados, indo contra a teoria liberal dominante que negava a importância da participação do Estado. Para ele, crédito fácil e baixas taxas de lucros podem estimular a economia e aumentar as taxas de emprego; além disso, em graves crises, os governos devem abrir novas vagas em serviços públicos para conter a crise. Suas idéias tiveram que ser postas em prática pelo presidente dos Estados Unidos, Roosevelt, em 1946, para reconstruir a economia norte-americana depois do fim da Segunda Guerra.

Keynes não era apenas heterodoxo em suas idéias econômicas: no verão de 1907, partiu em uma viagem para as ilhas Okney, na Escócia, com seu amante, o pintor Duncan Grant. Seu amigo Lytton Strachey, também apaixonado por Grant, chamou esta viagem de lua-de-mel; ele esperava que o relacionamento dos dois pudesse esfriar logo, o que não acontece: ficaram juntos até 1914.

Ocupado com sua dissertação acadêmica sobre probabilidade, ele escreveu ao seu querido Grant: "Estou conseguindo trabalhar muito pouco, o que é uma pena, pois passo quase o dia inteiro apaixonado por você. Descobri que a probabilidade não consegue afastar você da minha mente e não a divide bem com você tampouco." Os dois amantes dividiam um apartamento no bairro de Bloomsbury, em Londres, onde Keynes ficava quando estava na cidade. (Cowan, 1997:143)

Em 1925, casou-se com a bailarina russa Lydia Lopokova, a quem conhecera em 1918. Ele a levava às festas de Bloomsbury, além de cuidar de seus investimentos e de seus contratos até que decidiram se casar. Apesar disso, ele continou em seu grupo de amigos intelectuais abertamente bissexual, defendendo como sempre as escolhas individuais.

Em 1946, já com o coração debilitado, ele sofre um ataque cardíaco em um trem nos Estados Unidos, onde estava para participar de uma conferência. De volta à Inglaterra, sofreu um outro ataque, desta vez fatal.

Alan Turing

Ao matemático inglês Alan Turing (1912-1954) e suas teorias sobre máquinas e inteligência devemos aquilo que talvez caracterize o século XX para os historiadores do futuro: o computador. Como se não bastasse, foi um dos especialistas a decifrar o código de comunicação de guerra dos nazistas, baseado em um código numérico, durante a Segunda Guerra, o que ajudou os aliados a vencerem-na.

Como todo bom gênio, ele foi subestimado na escola: era considerado distraído, confuso e desinteressado pela maior parte dos assuntos acadêmicos. Em Cambridge interessou-se por matemática e física, quando iniciou suas pesquisas que, anos mais tarde, possibilitariam o desenvolvimento dos computadores. Começou suas pesquisas a partir da possibilidade de que uma máquina pudesse mover-se de uma situação para outra sob instruções feitas a ela na forma de proposições matemáticas; uma máquina universal que realizasse todos os trabalhos que as outras máquinas realizavam.

Apesar de suas pesquisas inovadoras e de sua participação crucial na inteligência de guerra britânica, Turing não chegou a ser reconhecido em vida como um gênio nem mesmo pela sua mãe, que não soube de sua atuação imprescindível durante a guerra. Era visto como um excêntrico, perdido em seu mundo de números, o protótipo do cientista louco. Em 1952, sua inabilidade com o mundo prático tornou-se patente. Indo à polícia queixar-se de um roubo, ele declarou que acreditava que o ladrão fosse um antigo amante, pensando assim ajudar nas investigações. Foi então incriminado por homossexualidade, que era ilegal e, como vimos, considerada mais grave do que o roubo e a traição, sendo condenado a dois anos de prisão ou uma "terapia" de castração química, por meio de injeções de hormônios, o que obviamente o deixou perturbado.

Em 7 de junho de 1954, suicidou-se com uma maçã impregnada de cianeto, por ter acreditado que podia levar abertamente uma vida gay em um Estado homofóbico. Imprudentemente, declarara ser homossexual a todos os seus amigos, já que acreditava não haver motivos para envergonhar-se. Pela segunda vez, a Inglaterra condenou à destruição, por causa de sua sexualidade, um de seus súditos mais brilhantes.

Raul Leal e Fernando Pessoa

> *O homem cede ao desejo como a nuvem cede ao vento.*
> António Botto, *Canções*

Em novembro de 1923, um artigo de Fernando Pessoa (1888-1935) sobre o poeta António Botto, publicado no número 3 da revista *Contemporânea*, deu início a uma violenta polêmica pública, envolvendo vários escritores e entidades, tendo como tema a homossexualidade. Botto nasceu em 1897, ano em que Abel Botelho publicou *O barão de Lavos*, primeiro romance a tratar explicitamente da homossexualidade masculina em Portugal, e dezesseis anos antes da publicação de *Nova Safo*, do visconde de Villa-Moura, romance decadentista que trata abertamente do lesbianismo, do homossexualismo e da necrofilia. Botto era um poeta homossexual que faleceu em São Paulo, para onde emigrara em 1947; seus versos cantavam a beleza de jovens rapazes em cenários bucólicos, à moda dos antigos poetas gregos como Teócrito e Anacreonte. No artigo "António Botto e o ideal estético em Portugal", Pessoa elogia seu livro *Canções*, dizendo ser ele "o único português, dos que conhecidamente escrevem, a quem a designação de esteta se pode aplicar sem dissonância". (Raul Leal, 1989:37)

Neste livro, como em outros, Botto elogia claramente a beleza e o amor masculinos:

Numa atitude elegante,
mysteriosa,
gentil,
deu-me o seu corpo doirado,
que eu beijei quase febril.

Na vidraça da janela
a chuva, leve,
tinia...

Ele apertou-me, — cerrando
os olhos para sonhar...
e eu, lentamente, morria,
— como um perfume no ar...

Em seu artigo, Fernando Pessoa elogia o conceito de beleza dos poemas de Botto, que têm como fonte o ideal grego, tanto espiritual como físico, o ideal de um verdadeiro esteta. E esta perfeição da beleza só pode ser encontrada nos corpos masculinos que Botto canta em seus poemas; como o esteta canta a beleza onde a encontra, ele não pode prender-se a questões morais que porventura o impeçam de cantá-la no mesmo sexo.

A partir de então, António Botto e Fernando Pessoa seriam atacados pelos conservadores, a começar pelo jornalista Álvaro Maia, que publicou no número seguinte de *Contemporânea* "Literatura de Sodoma. O Sr. Fernando Pessoa e o ideal estético em Portugal", com argumentos esperados: a família, a religião, a moral. Argumenta que para os gregos a beleza independia de sexo e que a "inversão" era Platão que a defendia em seu *Banquete*, com argumentos que só mascaram, citando Jacques Maritain, a impotência de sua doutrina. (Leal, 1989:58) Para Maia, os textos de Pessoa e Botto representavam apenas imundície e manifestações de podridão romântica. Para ele, não havia nada de estético nos versos de Botto, apenas elogio ao vício e à devassidão, apenas "apologias homossexuais". (1989:66)

Pessoa não respondeu ao artigo de Álvaro Maia; limitou-se a corrigir um erro de português numa citação do autor alemão Winckelmann feita pelo jornalista, lembrando o imprudente Oscar Wilde. Quem respondeu foi Raul Leal (1886-1964), em fevereiro de 1924, sob o pseudônimo de Henoch, que era companheiro de Pessoa na revista *Orpheu*, escritor homossexual, misto de visionário utópico, místico, louco genial e dândi aristocrata, que gastou as várias fortunas que herdou como se fossem água. Publicou em resposta a Maia o panfleto editado pela Olisipo, editora de Fernando Pessoa, "Sodoma divinizada. Leves reflexões teometafísicas sobre um artigo".

Leal pediu mais respeito aos artistas, já que o senhor Maia "não tem direito de cuspir na Arte lá porque é torto e feio. Se Deus lhe deu essa figura, por alguma coisa foi e nessas condições o senhor, que se diz tão religioso, submeta-se sem revolta, sem gestos abomináveis de bílis plebéia, à vontade divina". (73-4) Ironias à parte, Raul Leal defendeu a idéia de que se Deus é infinito, não se pode impor o Limitado a ele, já que isso seria negá-lo. O Limitado aqui é a visão de Álvaro Maia de que a beleza masculina não pode ser cantada por outro homem, principalmente se este sente-se atraído sexualmente por ela.

A beleza e a luxúria para Leal são meios de se chegar ao Sublime, mesmo a beleza considerada "monstruosa", como aquela que se encontra nos amores masculinos. "E consagrada não deve ser apenas a luxúria em geral, consagrada deve ser também a pederastia, *quando divinamente sentida*. Ela possui do mesmo modo fundamentos teológicos ou metafísicos em Vertigem. Nela se exprime a unidade essencial de tudo, a unidade essencial da Existência de Deus." (83) A pederastia refaz a unidade do homem com Deus, uma manifestação de virilidade humana e da força de Deus. Se Sodoma foi destruída, não foi por ser viciosa, mas por não ser "misticamente viciosa", por não exercer o vício de forma divina, porque estavam alheados de Deus.

Não é preciso dizer que este artigo blasfemo atraiu sobre o não menos blasfemo autor a ira dos moralistas, principalmente da Liga de Acção dos Estudantes de Lisboa, que liderou uma campanha de perseguição ao autor e às livrarias que vendiam seu panfleto através do jornal *A Época*. Tudo isso entremeado por um escândalo neste mesmo ano: o fechamento pela polícia do Baile da Graça, um baile de carnaval no bairro da Graça só para homens, considerado obsceno. Esta campanha teve como resultado a apreensão, em março, de livros considerados imorais, como as *Canções* de António Botto, *Sodoma divinizada* de Raul Leal, ambos da Olisipo, entre outros. Diziam os estudantes que os adeptos da infâmia deviam cair "sob a alçada da lei, que um movimento enérgico de repressão castigue em nome do bem público". (98) Isso não impediu que estes livros vendessem cada vez mais, de forma clandestina, com a conivência de muitos livreiros.

O discreto Fernando Pessoa respondeu a este ataque, mas sob o heterônimo Álvaro de Campos, num texto curto e peremptório: "Ó meninos, estudem, divirtam-se e calem-se. Estudem ciências, se estudam ciências; estudem letras, se estudam letras. Divirtam-se com mulheres, se gostam de mulheres; divirtam-se de outra maneira, se

Tríbades galantes, fanchonos militantes

preferem outra. Tudo está certo, porque não passa do corpo de quem se diverte." (103-104)

Novamente Raul Leal veio à carga com seu texto "Uma lição de moral aos estudantes de Lisboa e o descaramento da Igreja Católica", no qual continuou a defender suas idéias metafísicas, apontando que era preciso defender uma nova organização social, ao invés de defender as tradições de um passado sem volta, assinando novamente como o Profeta Henoch. Esse texto, assim como os outros que escreveu, refletiam a base de seu pensamento que todo ele propõe "uma comunicação profética entre a teologia e a blasfêmia". (Aníbal Fernandes, em Leal, 1989:32)

Depois disso os ânimos acalmaram-se e as personagens deste incidente continuaram suas vidas. António Botto iria publicar ainda outros livros que não chegaram a impressionar, e Raul Leal continuou defendendo suas idéias metafísicas e atacando o governo nos jornais. Em 1925, foi demitido da diretoria de política do semanário *A reacção*, por ordem do governo que ameaçou o jornal com graves represálias. No ano seguinte, a ditadura do Estado Novo instalou-se no país, o que afastou Leal da imprensa. Ele chegou a ser agredido em um café da Baixa neste ano por conta de suas críticas à ditadura.

Nos próximos anos, escreveu enormes textos, ensaios e novelas, que enviou aos jornais e revistas sem sucesso. Em 1948 escreveu *Sindicalismo personalista. Plano de salvação do mundo*, mais um texto com idéias metafísicas e políticas, surpreendentemente foi publicado pela Verbo em 1960. Em 1959 foi preso por um guarda noturno em "atitude não autorizada", no vão de uma escada da praça da Figueira, ficando um mês preso. Morreu em 18 de agosto de 1964, esquecido e na miséria.

António Botto, o centro da discórdia em torno de *Sodoma Divinizada*, que nunca se manifestou a esse respeito, morreria no Brasil em 1959, atropelado, depois de ter sido acometido por uma paralisia progressiva do corpo e uma loucura também progressiva, a ponto de julgar-se dono de São Paulo; foi lembrado por uma crônica de Manuel Bandeira, em 25 de março.

A polêmica de *Sodoma divinizada* antecedeu um período de censuras e falta de liberdade que começaria, principalmente na Europa, com ditaduras e, logo, a ascensão dos regimes nazistas e fascistas, que marcariam uma nova onda de perseguições e mortes.

Federico García Lorca

Faleceu no mês de agosto de 1936 em conseqüência
de ferimentos produzidos por fato de guerra.
Atestado de óbito de Federico García Lorca

Federico García Lorca (1898-1936) é o poeta e escritor espanhol mais conhecido e traduzido de todos os tempos, mais até do que Miguel de Cervantes, autor do *Dom Quixote*. Nasceu em Fuente Vaquero, perto de Granada, na Andaluzia, e foi assassinado pelos fascistas no início da Guerra Civil espanhola. Durante vinte anos após sua morte seu nome foi um tabu na Espanha e sua obra, proscrita; suas obras "completas" só foram publicadas, incompletas, em 1975, após a morte do ditador Franco.

García Lorca era, além de poeta, dramaturgo, pianista, conferencista, ator, diretor de teatro, mímico, cantor e desenhista – bom o suficiente para receber elogios de Salvador Dalí. Dizia ter tornado-se poeta porque seus pais não permitiram que ele fosse estudar música na França, desejando que ele seguisse uma carreira mais segura, já que era o filho mais velho de uma família de posses. É autor ainda de peças de teatro mundialmente famosas, como *Bodas de sangue, Amor bruxo, Yerma, Dom Perlimplin e Belisa em seu jardim* e *A casa de Bernarda Alba*.

Em 1912, publicou seu primeiro livro de versos, *Impressões e paisagens*, que teve uma boa acolhida da crítica. Em 1919, foi viver em Madri, na Residência de Estudantes, um famoso pensionato universitário, onde conhece o futuro cineasta Luís Buñuel e o pintor Salvador Dalí, estudante polêmico da Academia de Belas Artes, ao qual conheceu em 1923 – um grande amigo por quem foi apaixonado durante muitos anos. Dalí dizia que, nas tertúlias literárias nas quais participavam, Lorca "brilhava como um diamante louco e refulgente". (Gibson, 1989:154)

Em 1925, muitos de seus amigos artistas já estavam em Paris, onde Picasso já era um sucesso; Lorca ansiava por viajar pela Europa, angustiado por não poder dar vazão aos seus desejos homossexuais na tradicional Espanha dos anos 20. Ao amigo de infância, e também homossexual, Benjamim Palência, disse estar sofrendo uma profunda depressão e que sua carreira literária e sua vida amorosa desmoronavam-se em torno dele, provavelmente por causa da resistência de Dalí em ceder aos seus desejos. A ele dedicou em 1926 o poema *Ode a Salvador Dalí,*

Tríbades galantes, fanchonos militantes

publicado na importante Revista de Ocidente, de Ortega y Gasset, uma das mais importantes da Europa. Dalí agradeceu a homenagem, mas não cedeu aos encantos do poeta andaluz. Neste mesmo ano em Barcelona, numa visita ao amigo, Lorca fez uma exposição de seus desenhos, incluindo um intitulado *O Beijo*, onde sua cabeça e a de Dalí estão justapostas, executando o ato que descreve o seu título.

O ano de 1926 marcou ainda a sua consagração como dramaturgo, com a estréia de *Mariana Pineda*, drama sobre uma heroína espanhola executada pelo governo despótico do início do século XIX, interpretada pela famosa atriz catalã e amiga Margarita Xirgu. Nesta época, acabou conhecendo outros homossexuais famosos da Espanha, com quem podia dividir suas inclinações proibidas, como o escritor colombiano Jorge Zamalea, o poeta andaluz e prêmio Nobel Vicente Aleixandre e Luís Cernuda, autor de alguns dos versos mais francos já produzidos na Espanha sobre o amor homossexual. Cernuda diz que foram apresentados uma noite, em meio a outras pessoas: "Ele [Lorca] me tomou pelo braço e nós deixamos os outros..." (Gibson, 1989:235)

Em 1927, em meio à indiferença de Dalí, Lorca retomou contato com Emílio Aladrén Perojo, um escultor oito anos mais jovem do que ele, que conhecera dois anos antes. Neste momento, segundo a namorada de Aladrén na época, a pintora Maruja Mallo, Lorca ficou fascinado por ele e roubou-o para si. Foram amantes até 1929 e para um amigo de infância de Lorca e seu confidente, José Maria García Carrillo, Aladrén foi o seu grande amor; para outro amigo, Rafael Martínez Nadal, o jovem escultor foi por vários anos uma fonte de alegria ao poeta. Em 1928 Aladrén, cuja carreira Lorca tentou promover sem sucesso, fez uma cabeça em gesso do poeta; ele acabou morrendo durante a Guerra Civil.

Entre 1929 e 1930, Lorca viajou pelos Estados Unidos, onde compôs diversos e conhecidos poemas sobre Nova Iorque, e por Cuba. Nesta viagem Lorca conseguiu viver sua homossexualidade com mais liberdade: em Nova Iorque conheceu o poeta gay Hart Crane, que o introduziu nas delícias das docas da cidade e seus marinheiros bêbados, e em Cuba chegou a roubar o namorado do poeta colombiano Porfírio Barba Jacob, um marinheiro escandinavo, confirmando sua preferência pelos homens do mar. De volta à Espanha, seus amigos notaram que ele tinha mais facilidade em lidar com a sua homossexualidade.

Em 1931, a república foi proclamada na Espanha e Lorca engajou-se no governo de esquerda, sendo o primeiro diretor artístico, até

1934, da Barraca, um grupo de teatro itinerante que levava grandes clássicos do teatro às aldeias, privadas até então de vida cultural. Em 1933, na Barraca, conheceu o estudante de engenharia Rafael Rodríguez Rapún, jovem de compleição atlética e, segundo um amigo, "doido por mulheres", mas que não conseguiu resistir à magia da personalidade de García Lorca, que já estava acostumado a arrancar seus amantes dos braços de mulheres.

Sua atuação política ao lado da esquerda espanhola foi cada vez maior; em 1936 chegou a recitar poemas em um ato de solidariedade ao líder comunista brasileiro Luís Carlos Prestes, celebrado na Casa do Povo em Madri. Isso seria fatal para ele, que passou a ser odiado pela direita, no poder desde 1933. Em 1936, Lorca iria apoiar a Frente Popular, frente de partidos de esquerda liderada pelos comunistas. A Frente Popular venceu as eleições, mas isso deu início a uma guerra civil, tendo de um lado os republicanos de esquerda, apoiados por partidos europeus e intelectuais e militantes de todo o mundo, engajados como voluntários, e de outro o Partido Falangista, apoiado pelos fascistas de todo o mundo unidos.

Lorca tinha a oportunidade de ir para o México com sua amiga Margarita Xirgu, que ia representar suas peças, que faziam muito sucesso na América Latina, mas seu trabalho e provavelmente a impossibilidade de ir com Rafael Rodríguez fizeram com que ficasse. Margarita nunca mais veria seu amigo. Os falangistas tomaram Granada em 1938 e acusaram Lorca de ser um escritor subversivo, de ter um rádio clandestino com o qual comunicava-se com os russos, e de ser um notório comunista e homossexual.

Em 16 de agosto, seu cunhado, prefeito de Granada, foi fuzilado; dois dias depois, Lorca é levado à cidade de Víznar, um posto avançado da Falange perto de Granada, onde foi fuzilado, não antes de ser obrigado a assinar um bilhete endereçado ao pai, pedindo mil pesetas ao Exército, que o pai pagou na esperança de soltar seu filho. Foi enterrado numa vala comum com outras vítimas dos fascistas.

Para sua amiga e militante comunista, Maria Teresa León, logo em seguida Rafael Rodríguez Rapún teria decidido engajar-se na guerra por causa da dor pela morte de Lorca, deixando-se matar: "Ninguém terá sofrido tanto quanto ele com aquela morte." (Gibson, 1989:521) Seus companheiros de exército contaram que Rafael saltou da trincheira em meio a um bombardeio aéreo, dizendo que queria morrer, tombando logo em seguida, em 18 de agosto de 1937, aos 25 anos, na cidade de Santander, exatamente um ano depois de Lorca.

O triângulo rosa

Quando Josip Stálin sucedeu a Lênin no governo soviético, a situação dos homossexuais mudou muito, e para pior, no país que fora tão tolerante nos primeiros anos da Revolução. Cria-se a idéia da boa família soviética e a homossexualidade voltou a ser penalizada pela lei em 1934, considerada uma fraqueza pequeno-burguesa e fascista, importada do Ocidente para acabar com o ideal revolucionário. O aborto foi restringido e muitos homossexuais foram presos ou expulsos de instituições revolucionárias, não importando sua filiação política. O escritor Máximo Gorki expulsou os escritores assumidamente gays da Associação dos Escritores quando era seu presidente. Não foi por acaso que Emma Goldman foi expulsa do país!

Quando os nazistas chegaram ao poder na Alemanha em 1933, ressuscitaram o antigo parágrafo 175 do código penal alemão e passaram a perseguir os homossexuais. Os livros didáticos não dizem, mas os campos de concentração acolhiam não apenas judeus, mas socialistas, presos políticos em geral, ciganos, testemunhas de Jeová e homossexuais. Os gays tinham um triângulo rosa bordado em seus uniformes para serem identificados, usado hoje como símbolo dos movimentos por direitos civis. Acredita-se que quase cinqüenta mil pessoas tenham morrido nos campos com o triângulo rosa no peito, embora não existam cifras confiáveis: todos os registros dos campos de concentração foram destruídos antes do final da guerra. (Spencer, 1996:329)

Uma tropa inteira de nazistas foi eliminada em 1934, a SA, cujo capitão, Ernst Röhm, e seus principais oficiais eram homossexuais, numa noite conhecida como *A noite dos longos punhais*: de 30 de junho a 2 de julho, a maior parte dos oficias seriam assassinados. Oficialmente, a SA foi desfeita e seus oficiais eliminados por acusações de verdadeiras orgias gays que eles promoviam. Na verdade tratava-se de uma disputa pelo poder com a SS, outro grupo paramilitar muito bem conhecido.

A Itália fascista também perseguiu os desviantes: a ilha de Ventotene foi dedicada, entre outras coisas, à prisão de homossexuais. Na França ocupada pelos nazistas e governada por Pétain, um decreto de 6 de agosto de 1942 passou a penalizar os atos homossexuais.

Tanto o judaísmo como a homossexualidade foram transformados pelos nazistas em um vício, uma condição inerente à pessoa, da qual ela não podia desfazer-se e que podia "contaminar" toda a sociedade, o muito mais do que um crime – daí a necessidade de destruí-los. Pois "se um crime é punido com um castigo, um vício só pode ser exterminado". (Arendt, 1990:109)

6

De Stonewall ao século XXI

A História nos ensina que em todas as épocas foi por seu próprio esforço que os oprimidos se libertaram de seus senhores.
Emma Goldman

Rumo a Stonewall

Logicamente, a perseguição durante os anos sombrios provocou reações. Uma grande quantidade de gays e lésbicas lutaram pelo fim do nazismo, como Sylvia Beach e Adrienne Monnier, que ajudaram a fotógrafa e escritora Gisèle Freund a fugir da Alemanha nazista e, depois, da França ocupada; sem contar ainda os vários soldados homossexuais, homens e mulheres, que se engajaram em vários exércitos.

Em 1950, Henry Hay, membro do Partido Comunista norte-americano, fundou a Sociedade Mattachine, com o objetivo de dar assistência e proteção aos homossexuais, além de ligar esta minoria a outros grupos discriminados, como os negros e os latinos. Seu nome veio da Societé Mattachine, uma sociedade secreta medieval francesa formada por cavaleiros solteiros que promoviam bailes a que compareciam mascarados. Hay dizia que os homossexuais norte-americanos tinham de viver mascarados, escondidos, daí a escolha do nome.

Em 1953, a Sociedade organizou uma convenção com a presença de quinhentas pessoas, exigindo respeito a seus direitos. Mas em seguida a repressão acabou com a Sociedade, que não poderia sobreviver muito tempo em meio à histeria de "caça-às-bruxas" que tomou conta dos Estados Unidos na década de 1950, liderada pelo senador Joseph

McCarthy, que expulsou de várias atividades, como a política, o cinema e as universidades, os gays, lésbicas, comunistas, esquerdistas e outros não conformistas.

Neste tempo, são poucas as vozes que se levantaram em defesa dos homossexuais, como faria a escritora francesa Simone de Beauvoir em 1949, ao incluir um capítulo sobre as lésbicas em seu clássico *O segundo sexo* – para Camille Paglia, a única obra clássica do feminismo. Para Beuvoir o lesbianismo não é uma falha ou uma alternativa menor para mulheres mal amadas; ele é uma forma de vida legítima. As relações lésbicas "não são consagradas por uma instituição ou pelos costumes, nem reguladas por convenções: são vividas, conseqüentemente, com mais sinceridade". (1987:183)

A homossexualidade para a mulher pode ser uma forma de fugir de sua condição ou uma maneira de assumi-la. Beauvoir critica a psicanálise por ver nela uma atitude inautêntica. Com muita agudeza, ela vai descosturando os mitos em torno do assunto. Se temos a idéia corrente, desde os médicos gregos, de que os amores homossexuais são mais violentos e passionais, leia-se irracionais, ela diz: "Se tais amores são por vezes mais tempestuosos, é também porque estão geralmente mais ameaçados do que os amores heterossexuais." (184)

As escolhas femininas, quando independentes da vontade masculina, são sempre consideradas pelos homens como escolhas inautênticas – a velha idéia de Sêneca da mulher que se toma por homem e põe o mundo às avessas. A lésbica frustrada por desilusões amorosas com os homens pode existir, mas nem sempre ela é o que parece: "É difícil traçar uma fronteira entre resignação e predileção: uma mulher pode dedicar-se às mulheres porque um homem a desiludiu, mas, por vezes, ele desilude-a porque era uma mulher que ela procurava nele." (1987:181)

Nos Estados Unidos, alguns estudos de sexologia, como o célebre estudo de 1948, *O comportamento sexual masculino*, de Alfred Kinsey, derrubaram alguns mitos também, ao desvelar a sexualidade do homem estadunidense. Neste relatório aponta-se que 25% dos homens norte-americanos tiveram alguma experiência homossexual contínua. O doutor Kinsey elaborou ainda uma "tabela" dos desejos sexuais que ia de 0 a 6: 0 – exclusivamente heterossexual; 1 – heterossexual mas acidentalmente homossexual; 2 – heterossexual mas mais que acidentalmente homossexual; 3 – bissexual; 4 – homossexual mas mais que acidentalmente heterossexual; 5 – homossexual, mas acidentalmente heterossexual; 6 – exclusivamente homossexual. Para ele, apenas uma

Tríbades galantes, fanchonos militantes

minoria da população poderia ser considerada nos níveis zero e seis, até então as únicas opções para os médicos e especialistas, ao lado de uma sempre suspeita bissexualidade. A maior parte das breves biografias apresentadas neste livro parece confirmar esta tese.

Com os anos 60, um novo clima social e político foi estabelecido: uma era de contestação de todos os valores tradicionais, dos papéis sexuais de homens e mulheres. Os jovens lutavam pela liberdade sexual, pelo aborto, contra os valores burgueses, diminuiam as saias, aumentavam os cabelos, descobriam a espiritualidade e as roupas coloridas da Índia, além daquelas horríveis sandálias e bolsas de couro. Os negros descobriam que podiam lutar por seus direitos e, nos países comunistas e nas ditaduras latino-americanas, lutou-se pela liberdade de expressão e pela verdadeira revolução.

Novos modelos positivos foram criados para elevar a auto-estima dos grupos marginalizados, como mulheres, negros e homossexuais. Livros com personagens gays e lésbicas não chegavam a ser novidade, mas geralmente eles morriam, enlouqueciam ou convertiam-se à heterossexualidade, alcançando a felicidade. Um dos primeiros autores a escrever positivamente sobre a homossexualidade foi Samuel Steward, doutor em literatura inglesa, que escreveu sob o pseudônimo de Phil Andros. Seu primeiro livro foi *Pan and firebird*, de 1930; logo tornou-se amigo de Gertrude Stein, com quem trocou intensa correspondência. Foi professor universitário, tatuador em Chicago e voltou a escrever apenas na década de 1960, em reação ao livro *City of night*, de John Rechy, que considerava uma obra com pouca honestidade. Apesar da censura, publicou em 1969, quatro anos depois de terminá-lo, *Stud* (*As aventuras de um garoto de programa*, ed. GLS, 1998), onde as descrições do sexo são relativamente explícitas e as personagens estão satisfeitas com suas identidades gays, uma grande novidade para a época e o início de uma série de livros de mesmo teor.

Seus livros vieram satisfazer uma geração de gays que buscava descrições da vida homossexual de forma aberta e honesta, onde a busca de sexo e amor conviviam juntas, sem excluírem uma à outra, e refletiam em parte as experiências de sua própria vida, muito movimentada, aliás. Ele contava que quando estudante foi a Londres com o propósito de seduzir o lorde Alfred Douglas, para estabelecer uma "conexão mística com Oscar Wilde, no que foi bem sucedido; seu único encontro com Rodolfo Valentino valeu-lhe também um belo troféu: um cacho dos pelos pubianos do Grande Amante". (John Preston, Introdução em Andros, 1998:10)

A rebelião não iria demorar muito. Em 27 de junho de 1969, a polícia de Nova Iorque invadiu um bar gay chamado Stonewall Inn, no bairro de Greenwich Village, alegando que o bar vendia bebidas alcoólicas sem licença, uma antiga tática de repressão aos estabelecimentos freqüentados por homossexuais. Então o inesperado aconteceu: os donos e freqüentadores, cansados das batidas policiais e das humilhações, resistem à entrada da polícia e à prisão dos donos, inicialmente de uma forma festiva. Mas com a chegada do carro de polícia, a multidão começou a jogar moedas, garrafas e pedras nos agentes repressores. Era o início de uma rebelião, com barricadas e enfrentamento, como se a revolução rosa tivesse começado.

Foi aberto um buraco na porta do bar com um paquímetro destruído e alguém esguichava fluido de isqueiro em uma mecha e lançava fogo por este buraco, obrigando a polícia a trazer reforços. A resistência durou três noites consecutivas. Esta espetacular ação espontânea marcou propriamente o início dos movimentos por direitos civis dos homossexuais, porque foi pública, reivindicativa e afirmativa, e até hoje Stonewall marca a data de uma passeata, em todo o mundo civilizado onde ela é permitida, comemorando a data e o orgulho de ser gay e lésbica.

Em tempos de aids

> *Todos de minha geração que pregaram o amor*
> *livre são responsáveis pela aids.*
> Camille Paglia, *Sexo, arte e cultura americana*

Se a década de 1960 foi de contestação de todos os valores tradicionais, morais e políticos, as décadas de 70 e 80 marcaram a eclosão de uma grande liberdade para os homossexuais, se comparadas com os anos anteriores, é claro. Esta liberdade foi maior nos países industrializados e nas grandes cidades, onde existia toda uma infra-estrutura gay e lésbica, com bares, danceterias, clubes, saunas, associações e até mesmo igrejas e sinagogas, comuns em cidades como São Francisco e Nova Iorque.

A maior parte das leis repressivas na Europa caiu entre o final da década de 60 e o início da década seguinte. Tanto para o sexo gay como para o heterossexual, houve uma maior oferta de parceiros e o sexo fora do casamento não era mais restrito aos prostitutos ou ao sexo anônimo em locais públicos. A década de 1980 viu crescer o número de casais não casados e de lares de pessoas sozinhas nas grandes cidades; em Paris, no ano de 1982, mais da metade das residências eram de pessoas solteiras. (Ariès e Duby, 1993-1995, v.5:92)

Foi também uma época de culto cada vez maior ao corpo e à boa forma física, de um ódio patológico à velhice e a todos aqueles que tinham o mau gosto de envelhecer às vistas de todos. A gordura tornou-se um crime horrendo, numa atitude característica de uma sociedade de abundância que considerava a gordura "ruim" e a obesidade "vulgar", que impunha às pessoas dietas e ginásticas sempre novas, sem falar nos anabolizantes e remédios de emagrecimento e nas novas doenças da era da abundância de comida, a anorexia e a bulimia. Foi o mesmo processo que transformou, na Itália medieval assolada por fomes e falta de comida, a aristocracia, bem alimentada, no *popolo grasso* (gordo) e os pobres em *popolo magro*. (Ariès, Duby, 1993-1995, v.5:309-311) Se a faminta Europa renascentista elegia as mulheres gordas de Rafael e Rembrandt como padrão de beleza, na nossa época a esquálida modelo inglesa Twiggy será um ícone.

No ambiente gay das grandes cidades, esta mesma situação se repetia com ainda mais força; dois jornalistas e militantes estadunidenses escreveram sobre esse assunto no ano de 1997, com algumas idéias discordantes do rumo que a atual subcultura gay vem tomando. Vamos aos discordantes.

Rotello: *Comportamento sexual e aids*

O primeiro livro a sair no ano de 1997 foi *Sexual ecology. Aids and the destiny of gay men* (*Comportamento sexual e aids: a cultura gay em transformação*), com a polêmica tese de que a aids não atingiu os gays antes do resto da população por acaso. Para ele, a aids, como todas as epidemias, é uma "perturbação ecológica que surge quando os comportamentos humanos criam um nicho para um determinado micróbio".(1998:13) No caso da aids, o nicho para sua propagação foi a comunidade gay, e a perturbação ecológica foi o comportamento promíscuo de uma grande parte dos gays que passaram a praticar, a partir dos anos 60, um sexo cada vez mais intenso e descuidado, apesar de algumas mudanças no início da epidemia.

Dessa forma, não foi um mero acidente que esta doença tenha atingido primeiramente os gays, visto que o comportamento sexual da população heterossexual de classe média nos países desenvolvidos não oferecia um nicho ecológico para a disseminação do vírus. Rotello observa que a aids é uma epidemia essencialmente gay exceto em locais onde o comportamento heterossexual oferece condições para a sua propagação, como nos países do terceiro mundo, caso da Tailândia, de Uganda ou do Brasil, locais onde há uma indústria sexual atuante e onde as condições de saúde e higiene são precárias, ou em populações consumidoras de drogas. Silvana Paternostro (1999:49-50) lembra-nos ainda que nos Estados Unidos as populações latinas têm índices alarmantes de contaminação por causa do comportamento dos homens deste grupo, que fazem sexo com outros homens sem se considerar homossexuais, não tomando precauções por não acreditarem estar correndo riscos. Por isso não são chamados nem de homossexuais, nem de bissexuais, mas de homens que fazem sexo com outros homens (HSH). Isso não quer dizer que a aids seja um castigo aos gays ou uma "dívida" que a natureza estaria cobrando deles por causa de suas práticas não-naturais: a aids não é uma epidemia dos gays nem dos heterossexuais, "mas ela se desenvolve dentro de condições ecológicas específicas". (1998:217)

A ecologia, lembra Rotello, é a ciência das conexões. "Ela procura descrever a vasta rede de inter-relações que une os seres vivos ao seu ambiente", sendo que qualquer alteração do ecossistema pode trazer conseqüências graves para os seres vivos que nele vivem. (1998:24) Sendo todas as doenças ecológicas e entendendo a aids do ponto de vista ecológico, devemos considerar o sexo promíscuo – o realizado em saunas, clubes de sexo, danceterias, festas e outros pontos do mercado gay urbano, geralmente sob a ação de drogas e estimulantes, que diminuem a consciência e o poder de barganha pelo uso do preservativo, além de afetarem o sistema imunológico – como fator de propagação da doença. O vírus que, agora sabe-se, existe há muito tempo na natureza (ele pode ter feito algumas vítimas de sarcoma de Kaposi já no século XIX) encontrou um nicho ecológico para atacar os humanos e disseminar-se no comportamento promíscuo da década de 1960.

A subcultura gay atual, para Rotello, privilegia os comportamentos de risco, além de ter-se criado uma falsa idéia de que o uso de preservativo pode barrar o crescimento da doença sem que seja necessária a diminuição do número de parceiros; foi por muito tempo a única mensagem de sexo seguro que circulou no mundo gay. Esta mensagem ignora três coisas importantes: que o preservativo tem uma margem de

Tríbades galantes, fanchonos militantes

insegurança, comprovada pelo grande número de gravidezes com o uso deste método contraceptivo, de 8% a 12%; que muitas pessoas não são capazes de usar corretamente o preservativo, aumentando suas chances de contaminação; que muitas pessoas, por motivos vários, como confiança no parceiro, na sorte, em sinais externos de saúde que supostamente indiquem ausência de contaminação de seus parceiros, ou por coação, simplesmente deixam de usar camisinha. Muitos homens envolvidos em relacionamentos tornados estáveis abandonam o uso da camisinha, confiando no passado de seus parceiros e em sua fidelidade no presente, e acabam contaminando-se. Além disso, mensagens de que o sexo oral é uma prática de baixo ou nenhum risco, o que não é confirmado, estariam subestimando o seu potencial de contaminação.

O autor observa ainda que a rápida elevação e o rápido declínio de novas infecções de hiv entre os gays seria resultado não de uma conscientização e do uso da camisinha, mas de uma saturação da doença, ou seja, com a infecção da maioria dos indivíduos suscetíveis à contaminação, e mesmo a morte destes, o índice de novas infecções cai, até que uma nova geração de pessoas suscetíveis à contaminação, aquelas que entram na vida sexual ativa, contamine-se, se nada for feito para conter o seu avanço; "é possível que aquilo a que assistimos quando o número de novas infecções declinou não tenha sido o triunfo da prevenção, mas a tragédia da saturação". (1998:160) Por isso estaríamos assistindo, desde 1993, o que se vem chamando de "segunda onda da AIDS", um aumento progressivo do número de contaminações, principalmente de jovens. Jovens que são bombardeados com modelos de vida de celebridades contaminadas, "sobrecarregados, ouvindo e vendo tudo o que se refere à doença e à morte [...] Eles se adaptaram a um sistema de valores onde se morre jovem". (Richard A. Isay, 1998:136)

Assim, enquanto os gays privilegiarem a troca de parceiros em grande escala, o uso de preservativo como única forma de prevenção, insistirem no sexo anal em todos os encontros, na valorização excessiva da forma física e da juventude como um valor moral, não haverá condições para enfrentar a epidemia. Apenas um comportamento sexual sustentável, baseado no sexo seguro, que não implique sempre em sexo anal, nem em sexo oral sem preservativo, e com diminuição de parceiros, que significa também a diminuição da velocidade de circulação do vírus pode ajudar a conter a epidemia antes que novas mutações tornem o vírus resistente a todos os remédios existentes. Seria preciso criar-se novos valores, como o direito de criar filhos para gays e lésbicas, que geraria uma noção maior de responsabilidade e estabilidade, bem como a legalização do casamento homossexual. Afinal, a aids "não é uma força inevitável da natureza que não pode ser contida. Ela parece resultar de comportamentos humanos e condições muito específicos, condições e comportamentos que a maioria das sociedades parece ser perfeitamente capazes de evitar". (1998:223)

Signorille: A vida do lado de fora

Pouco tempo depois do livro de Rotello, Michelangelo Signorille, um dos ativistas gays mais conhecidos dos Estados Unidos, lançou seu livro *Life outside. The Signorile report on gay men: sex, drugs, muscles, and the passages of life*, defendendo algumas idéias semelhantes. Aqui também temos uma crítica a alguns aspectos dominantes da subcultura homossexual urbana. "Há um cenário gay social e sexual predominantemente branco, focado na juventude e muitas vezes movido a drogas. Ele é altamente consumista e exige que os homens adotem um modelo de corpo muito específico." (1997: xviii)

Signorille observa que existe toda uma rede de estabelecimentos dentro do gueto homossexual voltada para homens de classe média, brancos e com dinheiro para gastar, que passaram a adotar um visual hipermasculino, depois de décadas sendo estigmatizados como efeminados. Neste visual masculino, impõe-se também uma forma física idealizada, por vezes construída à base de drogas nocivas à saúde, e uma eterna juventude, o que ele chama de opressão, ou fascismo corporal (*body opression or body fascism*), que pode ser definido como um rígido padrão de beleza física, que pressiona a todos de um determinado grupo para conformar-se a ele, excluindo aqueles que não o fazem, considerando-os como fisicamente sem atrativos e sexualmente não desejáveis. Mais do que isso, baseia as virtudes das pessoas apenas em sua aparência exterior, aproximando-se muito do racismo, do sexismo e da homofobia. (1997:27-28)

O que ele pretende demonstrar neste seu livro é que este estilo de vida não é aceito por todos os gays, que o consideram rígido, sufocante e opressivo; que há muitas pessoas que estão buscando formas alternativas de vida que não esta, "vivendo uma vida fora dela, percebendo que esta não é a única forma de ser gay". (1997: xxviii) Este ideal de masculinidade, apoiado nas ansiedades com relação à masculinidade dos homens gays, foi aproveitada pela cultura comercial do sexo gay, que o vem promovendo e expandindo desde os anos 1970. Este processo vem ocorrendo não apenas nos Estados Unidos, mas nos demais países desenvolvidos, como os da Europa, que importaram de lá estes bares e clubes, cada vez mais sexualizados. (John Shiers, 1988:239)

Esta cultura comercial do sexo, basicamente branca, urbana e de classe média, transformou homens gordos, idosos, efeminados e aqueles que não se adaptam às normas de beleza, em párias, pessoas sem lugar neste grupo; este culto ao corpo, para Signorille, foi transformado em uma espécie de religião, dos adoradores dos músculos, com seus templos estabelecidos nas academias de ginástica, e as drogas (anabolizantes, cocaína, *ecstasy*) são seus elixires místicos. (1997:75-76) Os feios e gordos obviamente não são convidados a fazer parte deste culto ou serem seus sacerdotes; podem no máximo adorar à distância seus deuses musculosos e inacessíveis.

Assim como Rotello, Signorille atesta que esta cultura hedonista simplesmente não aceita o sexo seguro. Este circuito gay nos países desenvolvidos patrocina uma grande quantidade de festas, como as *white parties* (festas brancas) nos Estados Unidos, muitas delas em benefício do tratamento da aids, com patrocínio de grandes empresas multinacionais, onde ironicamente o abuso de drogas e o sexo inseguro são sua maior e verdadeira atração. Além disso, o final dos anos 1990 viu surgir também os clubes de sexo inseguro, inclusive com *sites* na internet; são locais que organizam festas e orgias onde se pratica sexo sem camisinha, incentivados pelo amor ao risco, à aventura e pela crença, ingênua, de que a aids é uma doença já controlada pelos novos medicamentos. Para Signorille, este é o maior sacrifício ao culto moderno, à masculinidade e ao sexo. (1997:127-130) Estes homens parecem nunca ter ouvido falar em vírus mutantes e resistentes a medicamentos; e talvez nem tenham tempo para isso.

Signorille defende a necessidade da emergência de novas subculturas gays, fora da cena tradicional urbana, incluindo outros interesse e vocações que não apenas o sexo, a vida noturna e o abuso de drogas. Uma subcultura que crie grupos de jovens, de gays mais velhos, de religiosos, além da luta pela possibilidade de adoção de crianças e pelo casamento dos homossexuais. Uma "desguetização" do gueto, sem rejeitar os seus aspectos positivos, como o senso de comunidade e de camaradagem, que foram tão importantes no final dos anos 60. (1997:179)

Isso implica também numa desurbanização da homossexualidade: muitos gays estariam optando por viver em suas pequenas cidades natais, abertamente como gays, e muitas vezes com o respeito de familiares e vizinhos, ao invés de mudarem-se para grandes centros urbanos, ou mesmo saindo deles para as pequenas cidades nos Estados Unidos; possibilidade que poucos gays de outros países que não os Estados Unidos podem ter.

Há também a criação de um sentido de família, com a possibilidade de relacionamentos duradouros, adoção de crianças e de novos arranjos monogâmicos, que possam dar estabilidade à vida dos gays e diminuir o crescimento da aids. Estes novos arranjos incluem a monogamia estrita, mas também outras formas de monogamia, onde não se exclui o sexo com terceiros; onde os relacionamentos extraconjugais devem ser compartilhados, não secretos, e realizados de forma segura; que eles sejam apenas ocasionais e não freqüentes; ou ainda que estes relacionamentos devam acontecer sempre com a participação dos dois parceiros. É o que ele chama de "monogamia pós-moderna". (1997:212-213) A adoção destes novos arranjos possibilitaria a mudança para um estilo de vida mais saudável, positivo e benéfico para a auto-estima.

Em busca do arco-íris

Aparentemente no final da década de 1990 não se fala em outra coisa a não ser na homossexualidade; a aids deu muita visibilidade à comunidade gay, que teve de organizar-se rapidamente para fazer frente à epidemia. Por outro lado, ouvimos que o mercado descobriu nos gays e nas lésbicas um grande filão de consumidores, que não têm gastos com escolas de filhos, despesas com família, que podem usar todo seu dinheiro – que em geral não é pouco – consigo mesmos, com viagens, roupas, carros, cosméticos e tudo o mais que é necessário para alimentar um estilo de vida hedonista como eles acreditam que é o estilo de vida de nove entre dez "invertidos".

Alguns bairros das grandes cidades mundiais transformaram-se em verdadeiros bairros gays, como Chueca em Madri, o Village em Nova Iorque ou o Marais em Paris, onde, com a enorme quantidade de estabelecimentos gays, fundou-se a Sneg, Sindicato das empresas gays, com 400 estabelecimentos filiados na França. Para estimular a tolerância, a Sneg recomenda a seus associados, como as bancas de revistas, livrarias ou *sex shops*, a "aburguesar sua literatura", não apresentando propagandas ou revistas muito quentes em suas vitrinas. (Claire Ulrich em Assouline, 1996:29)

Grandes eventos também são realizados, com patrocínios milionários, como é o caso dos Jogos Gays (*Gay Games*), espécie de Olimpíada gay, criados pelo estadunidense Tom Waddell e cuja primeira edição ocorreu em 1982, em São Francisco. Em 1994, em Nova Iorque contou com mais participantes do que as Olimpíadas de Barcelona; já foram realizados em cidades como Vancouver e Amsterdã, contando inclusive com a participação de atletas brasileiros.

Até mesmo as realezas européias já reconhecem a existência dos homossexuais: em 1997 o protocolo da casa real espanhola, depois de protestos dos grupos gays, decidiu receber em suas recepções oficiais casais sem vínculo civil ou do mesmo sexo, com a única exigência de que mantenham uma relação fixa, sem trocas freqüentes de parceiros; o rei João Carlos e a rainha Sofia têm uma memória muito fraca para nomes.

A aids também tirou do armário muitos artistas famosos, como o já citado herói das matinês estadunidenses, Rock Hudson, o cantor Freddy Mercury etc., mas nem todos tiveram de contrair o vírus para admitir sua homossexualidade. Já nos anos oitenta uma profusão de bandas de rock ou pop abertamente gays apareceram no mercado fonográfico, como as inglesas Communards, Bronski Beat, Culture Club, Pet Shop Boys, o cantor George Michael, e mais recentemente a cantora canadense k. d. lang. O fotógrafo Robert Mapplethorpe, antes de contrair a aids, já tornara suas fotos de corpos masculinos um ícone não apenas da subcultura gay como da própria fotografia do século XX. Até mesmo um país como as Filipinas produzirá filmes gays, como o precursor *Macho dancer*, de Lino Brocka (1988), ou o mais recente *Midnight dancers* (1994), de Mel Chionglo, sobre três irmãos dançarinos de boates e prostitutos; proibido em seu país, foi uma sensação na Europa.

No entanto, faltam mais modelos positivos de homossexuais que não tenham saído do armário apenas por causa de sua contaminação. Há poucos gays "atletas, políticos, atores ou eminentes professores, advogados e médicos que se assumam publicamente, a menos que tenham aids, achando que teriam muita coisa a perder agindo de outra maneira". (Isay, 1998:64) E, na maior parte dos lugares, têm mesmo, infelizmente, muito a perder.

O cinema, fonte secular de fofocas sobre o tema, deu alguns seguidores do amor grego assumidos nestes últimos anos. O inglês Rupert Everett não diminuiu o valor de seus contratos em Hollywood depois de admitir que era gay; a norte-americana Ellen de Generis, cuja personagem de seriado da televisão, Ellen, assumiu sua homossexualidade no ar, ao mesmo tempo em que a atriz assumia seu romance com a atriz Anne Heche, saiu do ar aparentemente por queda de audiência. Martina Navratilova e Billie Jean King, duas das mais famosas tenistas do mundo, escreveram livros contando suas vidas e como decidiram assumir seu lesbianismo. O que não impediu que as vitórias da tenista-revelação francesa Amélie Mauresmo, no ano de 1999, fossem questionadas pela imprensa e pelas suas colegas derrotadas, por causa de sua suposta força física masculina, já que ela assumira ser lésbica e ia aos jogos acompanhada de sua namorada.

Uma das grandes polêmicas deste final de século foi a participação de gays e lésbicas nas forças armadas. Nos Estados Unidos foi um dos temas mais importantes na campanha da primeira eleição de Bill Clinton e uma grande polêmica que não se resolveu totalmente até o início de seu segundo mandato. Na Holanda, o exército faz campanha para atrair os homossexuais em revistas gays, onde dizem que "Há lugares mais excitantes na terra do que um quarto escuro", ou seja, a cabine de um avião F16. Recentemente a Inglaterra proibiu a expulsão de soldados homossexuais, desde que não haja expressões de afeto públicas.

Um caso que se tornou conhecido foi o da oficial do exército estadunidense e enfermeira Margarethe Cammermeyer, contado em seu livro *Servindo em silêncio* e num filme homônimo de sucesso, protagonizado por Glenn Close. Depois de dezesseis anos de casamento, com filhos e uma feliz família luterana, a oficial Cammermeyer, com serviços prestados no Vietnã, decidiu assumir sua homossexualidade, sendo afastada do exército por isso. Seu caso tornou-se conhecido quando ela resolveu entrar na justiça, que reconheceu o seu direito de permanecer no exército. (Citado em Deborah Abbot e Ellen Farmer, 1998:74-84)

Em outra relação polêmica, embora as religiões oficiais quase todas condenem a homossexualidade, muitas igrejas nos Estados Unidos e na Europa, mesmo na intolerante Inglaterra, vêm realizando cerimônias de união religiosa de gays e lésbicas, de todas as denominações; são realizadas cerimônias católicas, anglicanas, judaicas, afro-americanas etc. Nos Estados Unidos existe, inclusive, a igreja homossexual Metropolitan Community Church, que funciona com um orçamento anual de dez milhões de dólares.

Outra questão atual é o casamento homossexual, ou união civil entre pessoas do mesmo sexo. Apenas Dinamarca, Groenlândia, Noruega, Suécia, Islândia e Holanda reconhecem estas uniões, mas somente entre parceiros residentes no país. O Estado norte-americano do Havaí tentou sem sucesso aprovar uma lei nesse sentido. A Espanha, com o governo de direita eleito em 1996, não votou a lei que tramitava para aprovar estas relações, a *ley de parejas* (lei de casais), mas os casais do mesmo sexo podem registrar-se nas prefeituras para o caso da lei ser aprovada e terem seus direitos garantidos. Muitas cidades francesas fornecem a estes casais certificados de vida em comum e na Itália em Pisa, Bolonha e Florença há registro para parceiros do mesmo sexo. Estes países estão preparando-se para cumprir as determinações do Parlamento Europeu, que recomendam que os países membros da Comunidade Européia ponham fim às idades diferentes para a legalidade das relações sexuais entre pessoas do mesmo sexo e heterossexuais, à perseguição dos homossexuais em nome da moral pública e dos costumes, à discriminação no trabalho e a qualquer proibição de gays e lésbicas contraírem matrimônio ou serem pais e adotar crianças.

Apesar das medidas liberais do Parlamento Europeu, não mais do que dez países no mundo possuem leis antidiscriminatórias. A homossexualidade ainda é ilegal na maior parte dos países muçulmanos e em todos os africanos, com exceção da África do Sul. Na Índia, Malásia, Rússia, Cuba, China e mesmo em alguns estados dos Estados Unidos, mesmo que a lei seja raramente cumprida, ela está lá. A pena de morte existe em países como a Arábia Saudita, Irã e Afeganistão, que esqueceram o seu passado tolerante com a homossexualidade de alguns séculos atrás. As antigas colônias britânicas espalhadas pelo mapamúndi seguem em sua maioria o padrão repressivo e preconceituoso da legislação britânica. A situação é particularmente grave na Colômbia, onde mais de 500 gays e lésbicas foram assassinados por grupos de extermínio desde o início da década de 1990; e no Zimbábue, nação africana governada pelo *apartheid* até poucos anos, onde o presidente Robert Mugabe declarou em meados da década que os direitos humanos deveriam ser negados aos gays e lésbicas, e que eles deveriam abandonar "voluntariamente" o país. Ele proibiu também a realização de uma feira internacional de livros no país cujo tema era precisamente direitos humanos.

A América Latina não escapa do preconceito: a homossexualidade é ilegal na Jamaica, no Equador, onde há grupos de extermínio, na Nicarágua e no Chile, além das pequenas ex-colônias britânicas. No México contam-se diversos assassinatos, principalmente na tensa região de Chiapas, quase todos com a conivência e a participação da polícia. Mesmo onde ela não é ilegal, a predominância católica da região criou um arraigado preconceito na população, como na urbanizada e cosmopolita Argentina, onde não são raras as violências policiais. O único país latino-americano a ter leis antidiscriminatórias é Honduras. O escritor peruano Jaime Bayly, autor do primeiro *best seller* gay da história do Peru, *No se lo digas a nadie* (Não conte a ninguém) quando esteve em Lima depois de publicar seu livro (ele mora em Miami) foi insultado pelas pessoas na rua que gritavam para ele em forma de xingamento "Joaquim, Joaquim", o nome do protagonista gay de seu livro que se envolve com drogas e prostituição. Uma personagem do livro diz que no Peru você "pode ser viciado, ladrão e mulherengo, mas não homossexual". Para atrapalhá-lo ainda mais, Bayly destroçou os coração de milhares de admiradoras suas de um programa que apresentava na televisão peruana, depois da publicação de seu livro.

Sem grandes surpresas, quase nenhuma das leis discriminatórias faz referência ao lesbianismo ou admite a sua existência. Como vemos, ter dinheiro para comprar coisas caras e viajar pelo mundo não garante diretos a nenhum grupo marginalizado.

Quem tem medo da genética?

Se a física foi a ciência do século XX, dizem os especialistas que a biologia será a ciência do século XXI, particularmente as pesquisas sobre o código genético. Isso causa pavores e calafrios em cientistas sociais e alguns ativistas gays, mas as últimas pesquisas indicam a existência de um componente genético da homossexualidade; que ela seja herdada geneticamente da mesma forma que a cor dos olhos, cabelos ou o fato de ser destro ou canhoto.

O cientista estadunidense Dean Hamer vem pesquisando nos últimos anos uma zona de cromossomos chamada Xq28, onde haveria marcadores genéticos que conteriam a tendência à homossexualidade. Seu estudo baseia-se na pesquisa de pares de gêmeos idênticos onde ao menos um é homossexual: destes pares, 13,5% têm os dois irmãos como homossexuais. Além disso os irmãos de gêmeos gays têm 22% de chance de serem também homossexuais, enquanto irmãos de pares onde um é gay e o outro é heterossexual têm apenas 4% de chance, indicando uma predisposição genética em algumas famílias. A pesquisa também comprovou que os tios e primos maternos são homossexuais com uma freqüência maior nestes casos, indicando que esta causa genética seria transmitida por via materna, através do cromossomo X. Experimentos com gêmeos criados separadamente, sem contato entre si, apresentam as mesmas cifras. (Jim MacKnight, 1997:53-55)

Na verdade, a pesquisa de Hamer não indica a existência de um gene homossexual mas de causas poligênicas, ou seja, vários genes agindo em conjunto para regularem uma característica. O psicólogo australiano Jim MacKnight observa que esta teoria não exclui a ação das condições sociais e pessoais na definição da identidade sexual das pessoas, bem como chama a atenção para a existência de diversas homossexualidades, com diversas causas; a pesquisa de Hamer indicaria as causas de uma delas.

Para MacKnight, a questão fundamental não é o que causa a homossexualidade, mas o que permite que ela sobreviva. (1997:149) O que faz com que, do ponto de vista da adaptação das espécies, um comportamento aparentemente contrário à evolução tenha persistido por tanto tempo e com tanto sucesso mesmo sem ser reprodutivo. Sua teoria é de que a homossexualidade favoreça a reprodução da espécie por meio da diversidade genética. Diz ele que do ponto de vista da evolução, "comportamentos que são duráveis e difundidos são provavelmente adaptados". (1997:172)

Para ele, homens heterossexuais que carregam o gene homossexual herdado de suas mães, de forma heterozigota -, ou seja, o gene existe de forma recessiva, não modificando a preferência sexual daquele que o carrega, como um homem com olhos castanhos, mas que possui o gene recessivo de olhos verdes – estes homens "possuem um aumento de seu potencial reprodutivo, uma vez que este gene não foi eliminado pela seleção transformando-o em um homem sem esses genes. A evolução, como um processo sem razão, funciona pelo acaso, não pela escolha". (1997:68)

Espécies que têm uma maior diversidade genética costumam ter vantagens na adaptação. Dessa forma, o gene da homossexualidade combinado com o gene da heterossexualidade produziria mais vantagens para a reprodução e para a adaptação. "Uma espécie cujo genoma possua uma diversidade de genótipos se adapta com mais facilidade a ambientes diferenciados do que uma espécie teoricamente ideal. [...] Um genoma diversificado aumenta o potencial de adaptação de um indivíduo e sua espécie. Pode ser que a homossexualidade seja uma variante socialmente adaptativa." (1997:70) As mulheres que possuem este gene também teriam uma maior taxa de fertilidade do que as outras; a incidência maior de filhos homossexuais gerados por estas mulheres seria uma contrapartida às altas taxas de fertilidade de suas mães. (1997:119)

Estes homens têm provavelmente um aumento do desejo e do vigor sexuais, da qualidade de seu esperma e da capacidade de conquista de suas parceiras, garantindo a possibilidade de gerar mais filhos e espalhar sua carga genética com mais chances de que ela se perpetue; isso talvez explique a atividade sexual mais intensa dos homens gays em relação aos heterossexuais, sua promiscuidade poderia ter causas biológicas, ligadas a estratégias de evolução. (1997:76) Pois, embora os homossexuais não estejam tentando reproduzir-se, "seu comportamento sexual segue as normas dispostas por sua biologia reprodutiva que, por seu lado, segue os imperativos evolucionários que as estabelecem. Explicando de outro modo, eles são homens antes de serem homossexuais". (1997:82)

A inexistência de uma resposta genética com relação ao lesbianismo pode ser resultado de que, para MacKnight, a homossexualidade masculina e o lesbianismo não sejam fenômenos conexos. "Porque cada orientação prefere seu próprio sexo, nós supomos uma semelhança." Os homens gays e mulheres lésbicas estariam mais próximos de seus companheiros heterossexuais, e suas estratégias sexuais seriam diferentes. Assim as causas da homossexualidade masculina podem ser diferentes das causas do lesbianismo. (1997:183)

Não pretendo apresentar todos os argumentos deste autor, apenas indicar que qualquer pesquisa sobre a homossexualidade, tanto masculina quanto feminina, deve levar em conta os avanços da genética e da biologia. Que não devemos ter medo destas pesquisas que, ao menos por enquanto, não apontam para um aumento da discriminação ou um controle genético do nascimento de gays por pais e médicos homofóbicos. Para evitar que isso aconteça, é preciso conhecer o que a ciência vem estudando e não negar tudo apenas por ignorância ou preconceito. Esta teoria, ao contrário, pode acabar de vez com qualquer argumento racional contrário à homossexualidade, já que ela é não apenas natural como útil à reprodução humana. Também não devemos esquecer que somos animais antes de seres sociais, e que a biologia pode auxiliar as ciências humanas em muitas questões, especialmente no que diz respeito à sexualidade.

Para resumir, então, cito novamente o autor:

"O máximo que um sociobiólogo moderado pode afirmar é que a homossexualidade tem uma base genética. Isso não quer dizer que um indivíduo que possua esses genes vá tornar-se um homossexual. Nossos genes determinam predisposições a partir das quais os indivíduos constróem suas vidas." (1997:178) "Homens gays, ao contrário de anormais, são reservatórios de variação adaptativa. Nossa espécie tem muito em comum para excluir qualquer indivíduo." (1997:187)

7
Dos índios aos militantes: o Brasil

Para os brasileiros, a sociedade deles representa o que existe de mais próximo de uma democracia multicultural perfeita e sem discriminação – uma imagem que, para mim, nunca na verdade correspondeu exatamente à realidade. Mas é fácil deixar-se enganar. O Brasil é extremamente sedutor.
Silvana Paternostro, *Na terra de Deus e do homem*

A América antes dos europeus

Antes mesmo da chegada dos europeus à América, em 1492, a homossexualidade já era largamente praticada no continente, tanto entre sociedades mais avançadas como os incas e astecas, como entre as tribos nômades do Brasil.

Restos de potes dos incas mostram diversas representações do coito, várias delas sendo homossexuais, e os pais maias ofereciam meninos aos seus filhos adolescentes para os iniciarem sexualmente antes do casamento. Entre os astecas, mais urbanizados, havia até mesmo prostituição masculina nas ruas movimentadas de sua capital, Tenochtitlán, atual Cidade do México. Entre os sacerdotes, assim como em diversas outras culturas politeístas, o sexo entre homens era muitas vezes parte do ritual religioso.

Mesmo as tribos nômades da América do Norte e do Brasil praticavam com freqüência o vício de Sodoma. Nestas tribos, alguns homens por vezes passavam a vestir-se de mulher, realizar trabalhos femininos, como a confecção de cestos, e relacionavam-se sexualmente com outros homens, sempre de forma passiva. Além disso, havia, em algumas tribos, homens que se vestiam de mulher e se prostituíam em troca de penduricalhos, comida e proteção.

Na América do Norte, os homens que adotavam papéis femininos e as mulheres masculinizadas, que caçavam e lutavam com os homens, eram chamados de *Berdaches*. Estes *berdaches* tinham fama de poderosos curandeiros e feiticeiros e, muitas vezes, ocupavam uma posição de destaque na aldeia como sacerdotes ou pajés. Os primeiros índios que os europeus observaram praticar o travestismo foram os Illinois, os Sioux, os índios da Luisiânia, da Flórida e do Iucatã, no México. Entre os Mbayá havia uma classe de homens que imitavam as mulheres em todos os seus hábitos e atividades, vestindo-se como elas, fiando, tecendo, fazendo louças etc. Estes efeminados, cujas vidas saíam das regras cotidianas, eram encarados como *Manitu*, ou sagrados. (Gilberto Freyre, 1977:141-142)

Quando os portugueses chegaram ao Brasil, encontraram uma grande quantidade de índios que praticavam a sodomia. O próprio termo *bugre*, com o qual são conhecidos os indígenas até hoje, vem de búlgaro, ou *bougre* em francês, que, na Europa, identificava aos hereges, infiéis e sodomitas. Este nome vem de uma seita herética vinda da Bulgária no século XI, depois aplicado a todos os hereges e sodomitas. Eram denominados assim tanto por sua religião não-cristã como por suas práticas sexuais livres, nas quais a homossexualidade não era vista de forma negativa. O termo hebreu *gentio,* que era usado igualmente para identificar os índios brasileiros, também tinha o sentido de heresia e sodomia.

Mesmo considerando que a visão dos padres e dos jesuítas fosse ideologicamente comprometida, e que vissem pecado por toda a parte onde não havia a Igreja Católica, podemos acreditar que são verdadeiras suas descrições de que muitos índios vangloriavam-se de praticar a sodomia com outros homens passivos e que algumas índias guerreavam com os homens, casavam-se com mulheres e desejavam ser vistas como verdadeiros machos, considerando grave ofensa serem chamadas de mulher. (Mott, 1987:22-3) Assim não parecem corretas as observações de alguns autores de que a sodomia tenha sido um hábito, um mau hábito — segundo eles, aprendido com os homens brancos, ou de que os padres mentissem a esse respeito para aumentarem o rol de seus pecados.

Entre as tribos brasileiras, era comum a segregação dos meninos quando entravam na puberdade, que passavam a fazer parte de casas, ou

Amilcar Torrão Filho

clubes, de homens proibidos às mulheres, chamadas *baito*, "casa-dos-homens", encontradas entre os índios Bororo, por exemplo. Neste período, o menino passava à influência dos homens mais velhos e eram comuns relações sexuais entre eles como forma de iniciação à vida adulta, resultando, segundo o sociólogo Gilberto Freyre, um ambiente propício à homossexualidade. No *baito*, o naturalista alemão Karl von den Steinen, no século XIX, encontrou alguns pares enamorados que se "divertiam" debaixo de um cobertor vermelho. Ainda hoje, a maior parte das tribos brasileiras têm a homossexualidade como prática corrente e sem tabus. (Freyre, 1987:118)

Pela mesma época que von den Steinen, Johann Moritz Rugendas observou entre o Guaicurus, do sul do Mato Grosso – os únicos índios cavaleiros do Brasil e de civilização considerada mais avançada do que as demais – a existência de uma espécie de homens chamados *cudinhos*, que imitavam em tudo o comportamento das mulheres, não sofrendo nenhum tipo de preconceito. (1979:176)

Entre os Tupinambás, por exemplo, os jovens tinham poucas oportunidades sexuais, já que os homens mais poderosos da aldeia podiam ter um número maior de esposas, o que diminuía a quantidade de mulheres disponíveis; os casamentos eram contraídos tardiamente, somente após a execução de pelo menos um prisioneiro de guerra pelo pretendente a noivo. Isso estimulava as relações com mulheres mais velhas, abandonadas por seus maridos e com outros jovens ou homens mais velhos, mesmo casados. (Florestan Fernandes, 1989:134)

As relações homossexuais não eram motivo de vergonha, nem para homens nem para mulheres; os *tivira* ou *tibira*, que eram os homens efeminados, eram por vezes discriminados, mas apenas quando não desempenhavam as obrigações masculinas da caça e da guerra, não por suas preferências sexuais. Havia mesmo homens passivos que mantinham cabanas próprias para receberem seus parceiros e muitos possuíam "tenda pública", recebendo outros homens como se fossem prostitutas. Aqueles que eram ativos chegavam a vangloriar-se destas relações, considerando-as sinal de valor e valentia, embora o termo *tivira* ou *tibira* fosse, por vezes, utilizado como ofensa. (Fernandes, 1989:136-137)

Entre as mulheres, algumas adotavam os penteados e as atividades masculinas, indo com eles à guerra e à caça, além de casarem-se com outras mulheres, adquirindo toda espécie de parentesco adotivo e obrigações assumidas pelos homens em seus casamentos; eram chamadas *çacoaimbeguira*. O *Vocabulário da Língua Brasílica* dos jesuítas, de 1621, traduz este termo como "machão, mulher que não conhece homem e tem mulheres, falando e pelejando como homens". (Mott, 1987:11).

Daí talvez a força do antigo mito das guerreiras amazonas, que deu nome à grande floresta tropical sul-americana. O próprio Colombo acreditou ter encontrado a *isle femelle*, ou Matininó, descrita por Marco Polo como habitada apenas por mulheres e visitada periodicamente por homens (que viviam numa ilha masculina) pelo período de três meses apenas para garantir a reprodução. Juan de Grijalva, no século XVI, em expedição ao Iucatã mexicano, ouviu falar de uma casta de amazonas que habitava a região, rumores que se repetiam também no Chile, na Patagônia e na Colômbia. Elas seriam guerreiras ferozes, sem contato com homens, a não ser para reproduzirem, e só criariam os filhos do sexo feminino.

Provavelmente a existência de mulheres guerreiras entre os índios foi responsável pelo ressurgimento deste mito em tantos lugares do Novo Mundo. Em 1541, a expedição do espanhol Francisco de Orellana, saída de Quito, encontrou em uma margem do rio-mar, depois de atravessar a foz do rio Madeira, um bando de guerreiras muito fortes, à frente de outros índios, que atacou a expedição quando procuravam um sítio para celebrar as festas de são João Batista. De acordo com o cronista dominicano, frei Gaspar de Carvajal, cada uma delas valia por dez guerreiros e os espanhóis tiveram que lutar muito para matar as dez ou doze guerreiras. Fantasioso ou não, este relato acabou por determinar a denominação de toda esta região e do rio-mar que corta a floresta. (Sérgio Buarque de Holanda, 1985:23-25)

Em nosso século, o antropólogo Lévi-Strauss observou que, entre os Nhambiquaras, as dificuldades em se conseguir mulheres desenvolveu a prática de relações homossexuais regulares – casamentos? – entre primos cruzados. (Citado em Fernandes, 1989:137) Podemos pensar se estas relações ocorriam apenas pela "falta de mulher" ou se os antropólogos vêem estas relações com seus preconceitos ocidentais e cristãos, assim como faziam os primeiros catequizadores.

O Santo Ofício

Mas os índios não eram os únicos a praticarem o *pecado nefando* na América. Em Portugal, a Inquisição perseguia homens e mulheres acusados de sodomia e muitos deles iriam encontrar, na distante e mal policiada América, um local seguro para viverem suas aventuras homoeróticas. Afinal de contas, "não existia pecado ao sul do Equador".

Muitos colonos, chegando ao Brasil, adotaram os costumes da terra, tomando várias mulheres como esposas ou andando nus; outros também aprendiam a praticar a sodomia com os bugres, quando já não vinham com todas as lições decoradas em Portugal, ou em outros lugares da Europa por onde haviam passado antes.

Preocupadas com estas liberdades tomadas na colônia, as autoridades portuguesas enviaram em 1591, a Primeira Visitação do Santo Ofício da Inquisição ao Brasil, mais especificamente à Bahia e, em 1594 a Pernambuco, e uma Segunda Visitação em 1618 novamente à Bahia. Como não havia tribunal no Brasil, Portugal enviou à colônia, nestas duas ocasiões, bispos, visitadores e comissários para recolher as denúncias e confissões dos hereges, judeus e sodomitas e enviá-los aos cárceres do Santo Ofício em Lisboa, quando necessário.

Por causa destas "indesejáveis" visitas, hoje podemos conhecer um pouco da vida destas pessoas acusadas de atos homossexuais, homens e mulheres perseguidos pela Inquisição que, sem querer, acabou preservando nos documentos a sua memória. Vamos então apresentar as histórias de algumas destas pessoas. São oito homens e sete mulheres que confessaram a sodomia na Primeira Visitação da Bahia, três homens e duas mulheres que viviam em Salvador e os demais no Recôncavo, mostrando que a homossexualidade não era, na colônia, prática restrita às cidades.

Os sodomitas

Em 29 de julho de 1591, o padre Frutuoso Álvares, vigário de Nossa Senhora da Piedade de Matoim, de 65 anos, apressou-se a confessar ao Inquisidor que, por pelo menos quinze anos, desde que chegou à Bahia, cometeu "tocamentos desonestos", ou seja, indecentes, com cerca de quarenta rapazes aos quais não conhecia, nem sabia o nome da maioria deles. Estes tocamentos desonestos eram abraços, beijos, penetração, sendo ele ora ativo, ora passivo. Podemos ver que apesar da pequena população da Bahia do século XVI, não era difícil se conseguir um parceiro sexual, principalmente quando as preferências recaíam, como as do vigário Frutuoso, sobre jovens e imberbes mancebos, geralmente entregues à educação dos padres.

Este vigário era um sodomita convicto: natural de Braga, Portugal, foi ele degredado desta cidade para o Cabo Verde, na África, de onde, também por haver praticado "tocamentos desonestos" com vários mancebos, foi enviado a Lisboa e condenado ao degredo perpétuo no Brasil.

O estudante Jerônimo Parada de tenros dezessete anos, natural da Bahia, confessou em 17 de agosto de 1591 ter praticado várias vezes o "pecado" da sodomia com o nosso conhecido vigário Frutuoso Álvares. Tendo o padre de Matoim ido em visita à casa do estudante, por ser amigo de seu pai, começou a apalpar Jerônimo, dizendo-lhe que estava gordo e outras "palavras meigas", e meteu-lhe as mãos pelos calções, apalpando-lhe o sexo. O vigário levou o indefeso estudante para a cama onde deitaram-se e ajuntaram as suas "naturas" (os sexos).

Numa outra vez, o estudante hospedou-se na casa do padre Frutuoso, quando passou a noite na cama do dito frutuoso vigário, apalpando-se um ao outro. Voltando o padre à casa de seu amigo, pai do estudante Jerônimo, tentou de novo ajuntar a sua "natura" à dele, no que o jovem mancebo não consentiu, fazendo com que o vigário, numa última e desesperada tentativa, oferecesse-lhe um vintém; por ele não se contentar com este mirrado vintém – ele não se vendia por pouco, isso não! – deu-lhe o vigário mais outro, convencendo-o então. Dessa vez consumaram completamente o ato da sodomia, colocando-se Jerônimo por cima do vigário Frutuoso e metendo-lhe seu "membro desonesto" pelo "vaso traseiro" do clérigo, tendo polução, isto é, penetração com ejaculação. Quando a resistência para o pecado era forte, havia sempre a possibilidade de quebrar as barreiras da virtude através de alguns vinténs de convencimento.

Bastião de Aguiar, de dezessete anos, confessou em 24 de agosto de 1591 que, quando tinha dez ou onze anos, dormindo com seu irmão mais velho, Antônio, uma ou duas vezes aconteceu de, alternadamente, tentarem se penetrar um ao outro, alegando não terem conseguido consumar a penetração. Na mesma época, um criado da casa de nome Marcos Tavares, mais velho que seu irmão, tentou penetrar várias vezes a ele, Sebastião, que não consentiu que o fizesse.

Outras vezes foi Bastião que tentou penetrar o mameluco Marcos, dizendo não ter havido ejaculação. Perguntado se seu irmão percebia estes encontros sexuais respondeu que sim e que muitas vezes sentia ele que seu irmão e o dito Marcos estavam praticando o mesmo ato, "um por detrás do outro".

A cama dos irmãos Aguiar era mesmo movimentada e, parece, muito requisitada. Quando tinha quinze anos, foi dormir algumas vezes em sua casa, mais especificamente na mencionada cama, Antônio Lopes, bacharel em artes e natural do Rio de Janeiro, prestes a ordenar-se padre na Bahia; duas ou três vezes tiveram ele e Bastião "ajuntamento", ou seja, praticaram sexo, metendo ele, Bastião, o seu "membro desonesto" pelo "vaso traseiro" de Antônio Lopes, tendo "poluição" de semente, ou seja, ejaculando. Antônio Lopes, por sua vez, penetrou também o "vaso traseiro" de Bastião de Aguiar, tendo nele "poluição" de sua semente.

Algum tempo depois, em 5 de fevereiro de 1592, o outro irmão incestuoso da família Aguiar, Antônio, de vinte anos, confessou à Inquisição os mesmos "pecados" que seu irmão Bastião, revelando mais alguns detalhes picantes de sua atribulada vida sexual em família, que não haviam sido confessados por seu irmão.

Diz que o mestiço Marcos ia de noite à cama onde dormia com seu irmão, às vezes por si mesmo, às vezes chamado por eles, deitando-se entre os dois. Muitas vezes alternaram ele e Marcos metendo seu "membro desonesto" ora um, ora o outro, no "vaso traseiro" do companheiro, algumas quinze ou vinte vezes no espaço de um mês. E por duas vezes seu irmão participou destes "ajuntamentos", penetrando e sendo penetrado pelo dito Marcos, criado insaciável da casa dos Aguiar e que, segundo Antônio de Aguiar, se fez ladrão e fugiu de sua casa havia cinco anos, indo parar na casa de Diogo Martins Cão.

Em seu depoimento, de 3 de julho de 1593, Marcos Tavares disse ter fornicado mais de quinze vezes com Antônio de Aguiar, não se lembrando quantas vezes o fizera com Bastião, pois faziam sexo atrás da cama ou quando iam "passarinhar no mato", sendo muitas as vezes para se lembrar.

Como vemos em várias destas histórias, a falta de camas na colônia era um sugestivo convite à sodomia. Quando se recebiam hóspedes, estes deveriam dormir nas mesmas camas que seus anfitriões, geralmente com os mais jovens, e com pessoas do mesmo sexo, obviamente, para garantir a moralidade e os valores cristãos. Ao menos alguns deles.

O mesmo aconteceu com Belchior da Costa, 35 anos, casado com Beatriz Piçarra, que confessou em 23 de janeiro de 1592 que, quando tinha dez anos de idade, hospedou-se em sua casa o cirurgião Mateus Nunes, de uns vinte anos, que dormiu na sua cama e insistiu para

Tríbades galantes, fanchonos militantes

cometer com ele o "pecado" da sodomia, o que conseguiu, metendo seu membro no "vaso traseiro" do jovem Belchior; outra vez, já com quatorze anos, foi a vez dele penetrar ao filho de um carpinteiro, de nove ou dez anos, pequeno mas não ingênuo, que foi deitar-se com ele, não mais em uma cama mas dessa vez em uma rede.

Diogo Afonso, cristão-novo de 27 anos, solteiro, confessou em 30 de janeiro, que aos quinze anos, em Porto Seguro, teve uma "amizade desonesta", ou seja um romance, com seu vizinho Fernão do Campo, de dezesseis anos, casado neste momento na capitania do Espírito Santo. Os dois vizinhos, por cerca de um ano, se relacionaram, de três em três dias, de dois em dois, às vezes duas vezes por dia, em casa, nos matos, na beira de rios, sendo agentes e pacientes os dois alternadamente, às vezes ajuntando suas "naturas", ou seus sexos, uma na outra, deleitando-se um com o outro, não podendo dizer quantas vezes fizeram sexo durante o período de seu "namoro". Diogo diz que Fernão ejaculava nestes tórridos encontros, mas não afirma ter ele próprio também "cumprido", afastando de si a acusação de ter cometido a sodomia perfeita, o que cá entre nós é muito difícil de acreditar. Apesar disso o inquisidor fez vistas grossas ao seu romance juvenil e fez com que ele apenas se confessasse no Colégio da Companhia de Jesus e levasse a ele a confissão por escrito de seu confessor.

Outras casas recebiam seus hóspedes com o objetivo expresso de proporcionar-lhes aventuras sodomíticas. Era o caso da oficina do sapateiro André de Freitas Lessa, 32 anos e morador de Olinda no final do século XVI. O Lessa, como era conhecido, atraía belos rapazes a sua "oficina de prazeres", em troca de pão, vinho e quinquilharias, pequenos presentes. Foi acusado de chefiar uma "camarilha de fanchonos", que incluía Diogo Henriques, filho de um mercador, João Freire, empregado mulato, e Antônio Pereira, empregado, entre outros, que viviam em comunidade, sodomizando-se uns aos outro, às vezes na oficina, às vezes na casa de um certo Antônio Bezerra, onde trabalhava Antônio Pereira, um dos amantes do Lessa. Ao inquisidor o Lessa alegou ser enfermo do "miolo", além de lunático, cometendo estes desatinos pelas luas. (Ronaldo Vainfas, 1989:172; 261)

Destes confessantes e denunciados, nenhum foi levado a Lisboa para julgamento nem foi queimado em auto-de-fé, talvez por terem confessado no "tempo da graça", período em que se perdoavam a maioria dos pecados. Apenas Belchior da Costa e Antônio de Aguiar foram processados, sendo repreendidos e recebendo penitências espirituais, ainda que este último e seu irmão incestuoso tivessem tido vários parentes presos por judaísmo: sua avó Beatriz Antunes e a tia-avó, dona Leonor, foram condenadas à prisão e hábito perpétuo em Lisboa, e sua bisavó, Ana Rodrigues, foi queimada em efígie, após morrer nos cárceres da Inquisição, em maio de 1604; e Marcos Tavares, que era mameluco, desfilou em auto público, descalço e com uma vela acesa nas mãos, sendo açoitado pelas ruas da cidade e degredado para a recémfundada cidade de São Cristóvão, em Sergipe, pagando ainda 738 réis de custas do processo. E quanto ao nosso velho vigário Frutuoso, sodomita convicto e irreparável, só restou ao Inquisidor admoestá-lo e rezar por sua alma pecadora.

As tríbades coloniais

Quem pensa que as mulheres viviam trancafiadas e isoladas em suas casas e que não praticavam nunca o lesbianismo no Brasil colonial está profundamente enganado. A Inquisição ouviu dezenas de mulheres que confessaram seus amores sáficos.

Nesta primeira visitação, sete mulheres confessaram a sodomia feminina, envolvendo cerca de vinte outras praticantes do lesbianismo, esporádica ou freqüentemente. Causa espanto não a quantidade de casos envolvendo mulheres, mas o silêncio que se abateu sobre elas por tantos anos, aparentemente fazendo coro à idéia da Rainha Vitória, que dizia que o lesbianismo era tão infame que sequer era possível que existisse. Até mesmo o grande sociólogo Gilberto Freyre, um dos pioneiros no uso dos documentos inquisitoriais no Brasil na década de 1930, mal chegou a notar a existência destas mulheres, embora tenha citado outros casos de sodomia entre homens, constantes destes mesmos documentos.

Vamos conhecer algumas delas:

Maria Lourenço, de quarenta anos, casada com um caldeireiro, disse que quatro anos antes, mais ou menos, estava ela acolhida em uma roça distante meia légua de Salvador, protegendo-se do ataque dos ingleses à Bahia, quando veio ter com ela Felipa de Souza, costureira e mulher do pedreiro Francisco Pires, que se trancou com ela em um quarto, falando-lhe palavras de amor e muitos "requebros", dando-lhe muitos abraços e beijos. Depois disso Felipa lançou-a sobre a cama de costas, deitou-se sobre ela com as saias de ambas levantadas,

Tríbades galantes, fanchonos militantes

com seus "vasos dianteiros" (vaginas) ajuntados, deleitando-se uma com a outra.

Na noite seguinte quis a mesma Felipa deitar-se na cama com Maria Lourenço, que não quis permitir, pedindo ao marido de Felipa que não deixasse sua mulher vir até sua cama. Novamente na noite que se seguiu, a nossa Felipa de Souza insistiu para deitar-se com Maria, fingindo-se de doente e fazendo levantar-se da cama seu marido, homem já velho, para que a confessante se deitasse com ela para "curá-la", o que a renitente Maria novamente se negou a fazer.

No entanto, dias depois, Felipa de Souza voltou a assediar Maria Lourenço. Depois de jantarem, fecharam-se no quarto de Maria para uma nova sessão de amor, tendo Felipa abraçado-a, beijado-a e lançado-se de costas sobre a cama, tendo se colocado Maria por cima dela, levantadas as saias e juntados seus "vasos dianteiros", "como se fora homem com mulher", na linguagem sempre baseada no sexo heterossexual da Inquisição.

Maria Lourenço contou ao inquisidor que Felipa de Souza chegou a ir a sua casa, preocupada, perguntando se ela já havia confessado suas culpas. Felipa teria se gabado a ela ainda de ser amante de Maria Pinheiro, esposa de Simão Nunes, Paula Antunes, mulher de um pedreiro, e Paula de Sequeira, esposa do contador real Antonio de Faria, e que elas lhe davam muitos presentes, chamando então Maria Lourenço de "esquiva e seca". Talvez ela não cedesse com a freqüência que Felipa desejava.

O caso entre Felipa e Paula de Sequeira é, sem dúvida, um dos mais interessantes: três anos antes de sua confissão, em 20 de agosto de 1591, aos quarenta anos de idade, Paula começara a receber cartas de amor e "requebros" de Felipa. Estas cartas, acompanhadas de outros presentes, continuaram por dois anos ainda, tendo arrancado da confessante alguns abraços e beijos. Finalmente em um domingo, Felipa procurou Paula em sua casa; esta, por sua vez, sem ter que pensar muito, já suspeitava da intenção de Felipa, que era ter com ela "ajuntamento carnal". Assim recolheram-se as duas a um quarto onde Paula disse-lhe por "palavras claras" que fizessem o que ela, Felipa, queria. E fizeram; por duas ou três vezes antes do almoço e, depois dele, várias outras vezes, pondo-se Paula sempre por cima "do modo como fora homem".

Como presente para selar este amor furtivo, Paula presenteou a sua amante com um valioso anel de ouro. Ela ainda disse que eram públicos os romances que Felipa tivera num mosteiro, onde estivera em

Portugal, com Maria Peralta, esposa de Tomás Bibentão e Paula Antunes, além de ter perseguido muito a uma moça, Ana Fiel, esposa de um ferreiro corcunda que, sabendo das suas intenções, quis espancar-lhe; avisada da ameaça do ferreiro, Felipa teve de fugir no dia em que ele a surraria para afastá-la da moça.

Além deste romance escandaloso que ela confessou, Paula de Sequeira foi denunciada pelo padre Baltasar de Miranda, em 17 de agosto de 1591, por ler um livro proibido, o *Diana,* de Jorge de Monte Mayor, e convidar os amigos a irem a sua casa para ouvirem canções dos versos deste livro, cantadas por um moço músico de nome Manuel. Alguns destes versos, inclusive, contavam histórias de amor lésbico. Repreendida pelo padre, ela respondeu que havia de pedir licença ao bispo para ler este livro, que achava muito bom e não sabia por que deveria ser proibido.

Pecadora contumaz, ela também confessou inúmeros sortilégios, como dizer as palavras da consagração da missa na boca de seu marido, enquanto o pobre inocente dormia, para amansá-lo e colocar nela toda a sua afeição, bruxedo que teria aprendido com uma feiticeira de Lisboa anos antes e também com a feiticeira baiana Isabel Rodrigues, conhecida como a *Boca Torta.*

Outro caso interessante é o de outra amante de Felipa, Paula Antunes. Ela não confessou seu romance, sendo citada por Maria Lourenço e Paula de Sequeira; no entanto compareceu à mesa da inquisição, em 4 de novembro de 1591, para denunciar um seu cunhado de nome Luís Rodrigues, lavrador, que chegou a "cometê-la por palavras claras", para que dormisse com ele carnalmente. Ela então, indignada, levantou-se da cadeira onde estava e mandou-o embora, e ele se foi "sem se desdizer do dito seu dito", e nunca mais lhe voltou à casa para repetir aquelas palavras ofensivas, que tanto a escandalizaram. Sorte melhor teve a atribulada Felipa de Souza, cujo convite para dormirem carnalmente não lhe pareceu nada ofensivo ou pecaminoso. Numa sociedade machista como a do Brasil do século XVI, Paula Antunes não apenas manteve uma relação extra-conjugal com uma mulher, como denunciou um homem que lhe assediou sexualmente, uma falta que em um mundo tão masculino não seria vista como fato tão grave.

Rebelde também foi Catarina Quaresma, 25 anos, casada com um senhor de engenho. Ela foi convocada para depor contra a conhecida feiticeira Maria Gonçalves, de alcunha a *Arde-lhe-o-rabo.* Primeiramente ela disse não saber se era ou não cristã-nova, ou se suspeitava por que estava sendo convocada a depor, o que era considerado pela Inquisição uma perigosa demonstração de arrogância.

Indagada sobre a Arde-lhe-o-rabo, disse que ela esteve hospedada em casa de sua mãe, mas que não a viu fazer coisa alguma em ofensa a Deus. Acusada de haver praticado a sodomia com Ana da Cunha e "outras meninas", sete anos antes, abriu-se um processo contra ela, que negou violentamente estas acusações, o que praticamente equivalia a uma confissão de culpa para os inquisidores.

Ana da Cunha confessou que sete anos antes, em 1585, vinda de Ilhéus, se hospedou na casa de Catarina, na ilha de Itaparica, às vésperas da festa de são João, quando deitaram-se em uma rede e ajuntaram seus vasos naturais, sendo incuba e súcuba, ou seja, sendo ativa e passiva cada uma delas. Já Catarina confessou apenas que elas apalparam-se e abraçaram-se, sem nunca a intenção de praticar a sodomia

Perguntada sobre quem lhe havia ensinado a negar na mesa inquisitorial, falta grave e imprudente, Catarina Quaresma respondeu com ironia que os religiosos com quem se confessava lhe ensinaram que falasse sempre a verdade, e continuou negando tudo. No entanto apurou-se que aos dezenove anos, ainda solteira, mantinha freqüentes encontros sexuais com moças de sua idade.

Mas tão rumoroso quanto os romances da dama lésbica da Colônia, Felipa de Souza, foi o praticamente casamento de Isabel Antônia e Francisca Luís. Isabel viera degredada de Portugal em 1579, ao que se dizia, por praticar a sodomia com mulheres. Francisca, negra liberta, viera antes e abrigara Isabel por algum tempo; esta, por sua vez, era conhecida como a *do Veludo*, por usar um instrumento penetrante, como um consolo, coberto de veludo. Seu romance tinha cenas públicas de violência e ciúme, como quando Isabel saiu com certo homem coxo, fazendo com que Francisca gritasse na porta de sua casa: "Velhaca, quantos beijos dás a seu coxo e abraços não me dás, não sabes que quero mais a um cono (vagina) do que a quantos caralhos aqui há?", pegando a amante adúltera pelos cabelos aos gritos e bofetões. (Vainfas, 1987)

Em 1580, elas haviam sido punidas com a expulsão da Bahia, pena que jamais foi cumprida. Quando da visita da Inquisição, Isabel Antônia já havia morrido e os inquisidores decidiram encerrar o caso e impor a Francisca Luís apenas penitências espirituais e o pagamento das custas do processo, apesar de ser o único caso conhecido da Inquisição portuguesa onde duas mulheres usavam instrumentos para a penetração, o que poderia ser considerada uma sodomia perfeita, caso mais grave do que os demais aqui expostos.

Estes casos deviam ser tão rumorosos numa cidade não muito grande como Salvador, que muitas mulheres já se preveniam contra o assédio de outras sodomitas. Nesta mesma Visitação, Guiomar de Fontes acusa a Branca de Leão, já morta neste momento, de ter cuspido em um crucifixo, dizendo que ele não era Deus, que era um papel e que Deus estava nos altos céus; sua irmã Catarina de Fontes acrescentou que Branca de Leão, na Semana Santa, se despira da cintura para cima e se açoitara com uma corda, dizendo a Catarina que o fizesse também, que assim fazia quem era amiga de Deus; no entanto ela suspeitava que a sua intenção era que ela se despisse para vê-la nua. Apesar desta acusação tão grave, como cuspir em um crucifixo, Catarina viu por trás da heresia o desejo de Branca de Leão em vê-la nua e, talvez, deleitar-se com ela.

A maioria de nossas sodomitas acabou livrando-se de grandes castigos: Maria Lourenço foi repreendida com penas espirituais por ter confessado no tempo da "graça"; Catarina Quaresma, apesar da arrogância e de negar sempre os seus "pecados", recebeu apenas penitências espirituais e pagamento das custas do processo, no valor de dez mil réis; Paula Antunes, Maria Pinheiro, Maria Peralta, Ana Fiel e Ana da Cunha sequer foram citadas; Paula de Sequeira ouviu sua sentença publicamente e com vela na mão na missa de domingo, além do pagamento das custas, tendo que pedir perdão à mesa do Inquisidor por haver omitido a leitura do proibido *Diana*; sua pena foi agravada pela confissão de feitiçaria, além da sodomia com Felipa de Souza. Esta sim foi severamente castigada. Nossa lésbica colonial mais convicta, ao lado de Isabel Antônia e Francisca Luís, foi açoitada publicamente e expulsa perpetuamente da Bahia, pelo "amor e afeição carnal" que, publicamente e com escândalo, dizia ter pelas mulheres e por não ter confessado suas "faltas", apesar de ter denunciado ao Inquisidor vários pecados de outros baianos.

Cabe notar que a maioria destas mulheres, mesmo as mais contumazes e afamadas sodomitas da colônia, Felipa de Souza e Francisca Luís, eram casadas ou viúvas, já que havia nesta época poucas possibilidades de sobrevivência, para homens e mulheres, fora do casamento. Apesar disso, estes homens e mulheres não deixavam de realizar seus desejos mais íntimos, como sempre ocorreu na história da humanidade, com ou sem repressão.

Escravos e senhores

É fato sabido e explorado em telenovelas de época, que os sinhozinhos muitas vezes tinham sua iniciação sexual com as mucamas e escravas da senzala de suas fazendas e, mesmo adultos e administrando suas propriedades, continuavam aumentando seu patrimônio em mão-de-obra emprenhando as suas negras, enchendo as fazendas de jovens mulatinhos. Assim como na Grécia ou em Roma antigas, escravos e escravas deveriam estar disponíveis para satisfazer os prazeres de seus donos, mesmo que a religião católica dissesse não tolerar abusos por parte dos senhores no Novo Mundo.

O que poucos sabem é que não eram apenas as negras que recebiam requebros de seus donos, ou mesmo comumente eram estupradas; negrinhos, homens feitos e mesmo casados eram objeto do assédio dos fazendeiros. (Ver Mott, 1986 e 1988a:19-47)

Muitos escravos já praticavam a sodomia na África, onde ela era largamente disseminada, e a cometiam muitas vezes entre si. Joane da Guiné, escravo do Colégio dos Jesuítas de Salvador no século XVI, era conhecido por praticar o nefando no "ofício de fêmea" e foi denunciado à Inquisição pelo escravo Duarte, a quem perseguia insistentemente. E Francisco Manicongo, escravo de um sapateiro, segundo Luiz Mott o primeiro travesti brasileiro de que se tem notícia, recusava-se a vestir roupas masculinas. Foi denunciado por Matias Moreira que informou aos inquisidores ter andado por Angola e Congo, onde era comum a presença de sodomitas que se vestiam como mulheres, chamados *jimbandas* (sodomitas passivos) em língua africana.

O escravo índio Joane, morador da ilha da Maré, na Baía de Todos os Santos, era conhecido por praticar o "nefando" com diversos outros homens, usando como "fêmea"; foi denunciado em 1592 por viver amancebado com o índio Constantino, como se fossem homem e mulher.

Alguns cometiam o "pecado nefando" com outros homens brancos. Gaspar Rois, ou Rodrigues, de trinta anos, feitor do Engenho de Pirajá, próximo de Salvador, foi denunciado por haver cometido a sodomia com o negro Matias, escravo da Guiné que, de tanto ser perseguido pelo feitor, acabou fugindo, por não poder resistir a tanto amor.

Pero Garcia, açoriano de 30 anos e senhor de quatro engenhos no Recôncavo baiano, "vencido pelo apetite da carne" praticara sexo algumas vezes com três jovens negros, além de manter um relacionamento com seu escravo, o mulato José, chamado por duas escravas índias de "manceba" de seu senhor, provavelmente por despeito pelo preferido do *sinhô*.

O advogado Felipe Tomás, cristão-novo português, casado e morador da Bahia, denunciado em 1618, também levara seu escravo, o mulato Francisco, a fugir de sua casa e de seu assédio constante, já que o obrigava a fazer sexo com seu dono, e a dormir sem calças à noite.

Outras vezes o sentimento parecia ser recíproco: em 1788, em São João Del Rey, o capitão José de Lima Noronha Lobo, confessa que manteve um relacionamento de dezoito anos com seu escravo angolano Antônio, tendo na sua casa um lugar específico para seus encontros, no bananal, já que era casado e não podia encontrar-se com seu cativo, para todos os trabalhos, dentro de sua própria casa.

Mas nem todos mantinham essa fidelidade. O minerador Manuel Álvares Cabral, da vila do Carmo, Mariana, confessou em 1739 ter copulado, como agente, por oito anos seguidos, com seus escravos José Courá, por oito anos; João Gago, por sete anos; João Ladano, seis anos; Luiz Mina e Antônio Jorge Ladano, cinco anos, e Francisco Angola, quatro anos. Todos eles consentiram por medo de castigos, mas não chegou a haver violência física contra nenhum deles.

Por vezes o desejo de praticar a sodomia era o motivo principal para a escolha de determinado escravo. O cativo Anselmo, 18 anos, natural de Taubaté, trabalhava em minas de diamantes do Arraial do Tijuco e acusou seu dono, o cabo de esquadra Inácio Geraldes, em 1762, de, desde que este o havia comprado, tratá-lo como "filho", levando-o para dormir em sua cama, "bolindo" nas suas partes pudendas, seu sexo, e mantendo relações sexuais com ele, no papel de ativo. Este caso entre amo e escravo durou muitos anos; dizia-se que Anselmo estava amancebado pela "via traseira" e também pela boca com seu senhor e que o ciumento cabo Geraldes prendeu-o com correntes de ferro uma vez em que o viu conversando com outro soldado, talvez desejoso também de usufruir os encantos do escravo.

João da Silva, 21 anos, escravo de Manuel Alves Carvalho, residentes em Olinda, declarou à Inquisição, em 1742, que seu amo, na mesma noite em que o comprara, o levou para a sua cama para consumarem o ato da sodomia, o que o pudico escravo não consentiu.

Algumas vezes os senhores usavam a violência para satisfazer seus apetites homoeróticos, como o caso de Francisco Serrão de Castro, filho do proprietário do Engenho da Boa Vista, Manuel Serrão de Castro, denunciado por seu escravo Joaquim Antônio em 1767. Segundo o escravo, Francisco um dia o lançara com violência em uma cama de bruços e tentara com toda a força penetrar o seu "vaso traseiro"; como ele se debatera, impediu a penetração; fazendo com que o sinhozinho derramasse o sêmen em suas pernas. Depois disso dera-lhe quatro vinténs para que não contasse nada a ninguém. Além disso, o escravo Joaquim denunciou que Francisco Serrão de Castro era conhecido como "useiro e vezeiro" neste "pecado", e por haver cometido a sodomia com outros dezoito escravos de sua casa, que fugiam dele o quanto podiam.

Mas nem sempre estas relações eram marcadas pela violência ou pela iniciativa do homem branco. Em 1594, Bastião de Morais, de 18 anos e filho do Juiz da Vila de Igaraçu, Pernambuco, dormia na casa de um tio uma noite quando o mulato Domingos, de 22 anos, escravo da casa, foi a sua cama e o "provocou a pecarem"; Domingos o colocou de bruços e deitou-se sobre ele, penetrando-o e ejaculando em seu "vaso traseiro", alternando-se os dois nesta posição por duas vezes.

Caso parecido foi também o de João Fernandes, carreiro de bois de 20 anos e filho de francês e mameluca. Ao tomar conta da casa de um vizinho certa noite, o escravo mulato Diogo Fernandes foi a sua cama provocar-lhe, apalpando o seu corpo até que o mulato deitou-se de costas – enfim uma posição diferente – tendo então metido no escravo seu membro viril. O jovem carreiro parece ter apreciado a experiência, já que retornou várias outras noites para dormir na mesma cama que o mulato Diogo.

E nem mesmo as mulheres estavam ausentes das relações homoeróticas entre senhores e escravos. Maria de Lucena, de 25 anos, que vivia com sua parenta, Clara Fernandes em Olinda, foi denunciada na Primeira Visitação de Pernambuco por dormir carnalmente com as escravas da casa, principalmente as índias Vitória e Margarida; a escrava índia Mônica uma noite encontrou-a deitada no chão com Margarida, tendo ajuntamento carnal. Mônica cuspiu nelas dizendo-lhes que não faziam aquilo por falta de homens, afirmação que não deixava de ser verdadeira, pois parece que a Maria de Lucena interessavam muito mais as mulheres. Logo depois, Maria de Lucena foi expulsa da casa por conta de seus amores lésbicos com as escravas da senzala e acabou casando-se com um homem, obviamente, na Paraíba. (Vainfas, 1989:178)

Assim como as relações heterossexuais, os amores homossexuais entre senhores e escravos eram marcados pela violência mas também por momentos de afetividade ou mesmo interesse por parte de escravos, que aceitavam atender aos apetites de seus proprietários em troca de favores e bons tratos.

Luiz Delgado

Graças à zelosa curiosidade da Inquisição e às pesquisas do professor Luiz Mott (1988c:76-129), podemos acompanhar mais detidamente a atribulada vida de um convicto sodomita e suas aventuras no Brasil colonial. Trata-se do violeiro Luiz Delgado que teve uma vida mais do que movimentada. Com 21 anos, em 1665, estava preso na cidade portuguesa de Évora com seu irmão João, por furto. Na cadeia, foi acusado por uma carta anônima à Inquisição de cometer sodomia com o irmão de sua noiva Esperança, Brás Nunes, de 12 anos. O menino, por ser magro e pequeno, entrava por entre as grades da enxovia e passava noites inteiras em companhia de seu terno cunhado Luiz. Um preso ouviu-o certa vez dizer ao pequeno Brás: "Esta noite vos hei de fazer o traseiro em rachas". No tribunal, nosso jovem violeiro disse ter apenas metido o seu membro viril entre as pernas do menino, nunca penetrando-o, isso apenas por lhe querer bem e por ele se parecer muito com sua irmã, a noiva esperançosa do jovem Luiz. O resto eram apenas intriga e maledicência.

Esta mirabolante história não convenceu o coração desconfiado do inquisidor e Luiz foi condenado a oito meses de degredo em Bragança, norte de Portugal. Em 1670, veio estabelecer-se no Maranhão e, em seguida, em Salvador, como vendedor de tabaco, com a fama de ter sido degredado de Portugal por sodomia. Tão bem chegado, começaram as acusações de que Luiz Delgado havia cometido ou tentado cometer o "pecado nefando" com dezenas de jovens, brancos e negros, livres e escravos. Além disso, teve em sua estada no Brasil pelo menos quatro romances duradouros.

Ao soldado José Nunes pagava-lhe o aluguel da casa onde morava, além de haver-lhe presenteado um anel de ouro, espécie de aliança de compromisso, o que já fizera antes Paula de Sequeira com Felipa de Souza.

Outro jovem, Manoel de Sousa, era apresentado ora como filho, ora como sobrinho; foi seu amante num período em que vivia Luiz Delgado com certo conforto, com seu negócio de tabaco, e depois de haver

Tríbades galantes, fanchonos militantes

se casado com Florença Dias Pereira, que, logo cedo, perdeu a esperança de conquistar a afeição e o desejo de seu indiferente marido.

Mas ele não era indiferente à beleza dos jovens rapazes. Logo substituiu em sua cama – nunca freqüentada pela legítima esposa – Manoel de Sousa por José Gonçalves, estudante de latim em Salvador. A relação dos dois era tão escandalosa que ele se viu obrigado a transferir-se, com o seu amante, para o Rio de Janeiro, deixando a casa de Salvador com sua esquecida esposa e com Manoel de Sousa, antigo namorado e criado da família.

Depois de algum tempo de devotada paixão, em 1686 José é preso pelo "escândalo" de suas roupas coloridas e exageradas e pelo "mau comportamento", inadequado a um estudante. Amedrontado, o mancebo decide voltar para Portugal, de onde viera, apesar dos apelos e lágrimas de seu "protetor". Diz-se até que ele lavava a roupa de cama de seu ninho de amor esperando pela volta de seu amado "protegido".

No entanto, um coração inquieto e abandonado é um coração em busca de emoção: três meses depois, ao ver a Doroteu Antunes representando um papel feminino em uma comédia, retirou o jovem de dezesseis anos da casa de seu pai para viver consigo; viveria algum tempo escondido, por medo de ser denunciado, já que sua fama de pederasta convicto e contumaz corria toda a cidade. Além disso, o pai do infante "raptado" estava a sua procura, obrigando os dois amantes a fugirem da cidade, hospedando-se até mesmo em um convento franciscano no Espírito Santo, onde Luiz Delgado apresentava o imberbe Doroteu como filho, secular estratagema até hoje muito freqüente.

Chegaram a Salvador em 1687, voltando Luiz a sua antiga casa, onde ainda viviam sua esposa e seu ex-amante Manoel. Para Doroteu, alugou uma casinha onde o manteve cheio de mimos e cuidados. Não tardou muito para que os murmúrios do povo obrigassem ao casal a viver escondido no sertão, longe dos olhares curiosos e delatores. E em 1689 o casal foi preso pelas autoridades eclesiásticas e enviado a Salvador e, de lá, a Lisboa, para o cárcere da Inquisição. Lá Doroteu acabou confessando ter cometido o "nefando" pecado da sodomia: dormindo uma noite na mesma cama que ele, Luiz Delgado rogou ao efebo que consentisse em ser penetrado; este virou-se de bruços e Luiz penetrou-o com seu membro viril em seu vaso traseiro, mas derramando a "semente" em sua mão, isso por umas oito ou nove vezes apenas; estes atos eram sempre seguidos de beijos, abraços e masturbações recíprocas. Provavelmente sabedores da obsessão da Inquisição com a sodomia perfeita, ou seja, penetração com ejaculação, foi que nosso casal confessou a ejaculação sempre fora do "vaso traseiro", tentando assim amenizar suas "culpas".

Doroteu Antunes teve pena leve: não foi torturado e recebeu degredo de três anos para o Algarve, já que o "paciente", ou passivo, era considerado menos culpado. Luiz Delgado, por outro lado, sendo o "agente", ou ativo, ficou três anos nos cárceres inquisitoriais, provavelmente por ter negado todas as acusações. Foi torturado no potro, uma espécie de cama de madeira onde seus braços e pernas foram amarrados em correias de couro que eram apertadas por um torniquete, e degredado por dez anos para Angola, já beirando os cinqüenta anos, e onde não sabemos mais se continuou desencaminhando publicamente a jovens ingênuos e imberbes como fizera nos trópicos americanos.

O Boca do Inferno

Gregório de Matos e Guerra nasceu na Bahia em 1633, terceiro filho do fidalgo português Gregório de Matos e da baiana dona Maria da Guerra, e morreu provavelmente em 1696. Era conhecido pela alcunha de Boca do Inferno pelo culto aos versos satíricos e desbocados, desnudando as fraquezas e os pecados da sociedade baiana numa linguagem que hoje chamaríamos de pornográfica. Formou-se advogado em Coimbra e, no Brasil, foi nomeado juiz de órfãos e desembargador da Relação Eclesiástica da Bahia.

Seus versos agressivos trouxeram-lhe muitos inimigos e problemas conjugais. Sua mulher, dona Maria de Povos, que não escapava de seus ataques poéticos, abandonou-o cansada de suas ironias e maldades. A família tentou convencê-lo a recebê-la de volta, no que ele concordou, com a condição de que ela voltasse acompanhada de um capitão-do-mato, como negra fugida, e se lhe nascesse algum filho fosse chamado de Gonçalo, "porque em sua casa quem manda é o galo e não a galinha". Foi degredado para Angola em 1694, por conta de suas criações pouco lisonjeiras aos poderosos da terra e problemas com a Igreja, retornando no ano seguinte para viver em Pernambuco, com a condição de não mais fazer nenhum verso, promessa que jamais chegou a cumprir.

O Boca do Inferno fazia em seus versos a crítica aos maus governantes, à elite de falsa nobreza, ao povo pecador; e é claro que o "pecado" da sodomia não escapou a sua língua ferina e, por ela, podemos conhecer as vidas de alguns sodomitas do século XVII, mais ou menos ilustres.

Um dos mais satirizados por Gregório de Matos foi Antônio Luiz da Câmara Coutinho, governador da Bahia entre 1690 e 1694. Ele tornou-se um desafeto do poeta quando este solicitou-lhe que sentasse praça de soldado a um sobrinho seu, pedido negado pelo secretário do governador, Luiz Ferreira de Noronha, supostamente seu companheiro nas delícias da sodomia. Sobre o governador escreveu:

> Pagamos, que um Sodomita
> porque o seu vício dissesse,
> todo o homem aborrecesse,
> que com mulheres coabita:
> e porque ninguém lhe quita
> ser um vigário geral
> com pretexto paternal,
> aos filhos, aos criados
> tenha sempre aferrolhados
> para o pecado mortal.

Como homem poderoso, Antônio Luiz da Câmara Coutinho, que se aborrecia com a coabitação com as mulheres, parecia entregar-se ao nefando com jovens imberbes, *com pretexto paternal,* pretexto esse que até hoje fornece boas desculpas para folguedos sodomíticos entre homens mais velhos e seus jovens pupilos. Quanto aos criados, o seu favorito parecia ser mesmo Luiz Ferreira de Noronha, o qual:

> No *beco do cagalhão*
> No de *espera-me rapaz*
> No de *cata que farás*
> e em *quebra-cus* o acharam
> que tirando ao *come-em-vão*
> que era esperador de cus,
> lhe arrebentou o arcabuz
> no *beco de lava-rabos,*
> onde lhe cantam diabos
> três ofícios de catruz.

> Tomem pois exemplo aqui
> o Tucano e o Ferreira,

> pois lhe diz esta caveira,
> aprended, flores, de mi:
> mais aqui ou mais ali
> sempre os demônios são artos
> sempre bichos e lagartos,
> e dar-lhe-ão sobre beijus,
> a comer sempre cuscuz,
> a ver se dão por fartos.

O arcabuz, espécie de espingarda, é claramente uma metáfora sutil para o pênis, aquele "esperador de cus" que "come em vão" por que não gera descendência. Por ocasião da despedida de Câmara Coutinho, Gregório de Matos volta à carga fazendo um retrato pouco saudoso – pelo menos para ele – do governador sodomita, aquele cujo "pepino/ no que é vaso feminino/ jamais toca nem emboca", que passara quatro anos na Bahia, reforçando mais uma vez as atividades amorosas preferidas do fidalgo.

> Vamos voltando
> para a dianteira
> que na traseira
> o cu vejo açoitado
> por nefando.
> [...]
> Pois que seria,
> que eu vi vergões?
> Serão chupões
> que o bruxo do Ferreira
> lhe daria?
>
> E a entresadeira
> Do Grão Príapo,
> Que em sujo trapo
> Se alimpa nos fundilhos
> do Ferreira.

A dianteira era o vaso dianteiro, a vagina, local "correto" para o ato sexual ao invés da traseira, que era o ânus, açoitado pelo nefando pecado da sodomia; Príapo era um sinônimo para o pênis do governador que, na elegante metáfora do poeta, se "alimpava" nos fundilhos de seu amado secretário Ferreira.

240

E não acabaram aqui os ataques ao casal sodomita no poder da Bahia seiscentista:

Desta vez acabo a obra,
porque é este o quarto tomo
das ações de um sodomita,
dos progressos de um fanchono.

Esta é a dedicatória,
e bem que perverto o modo,
a ordem preposterando
dos prólogos, os prológios.

Não vai esta na dianteira,
antes no traseiro a ponho
por ser traseiro o senhor,
a quem dedico os meus tomos.

A vós meu Antônio Luiz,
a vós meu nausau ausônio,
assinalado do naso
pela natura do rosto.

A vós, merda dos fidalgos,
a vós, escória dos Godos,
filho do Espírito Santo,
E bisneto de um caboclo.

A vós, fanchono beato,
sodomita com bioco,
e finíssimo rabi
sem nasceres cristão-novo:

A vós, cabra dos colchões,
que estoqueando-lhe os lombos,
sois fisgador de lombrigas
nas alagoas do olho
[...]

Fisgador de lombrigas obviamente era o membro viril e permito-me considerar desnecessário explicar-lhes que lombrigas fisgava o dito cujo, que estoqueava o lombo – nádegas como sabem – do feliz

Ferreira, a quem pertenciam as tais alagoas do olho, olho sabem vocês do quê.

Outro que não escapou à pena destruidora de reputações do *Boca do Inferno* foi um certo Nicolau de Tal, chamado de Marinícolas, e provedor da Casa da Moeda em Lisboa, inimigo do poeta e sodomita convicto, a confiarmos na sua opinião:

Lá me dizem que fez carambola
Com certo Cupido, que fora daqui
Empurrada por uma Sodoma,
No ano de tantos em cima de mil.

Por sinal que no sítio nefando
Lhe pôs a remela do olho servil
Um travesso, porque de cadeira
A seus cus servisse aquele âmbar gris.
[...]
A tendeiro se pôs de punhetas
E na taboleta mandou esculpir
Dois cachopos, e a letra dizia:
"Os ordenhadores se alquilam aqui."

Tem por mestre do terço fanchono
Um pajem de lança, que Marcos se diz,
Que se em casa anda ao rabo dele,
O traz pela rua ao rabo de si.

Uma tarde em que o perro alceste
Do sol acossado se pôs a latir,
Marinícolas estava com Marcos
Limpando-lhe os moncos de certo nariz

Mas sentindo ruído na porta,
Aonde latia um Gorra civil,
Um e outro se pôs em fugida,
Temiendo los dientes de algun javali.

Era pois o baeta travesso
Se um pouco de antes aportara ali,
Como sabe latim o baeta,
Pudiera cogerlos em um mal latim.

Tríbades galantes, fanchonos militantes

O tal do Marinícolas, cuja alcunha não deixa dúvidas quanto às suas preferências cá entre nós, seduziu a certo Cupido, provavelmente um jovem e imberbe mancebo; a outro se pôs de punhetas, que significava fazer exatamente o que o nome diz hoje, ou seja, ordenhar um certo leite branco e viscoso, imagem idílica e amorosa do nosso *Boca do Inferno*. E como outros fanchonos remediados, este Marinícolas também se servia dos serviços especiais de seu "pajem de lança", aquele com o qual quase foi surpreendido em "mal latim".

Se como já vimos a sodomia era considerada na Europa um *vício de frades*, aqui no Brasil os servidores de Deus não renegaram seu passado e sua tradição. E é claro que nosso poeta não deixou de observar na capital baiana a atividade homossexual dos nossos padres:

> Verão outro Zote,
> a quem Satanás
> por culpas de atrás
> fará Galeote:
> O tal sacerdote
> só prega a doutrina
> da lei culatrina,
> que ensina e abona:
> forro minha cona.

Por toda nossa história podemos encontrar estes sacerdotes sodomitas, como o vigário Frutuoso Álvares, na Bahia, ou o frade do Rio de Janeiro, conhecido no século XIX como *Sinhazinha*, também orador sacro, que se deliciava em ser conquistado por belos e viris rapazes.

E estava também atento às atividades nefandas das lésbicas da Bahia de Todos os Santos. Em uma festa promovida pelos pardos (mulatos) em homenagem a Nossa Senhora do Amparo, observou as liberalidades de duas moças desinibidas, provavelmente prostitutas:

> Marimbonda, minha ingrata
> tão pesada ali se viu,
> que desmaiada caiu
> sobre Luzia Sapata:
> viu-se uma, e outra Mulata
> em forma de Sodomia,
> e como na casa havia
> tal grita, e tal confusão

não se advertiu por então
o ferrão, que se lhe metia.

Em outro poema sabemos da vida de uma "dama que macheava outras mulheres" na Bahia seiscentista e que resistia ao amor de todos os homens, sendo, ao contrário, mulher de nenhum homem e homem de todas as mulheres:

Namorei-me sem saber
esse vício, a que te vás,
que a homem nenhum te dás,
e tomas toda mulher.
[...]
A saber como te amara,
menos mal me acontecera,
pois se mais te compreendera,
tanto menos te adorara:
a vista nunca reparara,
no que dentro d'alma jaz,
e pois tão louca te traz,
que só por damas suspiras,
não te amara, se tu viras,
Esse vício a que te vás.

Se por damas me aborreces
absorta em suas belezas,
a tua como a desprezas,
se é maior que as que as que apeteces?
se a ti mesma te quisesses,
querendo, o que a mim me praz,
seria eu contente assaz,
mas como serei contente,
se por mulheres se sente,
Que a homem nenhum te dás?

Que rendidos homens queres,
que por amores te tomem?
se és mulher, não para homem,
e és homem para mulheres?
Qual homem, ó Nise, inferes,
que possa, senão eu, ter

valor para te querer?
se por amor nem por arte
de nenhum deixas tomar-te,
E tomas toda a mulher.

Amores barrocos

Antônio Luiz da Câmara Coutinho não foi o único sodomita poderoso de nossa história colonial. Outro governador, mais famoso, também era adepto do amor italiano: era Diogo Botelho, que entre 1602 e 1607 foi o primeiro governador e capitão-general do Estado do Brasil, que construiu em Salvador o famoso Forte de São Marcelo, um dos principais cartões postais da capital baiana. Segundo o depoimento ao visitador da Inquisição dom Marcos Teixeira, em 1618, de Fernão Rois de Souza, 25 anos, cavaleiro e fidalgo casado, quatorze anos antes, servindo como pajem ao governador, este o obrigou a se deitar na sua cama e cometeram sodomia, desta vez e pelo espaço de dez anos mais, em Salvador e em Lisboa.

Fernão disse ainda que cometera sodomia com outros serviçais de Diogo Botelho, como Diogo da Silva, Antônio Galvão e João de Tal, filho de uma portuguesa e um soldado alemão da Guarda do Governador, também criado deste. O próprio governador promovia estes encontros em sua presença para se excitar. Também fora obrigado a fazer sexo com um flamengo de nome Anrique, casado naquele momento em Alagoas, e com Agostinho Ferreira, português e filho de um tabelião. E que muitas vezes Diogo Botelho chamava a ele Fernão e a algum outro dos serviçais e entregavam-se os três a um movimentado *menage-à-trois*.

Diogo Botelho foi a autoridade mais alta já afamada de homossexualidade no Brasil e um dos sodomitas mais convictos e atuantes de nossa história colonial, tendo transformado a sede do governo português na colônia numa animada e movimentada Sodoma, verdadeira sede do *amor grego* nos trópicos.

Outro ilustre representante do amor italiano no Brasil foi o fidalgo florentino Filipe Cavalcanti, patriarca de uma das mais poderosas famílias do Nordeste, que saiu da Itália, em condições suspeitas, e aqui foi denunciado à Inquisição, no século XVI, por ser um sodomita contumaz.

Também poderoso era Felipe de Moura, militar, membro do Conselho Ultramarino e Cavaleiro da Ordem de Cristo e de Santiago, irmão de dom Luiz Álvares da Távora, cardeal de São João. Este fidalgo de alta estirpe esteve na Bahia entre 1638 e 1640, na luta para expulsão dos holandeses; tempo suficiente para ser conhecido como sodomita contumaz, tendo sido amante de um soldado de sua companhia e de outro militar da armada de dom Rodrigo Lobo – segundo Luiz Mott, uma réplica luso-brasileira do famoso "Batalhão de Tebas", tantos eram os sodomitas engajados nela. Além destes, muitos outros mais foram seus companheiros de sodomia, inclusive nas travessias atlânticas para vir ao Brasil e para voltar a Portugal. Em seu processo, consta ter mantido mais de mil relações homoeróticas, com escravos, pajens, soldados e filhos de nobres; pela sua estirpe e pelos serviços prestados, foi poupado pela Inquisição, sendo apenas confinado em uma quinta no ano de 1653.

Sorte pior teve Luiz Alves, mulato de trinta anos, tendo morado um ano na Bahia, que, não obstante ser casado e pai de cinco filhos com duas mulheres, foi preso em Lisboa acusado por doze cúmplices de ter praticado sodomia com eles, sendo queimado em auto-de-fé em 28 de novembro de 1621, provavelmente o único sodomita a ter vivido na Bahia, e um dos poucos que viveu no Brasil, que foi queimado pela Inquisição.

Religiosos devotos do "nefando" não faltaram nestes anos barrocos; o padre Amador Amado Antunes, 41 anos, foi acusado em 1646 de ser amante e "amado" de Matias da Silva, jovem noviço, de ter sido visto catando piolhos e beijando a face do Capitão Antônio Guedes de Brito, e de ter fama pública em Salvador de sodomita. Era tão conhecido que, chegando um estranho à cidade muitos lhe avisavam que tomasse cuidado com o padre. Em 1648 ele morreu, livrando-se de um processo aberto contra ele pela Inquisição.

O frei Luiz Moreira, 42 anos, beneditino, confessou em Lisboa, em 1610, que nos três anos que viveu na Bahia, como abade primacial da Ordem de São Bento, no mosteiro de são Sebastião, foi amante de seu criado Jorge, mameluco de dezoito anos, por quatro ou cinco meses, e por um ano de Manoel de Barros, estudante de dezoito anos e filho do escrivão da Câmara de Olinda, e ainda de Frei Manoel Cabral, 20 anos, monge do mesmo mosteiro. Com todos os amantes, frei Luiz confessa ter cometido também a *punheta* e a *coxeta*, ou seja, a masturbação e o sexo inter-femoral. Foi apenas repreendido, por ter confessado sem

Tríbades galantes, fanchonos militantes ■

que ninguém o denunciasse, e por ser uma autoridade monástica importante, a mais graduada a se ter conhecimento de ter praticado a sodomia no Brasil.

Outros sodomitas mais humildes também existiram na colônia. O alferes reformado Hilário Nunes, de Sergipe, foi acusado em 1646 de dizer que era maior pecado ser bêbado que somítigo (sodomita). Uma testemunha disse que o alferes ficava muito enciumado quando seu camarada Baltasar Vieira, também soldado, voltava tarde para sua casa e pedia-lhe entre lágrimas que não voltasse tarde. Apesar de terem sido separados por ordem de seu capitão, voltaram a viver juntos. Nunes viera da Bahia, onde já havia sido acusado de sodomia, para Sergipe, provavelmente fugido.

Em 1678, o frei Inácio da Purificação falou sobre os pecados de Sergipe: acusou o capitão Pedro Gomes de ser tão escandaloso em praticar o pecado nefando que publicamente o cometia com brancos e pretos. O capitão Gomes chegara à capitania em 1651, com a patente de sargento-mor, capitaneando duzentos mosqueteiros para reprimir a rebelião do capitão-mor Manuel Pestana Brito, contra as ordens do conde de Atouguia, governador da Bahia. Desde então, ficou conhecido por suas preferências, assediando seus escravos, como o negro Gaspar – que chegou a fugir de casa para não servir de mulher ao seu senhor – e homens livres, como o filho do capitão João Abreu. Apesar disso era casado, embora não parecesse dar muita atenção a sua esposa, com tantas aventuras. (Mott, 1989b:22-29)

Nem mesmo os jesuítas, conhecidos por seu rigorismo moral, escaparam às tentações homoeróticas: em 1730 o próprio reitor do colégio da Companhia de Jesus em Salvador, padre Antônio de Guizeronde, foi acusado de buscar altas horas da noite a dois recolhidos do colégio. Além dele, muitos outros padres professores deste colégio foram acusados de cometerem excessos pelo amor que tinham a alguns de seus alunos, como roubar velas dos altares, provavelmente para iluminarem suas noites de amor.

A Bahia não era o único palco de "pecados" na colônia: na época da invasão holandesa em Pernambuco, eram freqüentes os casos de sodomia entre os holandeses protestantes, destacando-se um certo capitão, do qual não sabemos o nome, que foi preso e enviado para Fernando de Noronha e, depois, para os cárceres de Amsterdã.

Tampouco Nise, a musa lésbica de Gregório de Matos, estava sozinha em suas aventuras e amores femininos. Ana Joaquina, mulher desquitada do Capitão Joaquim Tomás Gomes, vivia no Recolhimento da Misericórdia, em Salvador. Em 1781 ela foi acusada de "práticas imorais", de levar uma vida escandalosa pelas excessivas amizades que tinha com outras recolhidas. O parecer do Ouvidor do Crime, encarregado da investigação, foi o de mantê-la enclausurada ou enviá-la ao Recolhimento de São Raimundo, para onde eram mandadas as prostitutas ou mulheres de vida dissoluta.

Em defesa da família

Com a progressiva perda de poder dos tribunais da Inquisição em Portugal a partir do século XVIII e sua extinção em 1821, temos cada vez menos informações sobre a homossexualidade no Brasil neste período. A sodomia passou cada vez mais para a alçada da justiça comum e, aparentemente, não foi alvo de grandes perseguições ou atenção.

As idéias da Revolução Francesa de 1789 se fazem notar em quase todo o mundo, inclusive na distante América do Sul. Como vimos, o Código Napoleônico de 1813, conjunto de leis impostas por Napoleão Bonaparte aos países por ele conquistados, já não considerava a homossexualidade como crime. A primeira Constituição brasileira, de 1823, também não mencionava a sodomia no rol de crimes civis, embora saibamos que ocasiões para reprimi-la não eram desperdiçadas, invocando a nova idéia de crimes "contra a moral e os bons costumes". Ela continuava a ser apenas pecado, não passível mais de fogueira, com a graça de Deus.

A constituição de 1823 substituiu as leis portuguesas que vigoravam no Brasil até então, as Ordenações Filipinas; estas leis do século XVI determinavam a pena de morte para a sodomia, fosse com homens, mulheres ou animais, além do confisco de bens e infâmia aos descendentes dos acusados. As penas para quem usasse as roupas de outro sexo, o travestismo, iam de multa ao açoite e degredo de até três anos. As Constituições do Arcebispado da Bahia, conjunto de leis religiosas, também previam penas para a sodomia e o travestismo.

Os homossexuais, por exemplo, estavam proibidos de fazer testamento, juntamente aos loucos, apóstatas, hereges, os mudos e surdos de nascença, escravos – exceto aqueles cujo senhor permitisse – e os condenados à morte; a exceção eram aqueles que quisessem dispor da terça parte de seus bens para comprar a liberdade de escravos, fazer casar

Tríbades galantes, fanchonos militantes

órfãs sem recursos, dar esmolas aos hospitais, mandar rezar missas e consertar e edificar igrejas e mosteiros. No entanto estavam fora destas exceções aqueles que houvessem praticado "crimes" de heresia, traição ao Estado ou sodomia. Mesmo que quisessem usar seu dinheiro para fazerem uma boa ação, os sodomitas não poderiam fazê-lo. (Citado em Luís Soares de Camargo, 1995:67)

No século XIX, a ciência, e mais especificamente a medicina, passou a ocupar-se da sexualidade, como já pudemos ver. E nosso médicos iriam ocupar-se cada vez mais com os chamados "desvios" sexuais, como a prostituição e a homossexualidade. As cidades brasileiras mais importantes, como Salvador, Rio de Janeiro, São Paulo, estavam crescendo e com elas aumentou o número de prostitutas e mesmo de prostitutos; no Rio de Janeiro, em fins do século XIX teria funcionado um bordel masculino dirigido por um certo Traviata.

Certamente este não era o único lugar do Rio de Janeiro onde se podia alugar o prazer de um belo rapaz. Na primeira metade do século XIX, era comum, principalmente entre comerciantes portugueses, utilizar-se dos "serviços" de jovens caixeiros compatriotas. Era tão freqüente esta prática que o cônsul de Portugal, Barão de Moreira, promoveu em 1846 a importação de mulheres dos Açores para conter a prostituição masculina. Depois das açorianas, seria a vez das judias, as famosas francesas e polacas. (Freyre, 1977:158-159)

Preocupada com as doenças venéreas e a defesa da família e de sua descendência – ou seja, a geração de filhos sadios para o bom serviço à jovem nação que estava se formando – a medicina passou a se ocupar da prostituição e da homossexualidade. Era preciso proteger da imoralidade as esposas e as crianças para o bem do país! A prostituição era vista ora como dissolução de costumes e valores morais, destruindo as bases da família, ora como um mal necessário, que preservava as moças de boa família das "necessidades" eróticas naturais nos homens e indesejáveis nas mulheres, muito embora outros argumentassem que ela também favorecia a prática do lesbianismo entre as meretrizes, sendo muito comuns os casais de lésbicas dentro dos bordéis.

Além disso, ela podia afastar os homens dos apelos da homossexualidade, atraindo-os para o sexo fácil das mulheres da vida. O médico Pires de Almeida, em 1906, dizia que a prostituição, além de competir com a pederastia, ajudava a diminuir uma prostituição muito pior, que era a masculina. Ele afirmou que nos últimos quarenta anos a afluência cada vez maior das "polacas" tinha diminuído sensivelmente a prostituição masculina. Se aceitarmos que a preocupação do médico estava realmente baseada em fatos mais que em suposições, isso significa que este tema está ausente de quase toda a bibliografia histórica por desinteresse e falta de pesquisa sistemática.

Deixando de ser crime, a sodomia – que viria logo a ser batizada de homossexualidade – passou a ser considerada, além de pecado, uma doença mental e um mal "social", que deveria ser tratada para o bem da sociedade e para não corromper a juventude com um vício tão "nefasto".

Os solteiros, libertinos, homossexuais, prostitutas serão todos condenados pela medicina por ameaçarem o equilíbrio da família, do sexo higiênico, voltado para a procriação e para a reprodução dos valores da família burguesa e por se negarem a ser bons pais e mães, bons maridos e esposas, negando a vocação natural dos seres humanos, que era a reprodução, em troca de prazeres estéreis.

Uma das principais preocupações dos médicos, além dos bordéis, eram os colégios, principalmente os internatos, cujos casos de sexo entre os colegiais está imortalizado no romance de Raul Pompéia, *O Ateneu*, (1888). Estes colégios se multiplicaram no século XIX e eram freqüentados, em sua maioria, pelos filhos das elites locais. Muitas teses da Faculdade de Medicina do Rio de Janeiro chamam a atenção para o pouco asseio destes estabelecimentos, situados em ruas tortuosas e sujas. O médico Frutuoso Pinto da Silva, em 1864, chamou a atenção de pais e professores para os perigos do onanismo (masturbação) e para a pederastia, que ia "com passos sorrateiros fazendo suas perniciosas conquistas no meio da mocidade dos colégios". E esta preocupação não era tão nova assim, já que no século XVIII o Padre Cepeda considerava a Quinta de São Cristóvão, onde funcionavam aulas de Filosofia, uma verdadeira Sodoma. (Freyre, 1987:418-9)

Professores particulares, muito comuns nessa época, também contribuíam para o aumento da pederastia. Em 1845, um morador de Itabaianinha, agreste de Sergipe, de nome Antônio Batista da Fonseca e Oliveira, enviou um requerimento ao presidente (governador) da Província denunciando o professor Francisco José de Barros Padilha, por tentar saciar seus "apetites ilícitos" com seus filhos de dez e treze anos, trancando-se com eles em um quarto, sem chegar a conseguir o seu intento por causa da resistência dos jovens alunos.

No ano seguinte, na mesma Província, em sua então capital São Cristóvão, o professor José Feliciano Dias da Costa foi proibido de exer-

Tríbades galantes, fanchonos militantes

cer o magistério por haver abusado da confiança dos pais de seus alunos, pervertendo a moral e corrompendo a inocência dos pupilos.

Os internatos femininos também não escapavam do vício, onde as ligações afetivas mais intensas eram comuns e muito "perigosas", podendo degenerar na adolescência para amores lésbicos, segundo os médicos da época. Segundo o Dr. José Viveiros de Castro, autor de *Atentados ao pudor*, de 1894, os internatos femininos eram mais perigosos do que os masculinos por causa da natureza mais afetiva da mulher, favorecendo as ligações "imorais" entre elas.

Dizia este mesmo médico que, no tempo do Império, houve uma conhecida cortesã francesa no Rio de Janeiro, conhecida por sua beleza, educação e fineza, procurada por ministros, mas que não fazia segredo de suas preferências, passeando pela cidade com suas amantes, vivendo elas como marido e mulher e sendo isso de conhecimento geral. Uma tal Blanche, também francesa, era especialmente atraída por jovenzinhas virgens, tendo seduzido uma vizinha de quinze anos, com a qual manteve um tórrido romance. Quando foram descobertas, foram separadas e Blanche foi ilegalmente expulsa do país.

Outra lésbica famosa apontada pelo Dr. Viveiros de Castro era uma mulata alta, "sacudida", bem falante, dona de um bordel na rua do Riachuelo, que se gabava de ter conquistado, antes de qualquer freqüentador do El-Dorado, a primeira dançarina de dança do ventre que se apresentara ali. Este mesmo médico observou que conhecia diversas mulheres, mesmo casadas e com filhos, que só conheciam a satisfação sexual com outras amigas e que se entregavam aos homens sem nenhum prazer. Acusou ainda de pederastas ativos ou passivos diversos políticos importantes do Império.

Estas histórias de prostitutas abandonadas aos amores lésbicos parecem confirmar a idéia generalizada de que as meretrizes eram particularmente dadas ao tribadismo. Este tema é freqüente na literatura desta época, como provam os romances *O cortiço*, de Aluísio Azevedo (1890) e *Usina* (1936) de José Lins do Rego. No primeiro livro, a prostituta Léonie, novamente francesa, benfeitora do cortiço onde mora a virgem e impúbere Pombinha, a "flor do cortiço", acaba seduzindo a mocinha, que irá tomar seu lugar na condução do bordel e na benfeitoria do cortiço. Em *Usina*, outra francesa e prostituta, Jacqueline, mulher alta, bonita e inteligente, entrega-se ao amor de outra prostituta da casa que dirigia no Recife, Clarinda. Às vezes Jacqueline convidava a brasileira Clarinda para um passeio de carro à noite pelas praias da cidade: "Então Jacqueline pedia ao chofer para levar longe o carro, para um pouco mais longe. E caíam nuas na água fria. Ficavam um tempo enorme gozando a vida. Jacqueline pegava-se a ela e Clarinda sentia a carne quente da francesa. E dentro d'água, sentadas na areia, com o chofer de longe, ela sentia com Jacqueline uma coisa que não sabia o que era. As ondas vinham até elas, entravam de pernas adentro, como línguas frias, a espuma cobria as suas carnes e a lua, querendo se pôr ainda, deixava uma luz fraca por cima do mar. Clarinda sentia-se feliz, cheia de vida."

E, muito tempo depois de abandonar a "pensão" da francesa, apesar de todos os homens que a procuravam, e de seu coronel que a mantinha e a quem era fiel, Clarinda gostava "de verdade, muito mesmo da Jacqueline que se fora para sempre. Era uma amizade misturada de amor de homem e de amor de irmã. Todo mundo falava daquilo. De fato, nunca gostara de homem nenhum como de Jacqueline".

Mas a literatura nesta época não ignorou totalmente a homossexualidade masculina, como prova o clássico *O bom crioulo*, de Adolfo Caminha, de 1895. Nele, um negro enorme e forte, Amaro, totalmente indiferente ao amor das mulheres, "macho torturado pela carnalidade grega", apaixona-se perdidamente pelo jovem grumete Aleixo, "com seus olhinhos azuis, com seu cabelo aloirado, com suas formas rechonchudas, com seu todo provocador". Após muitas tentativas, o bom crioulo acaba conseguindo conquistar o corpo desejado de seu pequeno, fazendo dele "um escravo, uma 'mulher à-toa', propondo quanta extravagância lhe vinha à imaginação". Tudo isso no quartinho que alugavam na pensão da portuguesa dona Carolina, para a inveja dos demais marinheiros.

As forças armadas e a marinha mercante já eram uma fonte de onde jorravam muitos amores homossexuais, embora poucos tivessem a coragem de falar sobre o assunto, como fez Adolfo Caminha, que não era homossexual, tendo saído da marinha por ter fugido com a esposa de um oficial do exército. Como escritor realista e bom observador dos hábitos dos marinheiros, ele deve ter visto muitos casos como o de Amaro e Aleixo, que deviam ser comuns e motivo de inveja de muitos.

Talvez tenha visto muitos casos como este recolhido por Luiz Mott (1999), citado em uma tese de medicina da Bahia de 1898, sobre o marinheiro de dezoito anos, do qual sabemos apenas as iniciais, A. U., do *Lloyd* Brasileiro. Ardentemente apaixonado pelo marinheiro, com

Tríbades galantes, fanchonos militantes

quem mantinha um relacionamento, o despenseiro do navio, chamado T., tinha-lhe um enorme ciúme. Num dia de folga no Rio de Janeiro, o marinheiro desceu a terra e foi encontrado pelo amante em alegre conversação com uma mulher. Foi o bastante para que o enciumado despenseiro sacasse o canivete, ferindo o moço que, com mais sorte do que o louro Aleixo, não morreu.

O código penal da República é de 1890 e tampouco considera crime as relações entre pessoas do mesmo sexo, embora apareçam ainda alguns eufemismos que abrem portas à repressão: os crimes contra honra e honestidade das famílias, ou o ultraje ao pudor, além da proibição ao travestismo, tal qual as Ordenações Filipinas do período colonial. Em caso de violência física ou estupro, tanto a homossexualidade masculina como a feminina eram punidas pela lei; por sua vez não havia adultério quando os parceiros eram do mesmo sexo.

Embora o código penal não considerasse a homossexualidade um crime, os homossexuais freqüentemente seriam considerados seres doentios e criminosos, capazes dos crimes mais hediondos e das ações mais loucas, movidos por sua paixão invertida. A psiquiatria criminal passou a se ocupar destes casos, como o médico-legista Viriato Fernandes Nunes, que em 1926 considerou os pederastas criminosos perturbados em suas funções psíquicas, que não poderiam ficar livres para cometer seus crimes. Para esses médicos, a homossexualidade e o crime estavam muito próximos; na década de 1930, por exemplo, os homossexuais delinqüentes eram enviados pela polícia de São Paulo para o laboratório de Antropologia Criminal do Instituto de Identificações de São Paulo, para ajudar em suas pesquisas sobre as causas biológicas e sociais da homossexualidade; não ocorria a esses pesquisadores estudar indivíduos que não fossem criminosos, já que a homossexualidade para eles não podia ser encontrada em pessoas saudáveis.

Em 1926, o psiquiatra Inaldo de Lira Neves Manta publicou um estudo sobre a vida e a obra do então famoso escritor carioca e dândi João do Rio, autor de conhecidas crônicas na imprensa carioca e homossexual confesso, uma espécie de Oscar Wilde brasileiro. Este livro pretendia demonstrar que a obra deste escritor era resultado do excesso de sensibilidade que a sua "inversão" lhe proporcionava, e que vinha, portanto, de um estado alucinatório e do mal funcionamento de suas glândulas.

A prostituição masculina já preocupava as autoridades policiais de São Paulo no início do século XX: eles eram encontrados na praça da República, no parque Anhangabaú, no jardim da Luz e na rua Conselheiro

Nébias. Alguns perseguiam os transeuntes nas ruas; os jovens eram chamados *petits-jesus*, geralmente envolvidos também com o crime – roubo, chantagem, assassinato – e os velhos de "tias", além daqueles que o médico Viveiros de Castro, em 1895, chamava de envergonhados, filhos de operários, caixeiros, empregados humildes, aprendizes, que a ociosidade, os hábitos estragados da infância, a promiscuidade das habitações operárias e o abandono dos pais predispunham para todos os vícios. (Citado em João Batista Mazziero, 1998:276) Eram freqüentemente jovens que procuravam aumentar seus baixos salários com a prostituição mais ou menos ocasional.

As mulheres não estavam livres destes males. Em 1931, um escândalo envolveu a jovem espanhola Maria Perez. Estabelecendo-se com a mãe em Jaú, interior de São Paulo, teve vários relacionamentos com moças da cidade, sendo enviada a um convento na Espanha. Com 21 anos, ela voltou ao Brasil, vestida de homem, e apaixonou-se por uma donzela da sociedade de Jaú, provocando enorme escândalo. Acabou fugindo com outra donzela, de dezesseis anos, para São Paulo, onde utilizava os nomes de Dorival da Rocha e Armando Silva, sendo presa pela polícia em Minas Gerais, juntamente com a sua esposa Idalina Averzano, por identidade falsa.

As prisões também sempre foram apontadas, até hoje – como outros locais de confinamento de pessoas do mesmo sexo – um local privilegiado para a prática da homossexualidade. Novamente José Lins do Rego, em seu *Usina*, dá-nos a conhecer a história do moleque Ricardo, preso por causa de uma greve em Fernando de Noronha, onde se falava de "homens morando com homens", e que encontra na prisão o afeto do assassino seu Manuel, que lhe trouxera uma ternura que nunca encontrara numa mulher, "um amor capaz de mover o mundo". "O amor de seu Manuel enchera-lhe os dias da ilha de uma satisfação incalculável. E não podia falar disto a ninguém. Amor de um homem que era uma miséria para os outros."

Ainda nesta obra, temos um exemplo de que o caráter sagrado dos homossexuais, principalmente entre índios e africanos, perdurara até o século XX. No engenho onde vivera o moleque Ricardo, havia o negro Pereira, o tio Mané Pereira, que vivia pedindo esmolas em nome de Nossa Senhora do Rosário, ex-escravo, que sempre "tinha um moleque fornido, morando em sua casa", gastando as esmolas da Santa. Na comunidade, ele tinha um prestígio de sacerdote, sendo respeitado por todos, que lhe pediam a bênção. Era considerado como um homem santo.

Tríbades galantes, fanchonos militantes

Assim como o tio Mané Pereira, muitos homossexuais exerciam funções importantes nas religiões indígenas americanas e nos cultos afro-brasileiros, como a umbanda e o candomblé. Muitos antropólogos que estudaram os terreiros brasileiros chamaram a atenção para o fato de que gays e lésbicas costumavam ocupar as principais funções sacerdotais destas religiões.

Para muitos, estes terreiros são um espaço onde os marginalizados, homossexuais, prostitutas, pobres em geral, podem adquirir um *status* mais elevado como líderes de culto e o respeito do grupo ao qual pertencem. São uma oportunidade de carreira, lucrativa às vezes, para pessoas que de outra forma estariam excluídas da maior parte das profissões respeitáveis, principalmente para aqueles homossexuais passivos e efeminados.

Aldo Sinisgalli, na década de 1930, não quis saber de santidade entre os homossexuais; ele alertou para o perigo da destruição da sociedade pela homossexualidade que, se fosse regra, acabaria com o mundo em pouco tempo, mesmo que a história da humanidade mostre que sociedades onde ela é aceita jamais tenham tido problemas para crescer. Este médico chegou a propor a abertura de uma espécie de manicômio judiciário para o confinamento dos pederastas e a defesa da sociedade.

A idéia de inversão sexual é constante nestes trabalhos, e é tão forte que ainda hoje muitos ingênuos pensam nos homossexuais como pessoas que possuem características do outro sexo: homens efeminados, com voz fina, sem pêlos, quadris largos, ou mulheres peludas, com bigode, voz masculina etc. Mesmo quando a realidade insistia em negar as teorias da moda, e a literatura mostrava casos diferentes, como a feminina Léonie, o forte Amaro ou o cangaceiro seu Manuel, os médicos não modificavam suas opiniões. Não as modificavam porque eram isso mesmo, opiniões, fé, e contra elas a realidade não oferece argumentos convincentes. A ciência nunca foi neutra e quando ela é baseada em seus próprios preconceitos, pesquisadores constantemente chegam a conclusões absurdas.

Da mesma forma, uma suposta tendência para o crime, idéia até hoje aceita por alguns, nunca foi acompanhada de estatísticas ou de observação científica, pois o objetivo não era a ciência, apenas o preconceito. Senão teriam observado a mesma incidência de crimes cometidos comparativamente por heterossexuais, mesmo que as condições de vida destas pessoas fossem piores do que a média das demais, já que tinham que esconder suas preferências e estilos de vida.

Elizabeth Bishop e Lota Macedo Soares

Elizabeth Bishop (1911-1979) é considerada uma das maiores poetas estadunidenses deste século; ela chegou ao Brasil em 1951, e o que seria apenas uma escala de sua viagem ao redor do mundo acabou tornando-se uma permanência de vários anos. No Rio de Janeiro, ela foi recebida pela arquiteta Maria Carlota Costellat Macedo Soares, ou mais simplesmente Lota, responsável por uma das mais belas, conhecidas e importantes obras do Rio de Janeiro, o aterro do Flamengo. Ela e Lota conheceram-se em Nova Iorque, alguns anos antes, através de uma amiga em comum, a dançarina Mary Morse, que morava com Lota.

Elizabeth ficou hospedada com Lota, alternando-se entre seu apartamento no Leme e sua casa em Petrópolis. Sua visão do Rio de Janeiro não foi das melhores; com uma opinião crítica mordaz ela escreveu: "Não estou gostando muito, mas é difícil dizer – é tanta *bagunça* – uma mistura de Cidade do México com Miami, mais ou menos; tem homens de calção chutando bolas de futebol por toda a parte. Começam na praia às sete da manhã – e pelo visto continuam o dia todo nos lugares de trabalho. É uma cidade debilitante, totalmente relaxada (apesar do café excepcional)..." De formação protestante e tendo passado parte de sua infância no Canadá, a falta de formalidade e praticidade do Brasil seriam para ela uma fonte de irritação e ao mesmo tempo de fascínio. Ela sempre oscilaria entre o amor e a raiva com relação ao Brasil. Para ajudar na sua visão negativa, um simples caju comido no Rio provocou-lhe uma reação alérgica fortíssima, obrigando-a a ficar de cama, sob os cuidados atentos de Lota.

A partir daí iniciou-se um tumultuado romance entre as duas, o que Elizabeth chamou de "os quinze anos mais felizes de minha vida". Com Lota, Elizabeth deixaria temporariamente o álcool, que fora sempre um problema para ela. Sua atividade no Brasil incluiria muitos poemas e traduções de escritores brasileiros, como Clarice Lispector e Carlos Drummond de Andrade, seu poeta brasileiro favorito. Ao mesmo tempo ela, que era tão cosmopolita, desanimou-se com a pobreza do ambiente cultural e o provincianismo brasileiro, o que fez com que ela não tivesse se envolvido mais intensamente com a cultura do país; poucas pessoas, mesmo entre aquelas que conhecem sua obra, sabem que ela passou tanto tempo no Brasil. Apesar disso, ela mostrou-se uma boa conhecedora de literatura brasileira, admirava muito a João Cabral de Melo Neto, Machado de Assis, a quem chamava de *o* clássico, Guimarães Rosa e os contos de Clarice Lispector, e era amiga de Manuel Bandeira.

Lota bem que tentou criar um círculo de intelectuais e políticos amigos seus em torno de Elizabeth, mas ela sempre desprezou tanto uns como os outros. Em 1961, em meio à construção do aterro do Flamengo, as relações entre Lota e Elizabeth começam a deteriorar-se. Lota trabalhava demais, brigava muito com seus colegas e com Bishop, e elas eram obrigadas a passar toda a semana no Rio, cidade que Elizabeth detestava, indo apenas nos fins de semana para Petrópolis. Bishop começou a viajar mais vezes sozinha, para os Estados Unidos e para Ouro Preto, cidade que encantará a poeta, onde acabou comprando uma casa. Em 1965, dando aulas em Seattle, ela envolveu-se com uma jovem separada e com um filho pequeno, já sentindo que seu relacionamento com Lota não iria durar muito tempo mais. Enquanto Lota sofria um colapso nervoso em 1966, Elizabeth voltou a beber e a sofrer de asma; realmente esta relação não estava dando certo!

Em 1967, Bishop viajou a Nova Iorque e Lota foi visitá-la, segundo a primeira, muito deprimida e doente. Lota então tomou uma quantidade mortal de um remédio, o Nembutal, e sobreviveu ainda uma semana em estado de coma. Apesar de sua relação com Lota estar muito desgastada nesta época, a sua morte foi um golpe duro na vida de Elizabeth. Depois disso, ela viveu com a moça de Seattle, Suzanne Bowen, em São Francisco, sentindo imensas saudades do Brasil, de suas frutas saborosas (menos os cajus, é claro), de suas paisagens etc. Em 1969, ela decidiu passar uns tempos em Ouro Preto com sua companheira e o filho dela. Mas Bishop realmente não tinha sorte: sua namorada enlouqueceu e ela teve de enviá-la para a família em São Francisco. Em 1971, retornou aos Estados Unidos e tornou-se professora universitária, até que morreu em Boston de um aneurisma cerebral.

Madame Satã

Como vimos, as condições de vida para os homossexuais brasileiros até a metade do século XX não eram das melhores, daí a permanência da maioria deles dentro de apertados, porém protetores, "armários". Isso explica a quantidade ínfima de personagens que não sejam saídos das páginas médicas ou policiais.

Um bom exemplo é o caso de João Francisco dos Santos, conhecido como Madame Satã. Ele nasceu em 25 de fevereiro de 1900, em Pernambuco, morrendo em 14 de abril de 1976. De família muito pobre, sem pai, foi trocado por sua mãe por uma égua aos oito anos. Fugiu para o Rio de Janeiro, onde passou a viver em meio à marginalidade e à boemia da Lapa carioca, trabalhando como cozinheiro e garçom em pensões, além de fazer algumas aparições no teatro, como a Mulata do Balacochê do espetáculo *Loucos em Copacabana*, de 1928.

Apesar de homossexual assumido, o Madame Satã era um malandro violento, que não fugia de uma briga. Foi preso diversas vezes, inclusive por ter matado um policial em uma briga em 1928. Na Lapa carioca, Madame Satã encontrou um ambiente amistoso para suas preferências sexuais, em meio às prostitutas, cabarés, sambistas e malandros do bairro mais boêmio da cidade maravilhosa.

Ele era temido por sua valentia e sua força e recebeu seu apelido não por causa desta valentia, mas por uma fantasia de morcego que usou em um desfile de carnaval em 1938. Curiosamente o apelido foi dado por um delegado que o prendeu e que estranhou uma bicha que não tinha apelido; achou que a tal fantasia de morcego se parecia com a de um filme norte-americano de então, *Madame Satã*, e o nome ficou. Ele passou mais de 27 anos, intercalados, na cadeia, por agressões, desacatos, furtos etc. e se tornou um mito na vida boêmia carioca, um misto de delinqüente e artista tão comum nos sambas de *malandragem* da época. Na década de 70, voltou à cena, na peça *Lampião no inferno*, de Jairo Lima, baseada em contos de cordel, com Joel Barcelos, Tânia Alves e Elba Ramalho, e na década de 80, deu nome a uma conhecida casa noturna de São Paulo. Em 1976, *Madame Satã* faleceu de câncer pulmonar.

Loucos ou delinqüentes, eles teriam que esperar os anos sessenta para começarem a sair de seus armários. E, como sempre, coube aos artistas, gente que não dependia exatamente da reputação para viver e trabalhar, iniciarem este movimento de saída (ou *outing*, como dizem os norte-americanos).

A queda de Herzer

*Por trás de todo e qualquer vulto escuro sempre
existe a imagem viva de um ser humano.*
Herzer, *A queda para o alto*

Sandra Mara Herzer preferia ser chamada de Anderson, ou apenas Herzer. Ela nasceu em Rolândia, no Paraná, em 1962. Veio morar em São Paulo com sete anos de idade; depois da morte do pai, ela foi criada por uma tia e acabou envolvendo-se com drogas e alcoolismo, além de envolver-se no submundo da marginalidade. Logo viciou-se em Optalidom e foi internada pelos pais adotivos na Febem, onde viveu dos catorze aos dezessete anos.

Na Febem descobriu que queria ser como as machonas, meninas que adotavam os papéis masculinos na instituição e que namoravam as meninas mais femininas; tornou-se uma líder das internas. Por causa de sua homossexualidade, foi duramente perseguida dentro da instituição. A partir daí, o desenvolvimento de seus caracteres sexuais sofreu uma parada: em seu corpo cresceram pêlos, passou a cortar os cabelos como um rapaz e a utilizar o apelido de "Bigode", um antigo namorado de seus tempos de menina, que havia morrido anos antes em um acidente.

Ao sair da Febem dedicou-se a escrever poemas e denunciar os maus tratos aos quais estavam sujeitas as internas. Através da advogada Lia Junqueira, presidente do Movimento de Defesa do Menor, conheceu em 1980 o então deputado Eduardo Suplicy, que lê suas peças e poesias escritas na Febem. Ele a leva para trabalhar na Assembléia Legislativa como oficial legislativo, cargo do qual foi exonerada, oficialmente por questões administrativas. Ela acreditava que tinha sido demitida por causa de suas roupas e de sua identidade masculina.

Escreveu nessa época um livro de memórias e poemas, *A queda para o alto*, mas algumas semanas antes de seu lançamento suicidou-se, aparentemente por causa de sua demissão da Assembléia, em 10 de agosto de 1982. Os direitos autorais de seu livro foram então doados a movimentos de defesa dos menores. Sua vida ilustra bem como um talento pode ser perdido quando vive em meio à homofobia, ignorância e preconceito de classe, e quando o Estado não possui políticas públicas de assistência às crianças e aos jovens. Em um de seus poemas ela conta a história que foi dela e de muitos outros jovens, gays ou não:

> ... e João morreu...ninguém ouviu
> Eu vou distribuir panfletos,
> dizendo que João morreu.
> Talvez alguém se recorde
> do João que falo eu.
> Falo daqueles mendigos que somos,
> pelo menos em matéria de amor,
> aquele amor que esquecemos de cultivar
> o qual com tanto dinheiro, ninguém jamais cobriu.

Os pecados de todos nós

A década de 1960 foi no Brasil, como em várias partes do mundo, um período de liberação sexual, de movimentos por direitos civis e especialmente de luta contra a ditadura militar que governou o país entre 1964 e 1985. Na década de 1970 começam a aparecer os primeiros grupos de homossexuais. Mas diferentemente dos demais países europeus e dos Estados Unidos, a homossexualidade nunca foi crime no Brasil. Enquanto os movimentos destes países tiveram como objetivo primeiro a descriminalização da homossexualidade, no Brasil eles tiveram de lutar contra um preconceito muito mais encoberto e sutil, que não tinha a lei a seu lado, mas que se espalhava por toda a sociedade; um preconceito que se esconde por trás duma suposta democracia sexual, assim como o racismo esconde-se sob uma suposta democracia racial. (Peter Fry, 1982b:105-106)

Em abril de 1978 é lançado o primeiro jornal gay do país, o *Lampião*, que duraria 37 números, até julho de 1981; jornal bem humorado que tratava dos pontos de paquera homossexual espalhados pelo país, bem como do preconceito e da auto-estima. Faziam parte do jornal o artista plástico Darcy Penteado, o antropólogo Peter Fry, os escritores João Silvério Trevisan e Aguinaldo Silva, entre outros. Fato de coragem numa época onde as bancas de jornal eram explodidas pela direita quando vendiam jornais e revistas considerados esquerdistas ou pornográficos: o *Lampião* era considerado as duas coisas. Seus responsáveis chegaram a ser processados e foram fichados na

Tríbades galantes, fanchonos militantes ■■■■■

polícia como criminosos, mas como teoricamente a homossexualidade não era crime o processo foi arquivado. (João Silvério Trevisan, 1986:209-210)

Nessa mesma época aparecia em São Paulo o grupo *Somos*, que viveu por um curto período, segundo alguns por causa da atuação de grupos trotskistas que esvaziaram o movimento. Outra sorte teria o *Grupo Gay da Bahia*, atuante desde a década de 1980, sendo o grupo mais consistente e de maior visibilidade aparecido no país até hoje, tendo tanto uma preocupação política e racial – questão muito importante na Bahia – como cultural; a sua frente o antropólogo e historiador paulista Luiz Mott; conseguiu ainda, imagino que não sem luta, ter sua relação de nove anos reconhecida como união consensual pela Universidade Federal da Bahia, onde leciona, em 1994, garantindo ao seu parceiro os mesmos benefícios previdenciários que os outros cônjuges de professores da Universidade. (*Femme*, 4, 1994:4)

Os movimentos gays aparecem no mesmo contexto dos movimentos de mulheres, contra o machismo e a desigualdade, e dos movimentos pela liberdade e pelo fim da ditadura, que era particularmente hostil aos homossexuais. Apesar disso, muitas vezes os partidos e movimentos de esquerda consideravam esta uma luta menor em comparação com a libertação de toda a sociedade. Não fazia muito tempo os comunistas estalinistas consideravam a homossexualidade um vício burguês que deveria desaparecer com o socialismo.

O aparecimento da aids na década de 1980 prometia ser um fator de retrocesso no ainda incipiente movimento pelos direitos dos homossexuais no Brasil. Mas por outro lado isso aglutinou entidades e grupos como nenhuma ditadura ou delegado abusivo tinha conseguido até então. Muitas personagens importantes acabaram assumindo mais publicamente a sua homossexualidade ou bissexualidade depois de se saberem contaminados, como os cantores Cazuza e Renato Russo e o ator Lauro Corona entre outros. Isso ajudou a mostrar que grandes ídolos, principalmente entre adolescentes, poderiam ter uma vida homossexual e continuarem a ser amados e admirados por esses jovens. Além disso a epidemia no país logo perdeu seu caráter homossexual, como vimos com Gabriel Rotello, já que são comuns em toda a América Latina os chamados homens que fazem sexo com outros homens sem que isso faça-os consideraram-se homossexuais ou bissexuais.

Mas mesmo com essa organização e com o excelente trabalho de muitos grupos de prevenção, do atuante Grupo Gay da Bahia, da descoberta nos grandes centros urbanos do poder de compra de gays e lésbicas, de uma presença cada vez maior de homossexuais nos meios de comunicação, telenovelas, programas de auditório, pesquisas acadêmicas, ou seja, uma visibilidade como nunca houve antes, a situação dos homossexuais no país não é exatamente segura.

Principalmente nos estados mais pobres e nas pequenas cidades existe o risco de violência física e mesmo de assassinato. Em 1993, o vereador de Coqueiro Seco, Alagoas, Reginaldo José dos Santos, foi seqüestrado de sua casa e assassinado logo depois de assumir publicamente sua homossexualidade. Seu corpo foi encontrado dois dias depois, decapitado, e sua família declarou que os assassinos estavam armados e vestidos com uniformes da polícia. Esquadrões da morte em várias capitais fuzilam travestis e prostitutos, e os crimes contra homossexuais nunca são investigados. Ser homossexual no Brasil não é um bom negócio, sabem a Suécia e os Estados Unidos, que já concederam asilo político a uma lésbica e um homossexual, respectivamente, pelo risco de violência que corriam aqui.

Em muitos lugares e para muitas pessoas, o carnaval, mundialmente famoso por seu caráter altamente homoerótico, funciona como válvula de escape para homens e mulheres que têm problemas com suas identidades sexuais, usando os quatro dias de festa para extravasar seus desejos escondidos, ou para aqueles que não podem ou não desejam romper as barreiras sociais que são colocadas contra aqueles que adotam um estilo de vida homossexual abertamente.

Para a jornalista colombiana radicada em Nova Iorque, Silvana Paternostro, no Brasil há espaço para se falar de sexo, aids, direitos das minorias, mas pouco espaço para mudanças. Aqui fala-se muito sobre sexo, ele está estampado nas capas das principais revistas, na televisão, nas conversas de botequim, nas universidades. "O que é curioso, contudo, é que essa aparente abertura do Brasil não parece se traduzir em ações responsáveis." (1999:152) Paternostro aqui se refere à aids, mas podemos acolher sua observação também para os direitos das minorias.

Os homossexuais brasileiros parecem ter-se deslumbrado por terem sido descobertos como um importante mercado consumidor, com o oferecimento de uma rede ampla de produtos e locais de consumo, como lojas, bares, danceterias, saunas, clubes, revistas etc. Mas ser reconhecido como consumidor não quer dizer que se é reconhecido como cidadão tampouco como ser humano. O exemplo dos judeus na história mundial é bem esclarecedor quanto a isso. Enquanto direitos básicos de cidadania não forem reconhecidos, o machismo latino não for seriamente contestado e enquanto o país não tiver uma democracia estabelecida, não haverá como conquistar e garantir direitos a ninguém, muito menos a uma minoria secularmente perseguida

8

A religião e a homossexualidade ao longo da história

Neste capítulo gostaria de comentar dois livros relativamente recentes, que tratam de um tema de muita atualidade, que é a relação das religiões cristãs com a homossexualidade. Estas duas obras tentam desmistificar uma suposta legitimidade do preconceito contra gays e lésbicas baseada nas escrituras, ou seja, na palavra de Deus. O segundo livro trata de cerimônias cristãs entre pessoas do mesmo sexo pode dar base para a tese de que o cristianismo não possui, em seus primórdios, nada que torne a homossexualidade o grande pecado e ofensa a Deus e à natureza, que ela irá tornar-se por volta do século XII.

Se confirmarmos que a Igreja muito recentemente criou uma justificativa para a perseguição, forjando provas e deturpando a Bíblia, e que ela chegou a reconhecer e legalizar uniões entre pessoas do mesmo sexo, a maior parte das justificativas de muitos conservadores e moralistas para manter as injustiças e as perseguições não terá mais como se sustentar.

A homossexualidade na Bíblia

...o fanatismo tem sua força e afirma ter Deus a seu lado – contra os judeus, os muçulmanos, negros, mulheres e gays. Sempre foi assim.
Daniel A. Helminiak

O padre católico Daniel A. Helminiak trabalha desde 1977, em Boston e arredores, junto à comunidade gay e lésbica, principalmente juntamente a um grupo chamado Dignidade, que oferece apoio a homossexuais católicos. Neste trabalho, o padre Helminiak conheceu uma grande quantidade de adolescentes vivendo nas ruas, expulsos de casa pelos pais por serem homossexuais, jovens suicidas, pessoas que perderam seus empregos e a guarda de seus filhos, viu violências cometidas contra homossexuais, inclusive pela justiça, em suma, viu um enorme potencial humano suprimido e desperdiçado "porque as pessoas passam anos a fio odiando a si próprias, tendo sido ensinadas a ter medo de seus próprios sentimentos". (1998:14)

O padre Helminiak, preocupado com isso, decidiu pesquisar na Bíblia os textos nos quais ela supostamente faz referências à homossexualidade, acompanhando um debate que já envolvia alguns historiadores e pesquisadores. Publicou então em 1994 *What the Bible really says about homosexuality* (*O que a Bíblia realmente diz sobre a homossexualidade*). Sua preocupação era fazer uma leitura não literal da Bíblia, ao contrário de muitas igrejas fundamentalistas que a lêem literalmente, procurando entender o contexto no qual ela foi escrita. Sua principal conclusão é de que a Bíblia é indiferente à homossexualidade, fazendo pouquíssimas referências a ela. Que as pessoas gays e lésbicas não estão rejeitando a palavra de Deus ao manterem seus estilos de vida. Que não é possível, honestamente, utilizar as escrituras como justificativa da condenação da homossexualidade. Que hoje sabemos que a homossexualidade é algo que se desenvolve muito cedo na personalidade das pessoas, que provavelmente tem uma base biológica e está presente em todas as culturas, e a ciência não acredita mais que seja algo patológico ou uma doença.

O autor argumenta que segundo a fé fomos todos criados por Deus assim como somos; se considerarmos a homossexualidade como uma coisa ruim, como um erro, um defeito, isso equivaleria a afirmar que Deus é cruel ou mau, o que não é possível afirmar, já que Deus, para os fiéis, não erra. "O erro deve estar na forma pela qual a Bíblia é lida." (22) É o argumento central do livro escrito por ele, que procurou apresentar de forma clara uma discussão historiográfica iniciada na década de 1950 e continuada em 1980 com o historiador John Boswell.

O autor lembra-nos que a Bíblia foi escrita em várias línguas antigas, grego, aramaico, hebraico, e aquela que se utiliza hoje é uma tradução. Muitas das palavras existentes nestes textos não fazem mais sentido para nós e é preciso ter cuidado para traduzi-las; nem podemos ler a Bíblia sem entender o contexto histórico no qual ela foi escrita.

Não podemos ler nem mesmo um bilhete sem entendermos o contexto histórico no qual ele foi produzido, quanto mais um texto tão importante para o Ocidente, usado tantas vezes para justificar a discriminação de vários grupos, principalmente por grupos fundamentalistas, que têm uma visão estreita da religião e costumam usar o preconceito como base de suas doutrinas.

O autor, como padre, não nega que a Bíblia é a palavra de Deus e seja por ele inspirada; argumenta ainda que nem mesmo a leitura crítica da Bíblia nega este dado, assim não se pode acusar esta visão de não a respeitar, e esta abordagem não pode ser descartada. Mas se a abordagem literal considera que a inspiração é uma espécie de transe, onde o poder divino tomou conta dos autores humanos e as palavras simplesmente jorraram deles, que nem mesmo compreendiam o que estavam escrevendo, a abordagem histórico-crítica entende os autores inspirados divinamente como seres inteligentes, criativos e ligados as suas culturas; e Deus teria utilizado esta inteligência e esta cultura "para expressar a sabedoria divina de uma maneira particularmente humana". (30)

Como exemplo, a visão literal vê no Gênesis que a criação se deu em sete dias e presume que ela ocorreu no espaço de uma semana, sem pensar no que o texto queria dizer, uma mensagem de religião e não de exatidão científica, sem entender, acrescentamos, que as noções de tempo variam muito de cultura para cultura e de época para época. Que o sete é um número místico e que podia indicar a perfeição da criação divina, não o tempo exato desta criação.

Uma outra desvantagem da leitura literal é de que ela seleciona determinados trechos da Bíblia em detrimento de outros; se eles condenam o homossexualismo por ela mencionar de passagem os atos sexuais entre pessoas do mesmo sexo, não chegam, hoje pelo menos, a justificar a escravidão, embora a epístola de Filemon inteira e outras passagens extensas (Efésios 6:5-9; Colossenses 3:22-4:1; 1 Timóteo 6:1-2; 1 Pedro 2:18) a defendam. Eles permitem que mulheres ensinem nas escolas de religião embora 1 Timóteo 2:11-14 proíba isso; que se freqüente a igreja coberto de jóias, embora diversas passagens oponham-se a essa prática. "A abordagem literal é praticamente forçada a ser seletiva em sua aplicação dos ensinamentos da Bíblia, para evitar algumas situações inaceitáveis." (32)

A leitura histórico-crítica ajudou a diminuir as diferenças entre as interpretações católicas e protestantes por meio de um consenso sobre muitos pontos esclarecidos por vários especialistas; pelo menos

Tríbades galantes, fanchonos militantes

entre aqueles católicos e protestantes que não são fundamentalistas. É um método difícil porque exige o domínio de muitas ciências, de línguas geralmente mortas, ou seja, de erudição e pesquisa.

Se a homossexualidade na época em que a Bíblia foi escrita era tão diferente do que é hoje, se os homens deste tempo não tinham o conhecimento do tema que temos hoje, em que a sexualidade é um assunto muito mais estudado e discutido do que antes, não podemos considerar, de um ponto de vista histórico-crítico, que a Bíblia possa ter uma resposta para uma questão que não era uma preocupação dos seus autores, uma questão que nos fazemos apenas hoje, sobre o que é e como nasce a homossexualidade.

Quando Deus considera alguma coisa errada, ele fornece motivos para isso, visto que deve haver bom senso e sabedoria na moralidade exigida por Deus, que ele não é arbitrário, que não age inspirado por caprichos. E se há razões que escapam ao entendimento humano, ele deveria revelá-la aos homens e o local onde ele deve revelar seus desígnios é a Bíblia. Se os motivos para se julgar algum comportamento como errado não existem ou não mais se aplicam, não há como continuar considerando-o errado. É essa a questão que se deve fazer para saber se a Bíblia realmente condena aquilo que hoje chamamos de homossexualidade.

A história da destruição de Sodoma é, sem dúvida, a mais conhecida passagem que supostamente trata da homossexualidade; dois anjos teriam chegado à casa de Lot, em Sodoma, quando os homens da cidade foram à casa em busca dos "estrangeiros", para conhecê-los. No jargão bíblico conhecer por vezes significa fazer sexo; assim Lot oferece suas duas filhas virgens à turba enfurecida para proteger seus hóspedes, o que não sensibilizou os sodomitas – habitantes de Sodoma – que tentaram entrar à força, sendo cegados pelos anjos disfarçados. Estes advertiram Lot de que fugisse, pois a cidade seria destruída por uma chuva de fogo e pedras.

Este relato começou a ser usado como referência à perseguição dos homossexuais no século XIII e a palavra sodomita passou a designar os homossexuais nesta mesma época. Helminiak lembra que o verbo conhecer por vezes significa sexo na Bíblia: das 943 vezes em que ele aparece no Velho Testamento, em dez ele tem este significado e apenas nessa passagem com um suposto sentido homossexual. Nada garante que os sodomitas quisessem "conhecer" os estrangeiros neste sentido. Eles podiam estar incomodados pelo fato de Lot, ele mesmo um estrangeiro, estar recebendo desconhecidos em sua casa sem a autorização do conselho de anciãos. "Acontece que não há maneira de se ter certeza absoluta se este texto se refere a atos homogenitais ou não. A maioria dos especialistas acredita que sim, mas o certo é que este texto diz respeito ao abuso, e não simplesmente ao sexo." (41) Dessa forma o que a Bíblia pode estar condenando é o estupro, não simplesmente o sexo entre homens.

Hoje interpreta-se este episódio como uma questão de hospitalidade; nas regiões desérticas como a de Sodoma, permanecer ao relento durante a noite era fatal, assim a hospitalidade era um fator fundamental das culturas semitas e árabes, como ocorre ainda hoje. Era até mesmo proibido o ataque a inimigos que tivessem recebido abrigo para passar a noite. Assim Lot recusou expor seus hóspedes ao abuso dos homens de Sodoma, pois isso era violar o sagrado dever da hospitalidade. Além disso, entre sociedades guerreiras, o estupro dos vencidos era uma forma de humilhação e de insulto, de lembrá-los que eram tão inferiores que podiam ser usados como mulheres; que eram tão infames como elas. Se Lot ofereceu suas filhas virgens ao estupro significa que o "ponto central do relato não é a o da ética sexual. A história de Sodoma não é tanto sobre sexo, mas sobre arrombar a porta da casa de alguém. O ponto central da história é o abuso e assalto, sob qualquer forma que possam assumir. Utilizar este texto para condenar a homossexualidade significa empregá-lo de forma errônea". (43)

Helminiak encontra na própria Bíblia passagens que negam a interpretação sexual da destruição de Sodoma. Ezequiel (16:48-49) diz claramente: "o crime da tua irmã Sodoma era este: opulência, glutoneria, indolência, ociosidade; eis como vivia ela, assim como suas filhas, sem tomar pela mão o miserável e o indigente." Em Sabedoria 19:13, o pecado de Sodoma foi "um excessivo ódio pelo estrangeiro" e "reduzir à escravidão hóspedes que tinham sido benfeitores". A ofensa não estava no sexo, mas "em tirar vantagem, degradar e abusar dos outros". (44) Também os comentadores cristãos não estão todos de acordo com a interpretação tradicional. Orígenes (185-254?), um asceta de Alexandria inimigo de toda forma de prazer, que desejou ser castrado para evitar a tentação, autor de leituras literais e morais das escrituras, interpreta a destruição de Sodoma sem citar nenhum pecado sexual: "Escutai, vós que fechais vossas portas aos hóspedes! Escutai, vós que evitais o viajante como um inimigo! Lot vivia entre os Sodomitas [...] ele escapou às chamas, ele escapou ao incêndio por uma única razão. Ele abriu sua morada aos hospedes." (Boswell, 1985:135)

Tríbades galantes, fanchonos militantes

O Antigo Testamento cita diversas vezes a maldade de Sodoma, mas em nenhuma delas faz referência à homossexualidade, apenas ao seu orgulho, sua voracidade, amor ao luxo etc. Quando Deus destrói a cidade de Jericó, a única sobrevivente é uma prostituta que ofereceu hospitalidade aos mensageiros de Josué, embora a prostituição fosse proibida e condenada pela Bíblia. A cidade de Gibéia (Juizes 19:22) também é destruída, quando o levita Efraim e sua concubina só conseguem hospedar-se na casa de um velho, estrangeiro como Lot e que, também como ele, tenta oferecer a virgindade de sua filha para proteger seu hóspede dos homens que querem "conhecê-lo". Por essa injúria, a falta de hospitalidade, Gibéia é destruída; este relato nunca foi usado como o de Sodoma para fazer alusão à homossexualidade, embora seja idêntico. O próprio Efraim, que pede ajuda aos israelitas para vingar-se, não faz nenhuma referência sexual, apenas à falta de hospitalidade. Outras histórias fazem referência a pessoas e cidades castigadas por este mesmo motivo. (Boswell, 1985:131-134)

Para os protestantes também não havia uma visão tão clara do pecado de Sodoma como sendo a homossexualidade. O próprio Martinho Lutero considerava no século XVI os sodomitas responsáveis por ser o mundo um inferno de demônios; mas por sodomitas, ele explica, queria dizer turcos, judeus, papistas e cardeais. "Muitos padres da Igreja, e na verdade também Lutero, interpretavam o pecado de Sodoma como primariamente composto de uma mistura de cupidez, preguiça e indiferença pela situação angustiosa dos pobres." (Spence, 1986:237)

Outro trecho a tratar do tema é o Levítico 18:22 que afirma: "Não te deitarás com um homem como se fosse mulher: isso é uma abominação." Em 20:13 acrescenta: "Se um homem dormir com outro homem, como se fosse mulher, ambos cometeram uma coisa abominável. Serão punidos de morte e levarão sua culpa." A questão aqui não é tanto o sexo como a identificação destes atos com os gentios, os não-judeus, visto que esta lei religiosa diz respeito aos judeus. "O Levítico condenava o sexo homogenital como um crime religioso de idolatria e não como uma ofensa sexual, e era essa traição religiosa o que era considerada grave o suficiente para merecer a pena de morte." (49) Não podemos esquecer que as religiões antigas incluíam vários ritos sexuais, como ritos de fertilidade e prostituição sagrada, de homens e mulheres, e os judeus desejavam diferenciar-se destes povos que não seguiam o seu Deus e a quem consideravam impuros.

Tampouco a palavra abominação tinha exatamente o sentido que tem hoje: abominável não era algo monstruoso, mas era um sinônimo de impuro, uma violação às regras de pureza que governavam a sociedade israelita e que os diferenciava dos não-judeus. Porcos, camelos, lagostas e camarões eram tidos como impuros, por isso não podiam ser comidos. "Além disso, certos fatos geralmente inevitáveis, como a menstruação nas mulheres, a emissão de esperma pelo homem, participar de um enterro ou dar à luz tornavam a pessoa impura durante um certo período de tempo." (52) O sexo entre homens era tão abominável ou impuro quanto comer carne de porco ou ter contato com uma mulher menstruada. O Levítico trata da pureza ritual, não do sexo entre homens ou entre mulheres, que sequer são citadas.

Também o Novo Testamento possui pouquíssimas referências à homossexualidade, e Jesus jamais a menciona. Ele inclusive tinha uma posição crítica em relação à pureza ritual judaica, dizendo que ser uma pessoa boa e cumprir os mandamentos da lei judaica não eram a mesma coisa. Um dos motivos de sua condenação à morte foi justamente o fato de ter desafiado a importância desta lei. Para ele a virtude era mais importante que a pureza; o reino de Deus era para os puros de coração, portanto rituais judaicos de purificação não impressionariam a Cristo se não houvesse sinceridade no coração.

Seu apóstolo Pedro chegou a dizer que recebeu uma revelação de Deus que nenhum homem poderia ser considerado profano ou impuro e Paulo, em Romanos 14:14 diz: "Sei, estou convencido no Senhor Jesus, de que nenhuma coisa é impura em si mesmo" (64-65) e se o único texto do Antigo Testamento que considera os atos homossexuais errados o faz por considerá-los impuros, pelos ensinamentos de Cristo eles não podem ser perseguidos.

O único texto a tratar mais especificamente dos "atos homogenitais", diz o autor, é a "Epístola aos romanos", de São Paulo. Apenas o versículo 27 trata do tema, em que Paulo fala sobre os homens que cometem atos entre si "contra a natureza". Mas o que era a natureza para os romanos desta época, a quem Paulo endereça sua carta? Paul Veyne mostra-nos que quando um romano diz que algo era contra a natureza quer dizer que era exagerado ou artificial (1985b:40); dessa forma uma piscina aquecida de uma terma era "não-natural". Para Paulo também, "a 'natureza' de alguma coisa era sua característica ou tipo particular". Ele considera que algo é natural quando comporta-se de acordo com a espécie de coisa que é, quando faz aquilo que se espera que faça, não quando está de acordo com alguma "lei natural". (69-70)

Assim Paulo fala em "Epístola aos romanos" de homens e mulheres que estavam adotando práticas sexuais que não eram normalmente adotadas por todos, que eram fora do comum. Para Helminiak, não há nesta epístola nenhuma indicação de que ele considere essas práticas erradas ou contrárias a Deus, eram apenas incomuns. A frase grega que ele usa para designar essas práticas, *para physin*, não era usada nessa época como indicadora de algo ruim ou condenável, visto que ele a utilizou para se referir a Deus, dizendo que Ele enxertou os gentios (pagãos) na oliveira, que representa o povo judeu, tornando gentios e judeus unos em Cristo ao aceitarem ambos a sua palavra. Fazer um enxerto é *para physin*, não é natural e Deus comportou-se de forma *para physin* ao agir dessa forma. Se ele considerasse *para physin* como algo imoral ele não a usaria para se referir a Deus. (1998:71-72; Boswell, 1985:153) Paulo talvez tenha utilizado essa frase como os estóicos, que acreditavam que essas práticas exageradas deveriam ser evitadas, não condenadas ou proibidas; ele as reprovava tanto quanto reprovaria o sexo heterossexual quando realizado apenas para o prazer. Paulo "apresenta o ato homogenital masculino como sendo socialmente inaceitável ou impuro, mas não como eticamente condenável". (90) As lésbicas, é bom lembrar, sequer são citadas por Paulo.

Por fim, Helminiak analisa 1 Coríntios e 1 Timóteo, em que supostamente se condenara a homossexualidade; ele observa que os termos gregos usados nestes trechos, *malakoi* e *arsenokoitai* não têm uma tradução exata. *Malakoi*, de *malakos*, mole, macio, pode ser aplicada para se referir a alguém libertino, indisciplinado, ou até masturbador. Nada pode indicar que esta palavra refira-se a atos homossexuais e 1 Coríntios 6:9 utiliza essa palavra para condenar a luxúria e a lascívia.

Arsenokoitai presente em 1 Coríntios e 1 Timóteo é um termo obscuro que raramente é encontrado além dessas duas citações. *Arseno* é homem e *koitai* é deitar-se, em sentido sexual. Mas não há como saber se ela se refere a homens que se deitam com outros homens, um homem que penetra outro homem ou ainda um homem que se deita como um homem. Pode referir-se ainda a homens adultos abusando de meninos. Para Boswell, ela se refere a prostitutos, que se venderiam para homens e mulheres indistintamente. De qualquer forma, este termo designa atos entre homens realizados de forma lasciva, exploradora, ligada à prostituição, mas, assim como a condenação ao incesto e à prostituição não significam que se condene o sexo heterossexual, o uso dessa palavra não significa a condenação de todos os atos entre homens: "de maneira abrangente com relação às questões sexuais, a Bíblia demanda respeito mútuo, compaixão e uma solidariedade responsável – em uma palavra, amor. A violação desse mandamento é que é condenada, e não o sexo em geral". (107) E novamente as mulheres são ignoradas.

Ao contrário de condenar, podemos ver na Bíblia exemplos de amor puro entre pessoas do mesmo sexo e que são apresentados de forma positiva, como as relações entre Davi e Jônatas, Rute e Noemi, Daniel e o eunuco-chefe de Nabucodonosor. Mesmo que estas relações não impliquem em sexo.

O que é certo é que não se pode usar a Bíblia para condenar a homossexualidade de forma honesta a partir do exposto pelo padre Helminiak; que as poucas referências à homossexualidade não permitem concluir que Deus a condene; que a Bíblia não faz nenhuma referência às lésbicas, logo elas não podem ser condenadas; que a opressão contra gays e lésbicas, que são deserdados por suas famílias, despedidos de seus empregos, separados de seus filhos, expulsos de bairros, insultados por pessoas públicas "é o próprio pecado do qual o povo de Sodoma foi culpado. É exatamente este o comportamento que a Bíblia condena repetidas vezes. Portanto, aqueles que oprimem os homossexuais devido ao suposto 'pecado de Sodoma' podem ser eles próprios os verdadeiros 'sodomitas' tal como a Bíblia os entende". (46)

Acrescento ainda que mesmo que a Bíblia condenasse a homossexualidade, coisa que o padre Helminiak demonstrou que ela não faz, ainda assim isso não justificaria a sua repressão; se nem todos acreditam em Deus, se nem todos seguem religiões cristãs ou religião alguma, essas pessoas não podem ser condenadas por uma coisa que os cristãos, por algum motivo que não está em seu livro sagrado, consideram como errada.

Sagradas uniões

Em 1994, no mesmo ano de sua morte, John Boswell publicou o livro *Same sex unions in premodern Europe*, com sua habitual abundância de documentos e relatos de época, defendendo a tese de que a igreja católica, em seus primórdios, havia aceitado e mesmo ritualizado algumas formas de união entre pessoas do mesmo sexo. O livro foi, e é até hoje, solenemente ignorado e às vezes ridicularizado, sob a opinião de que sua tese é indefensável, visto que isso seria uma coisa impossível de ser aceita por qualquer igreja; além disso, o fato do autor ser gay e militar pelo reconhecimento da homossexualidade faria com que ele não tivesse objetividade para tratar do tema. Uma forma acadêmica para dizer que Boswell quis ver algo que não existe, ou mesmo mentiu, para defender os interesses políticos do grupo ao qual pertence.

Esta não é uma atitude cientificamente honesta, criticar um trabalho pelos supostos interesses que ele teria e não pelas fontes que utiliza e a forma como o faz. Se há documentos em grande quantidade que indicam que essas cerimônias existiam e eram reconhecidas, por que não considerar a hipótese de que possa ser verdade? Talvez o motivo seja a homofobia.

O autor argumenta que muitas figuras proeminentes do judeucristianismo viviam em casamentos que não eram procriativos, como Elkanah e Hannah, Zacarias e Elisabete; eram comuns ainda entre os católicos primitivos casamentos onde os parceiros abdicavam das relações sexuais, o que indica que a religião não deixava de reconhecer essas ligações mesmo quando não eram voltadas à geração de filhos. Assim o fato de relações entre pessoas do mesmo sexo não serem procriativas não é suficiente para dizer que a igreja não poderia reconhecer essas relações.

O casamento nas civilizações antigas e na Idade Média era muito diferente do que é hoje; relações estáveis apresentavam-se de diversas formas, o que pode indicar que relações entre pessoas do mesmo sexo poderiam ser aceitas também como uma forma de relação estável, como uma forma de casamento de fato como era o concubinato, por exemplo, que era considerado uma posição legítima, não um amor ilícito. (1994:16-17)

Os documentos que Boswell analisa são votos religiosos de união entre pessoas do mesmo sexo, homens e mulheres, de diversas procedências, escritos entre os séculos VIII e XVI, encontrados na Igreja de Santa Catarina do Monte Sinai, em Paris, Petersburgo, no monastério grego de São Basílio, em Grottaferrata; em grego, línguas eslavas e traduções incompletas para o árabe. Estes documentos foram estudados por pouquíssimos historiadores antes dele e praticamente nenhum tratou do tema das relações entre pessoas do mesmo sexo, e alguns chegaram a modificar algumas palavras para que os documentos fizessem mais "sentido". Afinal de contas, o que podem fazer dois amantes do mesmo sexo numa cerimônia religiosa? O mais antigo manuscrito encontrado, do século VIII, foi escrito em grego, na Itália, contendo ainda um documento de noivado heterossexual, as cerimônias são muito mais antigas que isso.

Seja qual for o tipo de união que estes votos estabeleçam, "é certamente uma forma de união, e aqueles envolvidos estão certamente sendo 'unidos', seja por meio de adoção colateral, amizade espiritual ou uma relação estável". (1994:25) E mesmo a adoção como irmão não exclui o homoerotismo, visto que muitos homens adotavam seus amantes como irmãos para garantir-lhes uma posição social e o direito à herança; por exemplo, se um cidadão adotava um não-cidadão este adquiria o *status* do primeiro.

Adoção colateral era uma prática comum até o começo do feudalismo, sendo abolida em torno do século IV ou V; consistia na adoção de um indivíduo por outro como seu irmão, geralmente entre pessoas de idades próximas e do mesmo sexo. Estas adoções foram aos poucos proibidas pela Igreja por seu conteúdo erótico; em Roma por exemplo, os amantes chamavam-se de irmãos, como vemos no *Satyricon* (1987:18, n. 7), e é possível que estas adoções selassem na verdade uniões estáveis entre amantes do mesmo sexo. A relação de amizade espiritual podia ser selada entre amigos irmanados na fé, sem conteúdo erótico. Mas Boswell argumenta que o casamento heterossexual também é uma relação espiritual, pois é abençoado numa igreja num contexto litúrgico, e também é considerado uma espécie de relação fraterna. (1994:27) Vimos que também na Grécia Aristóteles comentou a existência de amantes que faziam juramentos de amor e fidelidade na tumba de Iolau, amante de Héracles.

Marcial e Juvenal citam diversas cerimônias públicas entre pessoas do mesmo sexo, com a presença de suas famílias, com dotes e contratos, tanto entre a aristocracia como entre os plebeus.

Além disso, uma lei do Código Teodósio, nosso conhecido, em 342, proibiu casamentos entre homens, ao menos quando um deles desempenhava o papel feminino: "Quando um homem desposa um homem como se ele fosse uma mulher, o que ele pode estar buscando em uma relação onde o gênero está fora de lugar? Onde o pecado é desagradável até ao saber? Onde Vênus foi transformada em algo diferente? Onde o amor é perseguido mas não se mostra? Ordenamos que leis sejam promulgadas, que a justiça seja armada com a espada vingadora para que estas pessoas vergonhosas, culpadas disso, seja agora, seja no futuro, sejam submetidas a um extremo castigo." (1994:85-86) Dificilmente uma lei seria feita para proibir algo que não existisse; apesar disso nenhum historiador tinha examinado essa lei como indício da existência de relações estáveis e reconhecidas publicamente entre pessoas do mesmo sexo. Tampouco é razoável crer, como alguns historiadores, que ela fosse apenas uma brincadeira, chegando eles até mesmo a incluir palavras que não existem no texto original. (Boswell, 1985:165)

No entanto, essa lei não parece ter acabado com essas relações, a julgar pelos documentos que Boswell encontrou. No Ocidente, a Igreja fez poucos esforços para regular o casamento heterossexual, que só foi considerado um sacramento em 1215, no Concílio de Latrão; a cerimônia tal qual a conhecemos hoje tem suas origens no Concílio de Trento, no século XVI. O cristianismo é, segundo Boswell, único em considerar o objetivo último do casamento a procriação; até então nada impedia que outras formas de casamento não-procriativo fossem possíveis. (1994:112)

Estas cerimônias invocavam vários pares de santos conhecidos ou considerados como casais cristãos do mesmo sexo. Sérgio e Baco eram um desses pares, soldados romanos de alto escalão do final do século III, ligados por uma estreita amizade, tendo dividido a mesma casa e os mesmos escravos. Foram denunciados como cristãos e, como se recusaram a abandonar sua fé, foram executados. Tornaram-se dos mais cultuados santos da Idade Média, tanto no Ocidente quanto no Oriente, sendo a mais antiga igreja do Egito, a de Abu Sarga (do século V), local onde se acredita que a família de Cristo tenha vivido algum tempo, dedicada a são Sérgio. Em uma das mais conhecidas versões de suas vidas, Sérgio é descrito como "o doce companheiro e amante de Baco". (1994:154)

O imperador bizantino Basílio I (867-886), fundador da dinastia macedônia esteve envolvido em cerimônias desse tipo duas vezes. Quando chegou a Constantinopla, sem nenhuma riqueza e dormindo pelas ruas, Basílio foi abrigado por um certo Nicolau, da igreja de são Diomedes, que cuidou dele por algum tempo; presume-se que por caridade cristã... Nicolau e Basílio uniram-se por uma cerimônia religiosa. O irmão de Nicolau, um médico, introduziu o ambicioso Basílio na corte. Ele logo entrou no serviço do imperador Teófilo, que era, segundo um contemporâneo seu, muito interessado "em homens bem feitos, bonitos e bem-nascidos, que fossem muito masculinos e fortes", descrição que batia com a aparência de Basílio. Uma rica viúva que acolheu o imperador e Basílio durante uma viagem à Grécia, pediu a ele que se unisse em uma cerimônia com seu filho, João, em troca de ouro e escravos. Uma gravura medieval mostra Basílio e João sendo unidos diante de um padre, numa igreja, com o Evangelho aberto e com a presença da mãe de João, Danelis. Basílio ainda foi adotado pelo imperador Miguel III, que era muito ligado a ele e considerava-o co-imperador. Depois disso, Basílio envolveu-se numa rebelião contra Miguel III, que foi morto, e acabou tornando-se imperador. Danelis cobriu Basílio de presentes e era chamada de mãe do imperador, talvez um eufemismo para sogra. (1994:233-239)

Por volta do século XII, há uma explosão de impressões destas orações, às vezes com a ressalva de que elas eram proibidas pelas leis eclesiásticas e civis, embora não haja evidências disso; as leis eclesiásticas só faziam menção aos monges e é possível que elas ainda fossem permitidas, apesar do clima moral desfavorável à homossexualidade. A cerimônia era muito parecida com o casamento heterossexual, com velas, colocação das mãos sobre o Evangelho, a união das mãos direitas, o cingimento das mãos ou das cabeças com a mesma estola usada nas cerimônias heterossexuais, uma litania introdutória, coroamento e prece do Senhor, comunhão, um beijo e, por vezes, cirandas em volta do altar. (1994:185)

É possível que fosse apenas uma cerimônia de fraternidade espiritual; mas Boswell argumenta que é difícil crer que a Igreja criaria uma cerimônia específica para um sentimento que esperasse de cada cristão em relação a todos os outros. Seria ineficiente uma cerimônia para esse amor universal por todos os humanos, realizada apenas em pares, sempre de dois homens ou duas mulheres, além de ser proibida aos clérigos, proibição estranha para uma cerimônia que envolvesse apenas a fraternidade cristã. Tampouco poderia ser uma cerimônia de amizade, visto que este termo nunca é mencionado, e foi realizada apenas entre duas pessoas. (1994:192-194)

Ainda em 1578, Montaigne testemunhou em Roma uma estranha cerimônia, na igreja de São João da Porta Latina, onde alguns portugueses se uniram em cerimônias religiosas, comungando juntos, usando as escrituras nupciais, depois da qual se deitaram e cearam juntos. Montaigne declarou que "especialistas romanos disseram que desde que o sexo entre homem e mulher podia ser legitimado apenas pelo casamento, havia parecido igualmente justo a eles autorizarem estas cerimônias e mistérios da igreja". Uma questão de lógica! O embaixador veneziano Antônio Tiépolo testemunhou a mesma cena, mas falou de

Tríbades galantes, fanchonos militantes

um português e um espanhol sendo unidos. Entre nove e onze homens envolvidos nessas cerimônias teriam sido queimados, embora por volta de 27 devessem estar envolvidos. (1994:264-265) Embora muito conhecida, essa citação de Montaigne nunca tinha suscitado nenhum questionamento sobre a natureza dessas cerimônias. E antes mesmo de Montaigne, os Oficiais da Noite de Florença chegaram a condenar cerca de cem homens cujas relações com outros homens eram consideradas como matrimônios. (Rocke, 1987:722-723, n. 59)

Para que cada leitor tire suas próprias conclusões, reproduzimos aqui uma dessas orações coletadas por Boswell (1994:300-302), retirada do Eucológio de Sinai, do século XI, da Macedônia (Antiga Igreja Eslava):

Ordem para unir dois homens
colocando-os em frente ao altar, enquanto o diácono pronuncia estas preces:
Em paz oramos ao Senhor
Pela paz celestial
Pela paz de todos
Para que os una no amor e na vida
Oramos ao Senhor
Por estes servos de Deus _____ e _____, e pela sua união em Cristo
Oramos ao Senhor
Para que o Senhor nosso Deus os una em perfeito amor e vidas inseparáveis
Oramos ao Senhor
Para que a eles seja dada a discrição e o amor sincero
Oramos ao Senhor
Pela dádiva presente do precioso corpo e sangue de Nosso Senhor Jesus Cristo, para que eles a recebam sem pecado e preservem sua união sem inveja,
Oramos ao Senhor
Para que a eles seja dado todo o necessário para a sua salvação,
Oramos ao Senhor
Para que sejam preservados do sofrimento, do perigo e da necessidade,
Proteja-os, salve-os
Ó Senhor sagrado e puro.

Conclusão:
Em busca da igualdade

A igualdade, em contraste com tudo o que se relaciona com a mera existência, não nos é dada, mas resulta da organização humana, porquanto é orientada pelo princípio da justiça. Não nascemos iguais; torna-mo-nos iguais como membros de um grupo por força da nossa decisão de nos garantirmos direitos reciprocamente iguais.
Hannah Arendt, *Origens do totalitarismo*

Como procurei demonstrar, a homossexualidade, tanto masculina como feminina, é um fenômeno universal, presente em praticamente todas as culturas e em todas as épocas. Na Antigüidade, entre sumérios, gregos e romanos, ela era não apenas aceita mas considerada por muitos como a única forma de amor digna de respeito, e mesmo aqueles que eram contrários a essa idéia não chegavam a afirmar que ela deveria ser proibida ou que fosse algo maléfico. Dizia-se mesmo que o que diferenciava os gregos civilizados dos povos pagãos era que estes não permitiam o amor entre iguais. Puro preconceito, pois sabemos que muitos dos povos chamados "bárbaros" eram adeptos do amor grego. No épico de Guilgamech, vemos que sua relação com Enkidu marcou para ambos a entrada na civilização e o abandono da vida selvagem e bárbara que viviam antes de conhecerem-se.

A Idade Média, ao contrário do que se pensa, não foi uma era de repressão enlouquecida. Nos primeiros séculos após a queda do Império Romano houve uma fuga dos habitantes das cidades para os campos, desfazendo a subcultura homossexual que havia e criando-se, é verdade, um clima social violento e desfavorável aos homossexuais. Mas com o renascimento das cidades a partir dos séculos XI e XII, foi um período rico em experiências homossexuais, se considerarmos toda a literatura homoerótica que floresceu por volta do século XI, principalmente em meio aos clérigos. A partir do século XIII começaria o período de perseguições, quando santo Tomás de Aquino lançou em sua *Suma Teológica* as bases da condenação cristã aos atos homossexuais como contrários à natureza. Idéia difícil de ser defendida, o que não impediu que ela chegasse até nossos dias. Ao mesmo tempo em que se condenaram os homossexuais de descerem ao nível das bestas e animais nojentos que praticavam atos sexuais entre membros do mesmo sexo, como as hienas e as doninhas, certamente seres naturais, acusavam-se os homossexuais de contrariarem a natureza praticando atos que ela não havia previsto e que nenhuma outra espécie conhecia! Os argumentos iam com o vento, até que se estabeleceu uma doutrina mais coerente com a criação do pecado de Sodoma.

A Renascença e a Idade Moderna vêem o recrudescimento da repressão, tanto civil como religiosa; para Boswell (1985), isso se deve ao surgimento dos Estados centralizados e do Absolutismo, que iriam legislar sobre os aspectos mais íntimos da vida privada das pessoas. Para ele, é aí que se deve procurar o início das perseguições e não nas escrituras cristãs. Isso é verdade, mas não podemos esquecer que a Igreja manipulou essas escrituras para poder reprimir a homossexualidade e que durante boa parte da Idade Média, algumas vozes, embora poucas e ignoradas até Tomás de Aquino, levantaram-se pregando a repressão. Se o Renascimento apareceu para alguns historiadores como um paraíso dos sodomitas, isso deveu-se muito mais ao aparecimento da figura do artista, do gênio iluminado, a quem todos os pecados eram perdoados. Aos comuns mortais, a coisa era bem diferente.

Apenas com a Revolução Francesa começou-se a pensar na emancipação de gays e lésbicas com a sua descriminalização, confirmada pelo Código Napoleônico. No século XIX, a homossexualidade vai deixando de ser um pecado para se tornar uma doença; a inovação do século XIX, como procurei demonstrar, não foi a criação da homossexualidade, mas a discussão médica sobre a sua natureza, se era ela congênita ou adquirida, se deveria ser tratada, perseguida pela lei ou apenas lamentada. Nem mesmo a idéia da existência de pessoas interessadas apenas em relacionar-se com o mesmo sexo foi criação sua, já estava entre os teólogos medievais que criam o indizível pecado nefando da sodomia. Como procurei demonstrar, desde a Antigüidade encontramos pessoas, homens e mulheres, que se identificavam como amantes de pessoas de seu mesmo sexo, que viviam juntas como casais até a morte, segundo alguns em cerimônias abençoadas pela Igreja em determinados momentos, e que eram identificadas como tal por seus pares. Até a Idade Média eram comuns os debates filosóficos e literários sobre qual dos dois amores era mais digno de respeito. E se não é tão freqüente a presença de estilos de vida abertamente homossexuais pela história, isso se deve à repressão e não à inexistência de pessoas dispostas a adotar estes estilos. O que não havia era a classificação médica das pessoas em homo e heterossexuais. Isso sim, inventou-se no século XIX.

Não posso deixar de destacar que em todos os momentos de repressão aos homossexuais as maiores penas geralmente caíam sobre os mais pobres; além de uma perseguição aos não-conformistas, aos desviantes sexuais, impunha-se também uma questão de classe. Aos mais ricos sempre foram tolerados mais crimes e mais pecados que aos pobres e miseráveis. Ou ainda, como observa Hannah Arendt, "o vício é apenas o reflexo aristocrático daquilo que, quando é cometido entre as massas, é crime". (1990:103)

Com relação ao Brasil essa história é ainda difusa; se temos muitas informações entre os séculos XVI e início do XVIII graças aos arquivos da Inquisição, a partir desse período muito pouco foi estudado. A partir do século XIX, ao contrário da Europa, a homossexualidade nunca mais foi considerada um crime pelo nosso código penal, e acredito que isso teve um impacto muito grande sobre o desenvolvimento dos movimentos por direitos civis e sobre a forma de preconceito e repressão que eram utilizados, visto que não havia o amparo da lei. Isso, ao lado do racismo, que desde a abolição também não teve uma base legal, ao contrário dos Estados Unidos por exemplo, pôde explicar como nossa sociedade encontrou formas de exclusão mesmo sem o amparo, ou mesmo contra, as leis estabelecidas. Outra questão relevante é como os papéis sexuais foram ainda mais importantes no Brasil e no resto da América Latina que as próprias identidades sexuais. Nestes países é mais precioso saber quem é o ativo, o macho da relação, do que se preocupar em definir-se como homo, bi ou heterossexual.

Embora as mulheres tenham sido muito menos reprimidas do ponto de vista legal e policial, isso não pode ser confundido com aceitação ou tolerância. Provavelmente trata-se mais de desconhecimento da sexualidade feminina, além de um certo desprezo dos homens, cuja sexualidade é tão marcada pela penetração.

Acredito que é possível sim escrever uma história da homosse-xualidade, como escrevemos uma história da democracia ou da guerra, ou da ciência, em períodos que não entendiam suas práticas com essas denominações ou da forma como as entendemos hoje; que ela pode apresentar-se de formas diferentes durante a história e que isso não a afasta do que hoje entendemos por homossexualidade. Como lembra V. A. Kolve, inúmeros historiadores falam sem nenhum embaraço em uma ciência grega, uma ciência medieval, uma ciência do século XVIII, ainda que o que entendamos por ciência hoje seja muito diferente do que se entendia nesses períodos. Isso não impede que se escreva esta his-tória. "A História, por definição, é a crônica da mudança." (1998:1016)

O século XX que ora finda colocou-nos duas questões que con-sidero da maior importância: primeiramente, as descobertas da biologia e da genética com relação ao suposto gene gay que pode ter sido desco-berto pelo pesquisador Dean Hamer, hipótese que tem sido descartada e mesmo ridicularizada, quando não considerada homofóbica, sabe Deus por quê, por autores céticos, se não ignorantes, dos procedimen-tos das ciências naturais, como se as hipóteses biológicas excluíssem as sociais. Na verdade são estas que excluem as primeiras. A outra questão diz respeito à democracia e irei explicar-me melhor.

Acredito que não apenas a homossexualidade é um comporta-mento natural como está intrinsecamente ligada à democracia. Se aten-tarmos para os períodos em que ela foi socialmente aceita, ou menos reprimida, a Antigüidade clássica, o período posterior à Revolução Francesa ou a partir da década de 60 por exemplo, veremos que isso coincide com períodos da história onde houve momentos de democra-cia ou pelo menos reivindicações de liberdade. Não por acaso os ate-nienses consideravam um par de amantes como os patronos de sua democracia. E sempre que as tiranias ou o absolutismo estabeleceram-se, a repressão contra gays e lésbicas não se fez esperar. As reformas in-tolerantes do século XVII e o nazismo são exemplos claros.

Além disso, como lembra Paul D. Hardman, as relações entre pessoas do mesmo sexo, independente do caráter erótico ou não, seriam importantes para o desenvolvimento do sentido de altruísmo, essencial para o desenvolvimento da civilização. "Isso capacita os humanos a to-lerarem e terem afeição por outros humanos, tornando possíveis a coo-peração e a assistência mútua." (1993:227)

A homofobia é irmã do racismo e da misoginia, ou seja, o ódio às mulheres: o preconceito contra os homossexuais está muito ligado ao desprezo por uma suposta opção por uma posição feminina dos gays, que rebaixam seu sexo masculino agindo como mulheres, ou de mulheres que ofendem a natureza agindo como homens. Na Idade Média, os mesmos teólogos que condenavam a sodomia viam também a mulher como origem de todos os males e pecados.

Se considerarmos que o nazismo acabou há pouco mais de meio século, de que as leis repressivas dos países europeus foram abolidas em sua maioria no início da década de 1970, que a grande maioria dos países onde impera ou a tirania ou a miséria, uma outra face da tirania, reprime e condena gays e lésbicas, vemos que há muito ainda por fazer, pois como disseram Hannah Arendt e Emma Goldman, a igualdade nunca é dada a ninguém, ela deve ser conquistada pela vontade de ser livre. E lutar pelos direitos dos homossexuais é um dever para todos aqueles que desejam viver em um mundo livre e justo, homo ou heterossexual, pois só pode haver liberdade e democracia onde não existam grupos discriminados.

BIBLIOGRAFIA

ABBOT, Deborah e FARMER, Ellen (orgs.). *Adeus maridos: mulheres que escolheram mulheres.* Trad. port. Introd. de Marge Frantz. São Paulo: GLS, 1998.

ADLER, Laure. *Os bordéis franceses (1830-1930).* Trad. port. São Paulo: Companhia das Letras, Círculo do Livro, 1991. (Col. A vida cotidiana).

AMUSSEN, Susan Dwyer. "Féminin/masculin: le genre dans l'Angleterre de l'époque moderne." *Annales ESC.* Paris, (40) 2: 269-287, mar./abr., 1985.

ANACREONTE. *A lyrica de Anacreonte.* Vertida por Antonio Feliciano de Castilho. Ed. bilíngüe. Paris: A. D. Lainé et J. Havard, 1866.

ANDERSON, Perry. *Passagens da Antigüidade ao feudalismo.* 2ª ed. Trad. port. Porto: Afrontamento, 1982. (Col. Biblioteca de Ciências do Homem, v. 1).

ANDRADE, Augusto. *Grupo gay.* Rio de Janeiro: Planeta Gay Books, 1998. (Col. Entender).

ANDROS, Phil. *As aventuras de um garoto de programa.* Introd. de John Preston. Trad. port. São Paulo: GLS, 1998.

ANÔNIMO. *A epopéia de Gilgamesh.* Trad. port. da versão em inglês. Introd. de N. K. Sanders. São Paulo: Martins Fontes, 1992. (Col. Gandhara).

_____ *Epopéia de Guilgamech. A busca da imortalidade.* Trad. port. da versão em inglês. São Paulo: Hemus, 1995.

ARENDT, Hannah. *Origens do totalitarismo. Anti-semitismo, imperialismo, totalitarismo.* Trad. port. São Paulo: Companhia das Letras, 1990.

ARIÈS, Philippe e DUBY, Georges (dirs.). *História da vida privada.* Trad. port. São Paulo: Companhia das Letras, 1993-1995. 5 vv.

ARISTÓTELES. *A política.* Trad. port. Nestor Silveira Chaves. 7ª ed. São Paulo: Atena, 1963. (Col. Biblioteca Clássica, v. 39).

_____ *A constituição de Atenas.* Ed. bilíngüe. Trad. port. e comentários de Francisco Murari Pires. São Paulo: Hucitec, 1995. (Col. Grécia Roma, v. 3)

ARTAUD, Antonin. *Heliogábalo ou o anarquista coroado*. Trad. port. Lisboa: Assírio e Alvim, 1982. (Col. O Imaginário, v. 2).

ASSOULINE, Florence *et alii*. "Le pouvoir homo. Ce qu'ils on gagné, ce qu'ils veulent conquérir." *L'évenement du jeudi*. Paris. 607: 22-31, 20 a 26 jun., 1996.

BEAUVOIR, Simone de. "A lésbica." In: *O segundo sexo*. Trad. port. 2ª ed. Lisboa: Bertrand, 1987. (Col. Autores Universais), v. 2, pp. 165-187.

BELLINI, Lígia. *A coisa obscura. Mulher, sodomia e Inquisição no Brasil colonial*. São Paulo: Brasiliense, 1989.

BINGHAM, Caroline. "Seventeenth-Century attitudes toward deviant sex." *The Journal of Interdisciplinary History*. Cambridge, MA, v. 1 (3): 447-472, 1971.

BISHOP, Elizabeth. *Poemas do Brasil*. Trad. port., introd. e seleção de Paulo Henriques Brito. São Paulo: Companhia das Letras, 1999.

BONNET, Marie-Jo. *Un choix sans équivoque. Recherches historiques sur les relations amoureuses entre les femmes, XVIe.-XXe. siècle*. Paris: Denoël/Gonthier, 1981. (Col. Femmes).

BOSWELL, John. "Hacia un enfoque amplio. Revoluciones universales y categorías relativas a la sexualidad." In: STEINER, George e BOYERS, Robert. *Homosexualidad: literatura y política*. Trad. esp. Madri: Alianza, 1982. (Humanidades), pp. 38-74.

_____ *Christianisme, tolérance sociale et homosexualité. Les homosexuels en Europe occidentale des débuts de l'ére chrétienne au XIVe. siècle*. Trad. franc. Paris: Gallimard, 1985. (Col. Bibliothèque des Histoires).

_____ "Gays, coragem e democracia." *Folha de S.Paulo*. 25 de julho de 1993.

_____ *Same-sex unions in premodern Europe*. Nova Iorque: Vintage, 1994.

BOTTO, António. *Canções*. Estudo crítico de Manoel Teixeira Gomes. Lisboa: Paulo Guedes, 1932.

BRAMLY, Serge. *Leonardo da Vinci. 1452-1519*. Trad. port. 3ª ed. Rio de Janeiro: Imago, 1989.

BRANTÔME. Pierre Bourdeille, Senhor de. *Vies des dames galantes*. Ed. revista e corrigida da ed. de 1740. Paris: Garnier, 1848.

BRETON, Guy. *Histórias de amor da história de França*. Trad. port. Rio de Janeiro: Civilização Brasileira, 1972-1974. 5 vv.

BROSSAR-DANDRÉ, Michèle e BESSON, Gisèle (orgs.) *Ricardo Coração de Leão. História e lenda*. Trad. port. São Paulo: Martins Fontes, 1993. (Col. Gandhara).

BRUN, Jean. *O estoicismo*. Trad. port. Lisboa: Ed. 70, 1986. (Col. Bibl. Básica de Filosofia, v. 29).

BURILLO, Jesús. "Ramón Novarro, gai. Les seves exòtiquès orgies, estrella de cinema i princep blau de molts." In *Infogai*. Barcelona 110(20): 20, nov., dez, 1999.

Tríbades galantes, fanchonos militantes

BURKE, Peter. *Cultura popular na Idade Moderna. Europa, 1500-1800.* Trad. port. São Paulo: Companhia das Letras, 1989.

BYRON, George Gordon, Lorde. *Beppo. Uma história veneziana.* Trad. port., introd. e notas de Paulo Henriques Brito. Rio de Janeiro: Nova Fronteira, 1989.

CALE, Michelle. "Girls and the perception of sexual danger in the victorian reformatory system." *History. The Journal of Historical Association.* Oxford, Cambridge, MA, v. 78 (253): 201-217, jun., 1993.

CAMARGO, Luís Soares de. *Sepultamentos na cidade de São Paulo. 1800-1858.* São Paulo, 1995. Dissertação de mestrado. Dep. de História da PUC.

CAMINHA, Adolfo. *Bom-Crioulo.* Rio de Janeiro: Ediouro, s.d. (Col. Prestígio).

CARCOPINO, Jerôme. *La vie quotidienne à Rome à l'apogée de l'empire.* Prefácio de Raymond Bloch. Paris: Hachette, 1983.

CARDOSO, Fernando Luiz. *O que é orientação sexual.* São Paulo: Brasiliense, 1996. (Col. Primeiros Passos, v. 307)

CASTILLA, Amelia. "El peruano Jaime Bayly arrasa com un libro de ambiente homosexual." *El País*, Madri, 29-10-1995.

CATULO. *Poesías.* Trad., introd. e notas de António Ramírez de Verger. Madri: Alianza, 1988. (Col. Clásicos).

CHAUNCEY, Jr. George. "De la inversión a la homosexualidad: la medicina y la conceptualización de la desviación de la mujer." In: STEINER, George e BOYERS, Robert. *Homosexualidad: literatura y política.* Trad. esp. Madri: Alianza, 1982. (Col. Humanidades), pp. 75-123.

CHIFFOLEAU, Jacques. "Dire l'indicible. Remarques sur la catégorie du *nefandum* du XIIe. au XVe. siècle." *Annales ESC.* Paris 45 (2): 289-324. mar./ abr., 1990.

CLASTRES, Pierre. "O arco e o cesto." In: *A sociedade contra o Estado. Pesquisas de antropologia política.* Trad. port. 5ª ed. Rio de Janeiro: Francisco Alves, 1990. (Col. Ciências Sociais)

COHEN, David. "Law, society and homosexuality in Classical Athens." *Past and Present.* Oxford, 117: 3-21, nov., 1987.

CONNOR, Steve. "El 'gen de la homosexualidad' vuelve a debate." Trad. do *The Independent. El País*, Madri, 12-11-1995.

COORDINADORA GAI-LESBIANA. *Parelles de fet. Que cal saber?* Barcelona, 1995.

COSTA, Jurandir Freire. *A inocência e o vício. Estudos sobre o homoerotismo.* Rio de Janeiro: Relume-Dumará, 1992.

COWAN, Tom. *Gay men and women who enriched the world.* 2ª ed. rev. e atualizada. Los Angeles: Alyson, 1997.

DAVIS, Natalie Zemon. "A mulher por cima." In: *Culturas do povo. Sociedade e cultura no início da França moderna.* Trad. port. Rio de Janeiro: Paz e Terra, 1990. (Col. Oficinas da História), pp. 107-127.

DEADERICK, Sam e TURNER, Tamara. *Gay resistance. The hidden history.* [1978-1980] Introd. de Roger Simpson. Seattle: Red Letter Press, 1997.

DEGLER, Carl N. "What ought to be and what was: women's sexuality in the nineteenth century." *American Historical Review*, Washington DC, 79 (5): 1467-1490, dez., 1974.

DELUMEAU, Jean. *A civilização do Renascimento.* Trad. port. Lisboa: Estampa, 1984. (Col. Imprensa Universitária, v. 37). 2 vv.

DIÓGENES LAÉRCIO. *Vie, doctrines et sentences des philosophes illustres.* Trad. franc., introd. e notas de Robert Genaille. Paris: Garnier, Flammarion, 1965. 2 vv.

DOVER, Kenneth James. *A homossexualidade na Grécia antiga.* Trad. port. São Paulo: Nova Alexandria, 1994.

DUBY, Georges. *Europa en la Edad Media.* Trad. esp. Barcelona: Planeta-Agostini, 1994. (Col. Obras Maestras del Pensamiento Contemporáneo, v. 72)

DURST, Rogério. *Madame Satã.* São Paulo: Brasiliense, 1985. (Col. Encanto Radical, v. 68).

ENGEL, Magali G. *Meretrizes e doutores. Saber médico e prostituição no Rio de Janeiro (1840-1890).* São Paulo: Brasiliense. 1989.

FAURY, Mára Lúcia. *Uma flor para os malditos: a homossexualidade na literatura.* Campinas: Papirus, 1983. (Col. Krisis).

FEINSTEIN, Elaine. *Bessie Smith: imperatriz do blues.* Trad. port. Rio de Janeiro: José Olympio, 1989.

FERNANDES, Florestan. *A organização social dos Tupinambá.* São Paulo: Hucitec; Brasília: UnB, 1989. (Col. Ciências Sociais, v. 25).

FLACELIÈRE, Robert. *A vida quotidiana dos gregos no século de Péricles.* Trad. port. Lisboa: Livros do Brasil, s.d. (Col. A vida quotidiana, v. 10).

FLANDRIN, Jean-Louis. *O sexo e o Ocidente. Evolução das atitudes e dos comportamentos.* Trad. port. São Paulo: Brasiliense, 1988.

FOUCAULT, Michel. "Opción sexual y actos sexuales: una entrevista realizada por James O'Higgins." In: STEINER, George e BOYERS, Robert. *Homosexualidad: literatura y política.* Trad. esp. Madri: Alianza, 1982. (Humanidades), pp. 16-37.

_____ *História da sexualidade, v. 1, A vontade de saber.* Trad. port. 8ª ed. Rio de Janeiro: Graal, 1985a. (Biblioteca de Filosofia e História das Ciências, v. 2).

_____ *História da sexualidade, v. 2, O uso dos prazeres.* Trad. port. 5ª ed. Rio de Janeiro: Graal, 1988. (Biblioteca de Filosofia e História das Ciências, v. 15).

_____ *História da sexualidade, v. 3, O cuidado de si.* Trad. port. 3ª ed. Rio de Janeiro: Graal, 1985b. (Biblioteca de Filosofia e História das Ciências, v. 16).

FREYRE, Gilberto. *Sobrados e mucambos. Decadência do patriarcado rural e desenvolvimento urbano.* 5ª ed. Rio de Janeiro: José Olympio; Brasília: Instituto Nacional do Livro, MEC, 1977, 2 vv.

Tríbades galantes, fanchonos militantes

FREYRE, Gilberto. *Casa grande e senzala: formação da família brasileira sob o regime da economia patriarcal.* 25ª ed. Rio de Janeiro: José Olympio, 1987.

FRY, Peter. "Léonie, Pombinha, Amaro e Aleixo: prostituição, homossexualidade e raça em dois romances naturalistas." "Febrônio Índio do Brasil: onde cruzam a psiquiatria, a homossexualidade e a lei." In: VOGT, Carlos *et alii. Caminhos cruzados. Linguagem, antropologia e ciências naturais.* São Paulo: Brasiliense, 1982a. pp. 33-52 e 65-80.

_____ *Para inglês ver. Identidade e política na cultura brasileira.* Rio de Janeiro: Zahar, 1982b. (Antropologia Social).

FRY, Peter e MACRAE, Edward. *O que é homossexualidade.* 3ª ed. São Paulo: Brasiliense, 1984. (Col. Primeiros Passos, v. 81).

GAY, Peter. *Freud. Uma vida para nosso tempo.* Trad. port. São Paulo: Companhia das Letras, 1995.

GIBSON, Ian. *Federico García Lorca: uma biografia.* Trad. port. São Paulo: Globo, 1989.

GRANT, Michael. *The classical greeks.* Nova Iorque: History Book Club, 1997a.

_____ *History of Rome.* Nova Iorque: History Book Club, 1997b.

GRÉMAUX, René. "Mulheres masculinizadas nos Bálcãs." In: BREMMER, Jan (org.) *De Safo a Sade. Momentos na história da sexualidade.* Trad. port. Campinas, São Paulo: Papirus, 1995, pp. 199-235.

GRIMAL, Pierre. *L'amour à Rome.* Paris: Hachette, 1963.

HALPERIN, David M. *One hundred years of homosexuality and other essays on Greek love.* Nova Iorque, Londres: Routledge, 1990. (New ancient world series).

HARDMAN, Paul D. *Homoaffectionalism. Male bonding from Gilgamesh to the present.* São Francisco: GLB, 1993.

HART, John e RICHARDSON, Diane. *Teoria e prática da homossexualidade.* Trad. port. Rio de Janeiro: Zahar, 1983.

HELMINIAK, Daniel A. *O que a Bíblia realmente diz sobre a homossexualidade.* Trad. port. Prefácio do reverendo John S. Spong. São Paulo: GLS, 1998.

HERZER (Sandra Mara, dita Anderson). *A queda para o alto.* Prefácio de Eduardo Matarazzo Suplicy. 17ª ed. Petrópolis: Vozes, 1988.

HINDLEY, Clifford (comentário) e COHEN, David (réplica). "Debate. Law, society and homosexuality in Classical Athens." *Past and Present.* Oxford, 133: 167-194, nov., 1991.

HOCQUENGHEM, Guy. *A contestação homossexual.* Trad. port. São Paulo: Brasiliense, 1980.

HOLANDA, Sérgio Buarque de. *Visão do Paraíso: os motivos edênicos no descobrimento e colonização do Brasil.* 4ª ed. São Paulo: Nacional, 1985. (Col. Brasiliana, v. 333).

ISAY, Richard A. *Tornar-se gay: o caminho da auto-aceitação.* Trad. port. São Paulo: GLS, 1998.

JAEGGER, Werner. *Paidéia. A formação do homem grego.* Trad. port. Lisboa: Herder, s.d.

KAMEN, Henry. *The Spanish Inquisition. A historical revision.* New Haven, Londres: Yale University Press, 1997.

KATZ, Jonathan Ned. *A invenção da heterossexualidade.* Trad. port. Prefácio de Gore Vidal. Rio de Janeiro: Ediouro, 1996.

KOLVE, V. A. "Ganymede/*Son of Getron:* medieval monasticism and the drama of same-sex desire." *Speculum. Journal of Medieval Studies.* Cambridge, 73 (4): 1014-1067, out., 1998.

LAMBERT, Royston. *Pederastia na idade imperial. Sobre o amor de Adriano e Antínoo.* Trad. port. Lisboa: Assírio e Alvim, 1990.

LEAK, Jonathan e MACASKILL, Mark. "A vida secreta do rei dos ladrões." *O Estado de S.Paulo.* Caderno 2. 25-07-1999.

LEAL, Raul. *Sodoma divinizada. Uma polêmica iniciada por Fernando Pessoa a propósito de António Botto, e também por ele terminada com ajuda de Álvaro Maia e Pedro Teotónio Pereira (da Liga de Acção dos Estudantes de Lisboa).* Org., introd. e cronologia de Aníbal Fernandes. Lisboa: Hiena, 1989. (Col. Memória do Abismo, v. 24)

LEBRUN, Gerard. "A neutralização do prazer." Trad. port. In: NOVAES, Adauto (org.) *O desejo.* São Paulo: Companhia das Letras; Rio de Janeiro: Funarte, 1990, pp. 67-89.

LE GOFF, Jacques. *O maravilhoso e o quotidiano no Ocidente Medieval.* Trad. port. Lisboa: Ed. 70, 1985. (Col. Lugar da História, v. 24)

_____ *Os intelectuais na Idade Média.* 4ª ed. Trad. port. São Paulo: Brasiliense, 1995.

LEVER, Maurice. *Les bûchers de Sodome. Histoire des "infâmes".* Paris: Arthéme Fayard, 1996. (Bibliothéques 10/18)

LICHT, Hans [Paul Brandt]. *Sexual life in Ancient Greece.* Trad. ingl. Londres: Routledge, 1932.

LOBO, Elisabeth Souza. *Emma Goldman.* São Paulo: Brasiliense, 1983. (Col. Encanto Radical, v. 41)

LONGINO. "Do Sublime". In: VV. AA. *A poética clássica.* Introd. de Roberto de Oliveira Brandão. Trad. port. de Jaime Bruna. São Paulo: Cultrix: Edusp, 1981.

LUCIANO. *Oeuvres complètes.* Trad. franc., introd. e notas de Émile Chambry. Paris: Garnier, sdp. 3 vv.

[PSEUDO] LUCIANO. *Scènes de courtisanes.* Trad. franc. H. Piazza e Charles Chabaud. 6ª ed. ilustrada. Paris: Éd. d'Art, H. Piazza, 1930.

MACRAE, Edward. "Os respeitáveis militantes e as bichas loucas." In: VOGT, Carlos *et alii. Caminhos cruzados. Linguagem, antropologia e ciências naturais.* São Paulo: Brasiliense, 1982, pp. 99-112.

MARCHELO-NIZIA, Christiane. "Amour courtois, societé masculine et figures du pouvoir." *Annales ESC*. Paris, 36 (6): 969-982, nov./ dez., 1981.

MARCIAL. *Épigrammes*. Trad. franc. e notas de H. J. Izaac. Paris: Les Belles Lettres, 1930. (Col. des Universités de France). 2 vv.

MARROU, Henri-Irinée. "De la pédérastie comme éducation." In: *Histoire de l'éducation dans l'Antiqüité*. 2ª ed. rev. e aum. Paris: Seuil, 1950, pp. 55-67.

MARTINS, Wilson. "A língua simbólica de José Lins do Rego." In: REGO, José Lins do. *Usina*. 6ª ed. Rio de Janeiro: José Olympio, 1967. (Col. Sagarana, v. 39), pp. xvii – lxiv.

MATOS e GUERRA, Gregório de. *Obras completas. Crônica do viver baiano seiscentista*. Edição de James Amado. Salvador: Janaína, 1968. 7 vv.

MAXWELL, Kenneth. "Democracia pirata." In: *Chocolate, piratas e outros malandros: ensaios tropicais*. Trad. port. São Paulo: Paz e Terra, 1999, pp. 69-88.

MAZZIERO, João Batista. "Sexualidade criminalizada: prostituição, lenocínio e outros delitos – São Paulo 1870–1920." *Revista brasileira de história*. São Paulo: ANPUH, Humanitas, 18 (35): 247-285, 1998.

MCKNIGHT, Jim. *Straight Science? Homosexuality, evolution and adaptation*. Londres, Nova Iorque: Routledge, 1997.

MEADE, Marion. *Eleonor de Aquitânia. Uma biografia*. Trad. port. São Paulo: Brasiliense, 1991. (Col. Antologias e Biografias)

MELLO e SOUZA, Laura de. *O diabo e a terra de Santa Cruz. Feitiçaria e religiosidade popular no Brasil colonial*. São Paulo: Companhia das Letras, 1986.

MERRICK, Jeffrey. "Commissioner Foucault, inspector Noël, and the 'pederasts' of Paris, 1780-3." *Journal of Social History*, 32 (2): 287-307, 1998.

MICHELANGELO BUONARROTI. *Poemas*. Trad. port. Nilson Moulin; apres., comentários e notas de Andrea Lombardi; posfácio de Giulio Carlo Argan. Rio de Janeiro: Imago, 1994. (Col. Lázuli)

MIELI, Mario. *Elementos de crítica homosexual*. Trad. esp. Barcelona: Anagrama, 1979.

MIREAUX, Émile. *A vida quotidiana no tempo de Homero*. Trad. port. Lisboa: Livros do Brasil, s.d. (Col. Vida Quotidiana, v. 3).

MONTAIGNE, Michel Eyquem, Senhor de. "Da amizade." In: *Ensaios*. Trad. port. de Sérgio Milliet. Consultoria de Marilena de Souza Chaui. São Paulo: Nova Cultural, 1996. (Col. Os Pensadores), v. 1, pp. 177-188.

MOTT, Luiz R. de B. "Da fogueira ao fogo do inferno: a descriminalização do lesbianismo em Portugal, 1646." Comunicação apresentada à International Conference on Lesbian and Gay History: Toronto, Canadá, 1985.

_____ "Escravidão e homossexualidade" In: VAINFAS, Ronaldo (org.) *História e sexualidade no Brasil*. Rio de Janeiro: Graal, 1986, pp. 19-40.

MOTT, Luiz R. de B. *O lesbianismo no Brasil.* Porto Alegre: Mercado Aberto, 1987. (Col. Depoimentos, v. 16).

_____ *Escravidão, homossexualidade e demonologia.* São Paulo: Ícone, 1988a.

_____ "Pagode português: a subcultra gay em Portugal nos tempos inquisitoriais." *Ciência e Cultura,* 40 (2): 120 – 139, fev., 1988b.

_____ *O sexo proibido: virgens gays e escravos nas garras da Inquisição.* Campinas: Papirus, 1988c.

_____ "Cupido na sala de aula: pedofilia e pederastia no Brasil Antigo." *Cadernos de Pesquisa, Fundação Carlos Chagas.* São Paulo (69): 32-39, maio, 1989a.

_____ *A Inquisição em Sergipe; do século XVI ao XIX.* Aracaju: Sercore, 1989b.

_____ *Homossexuais da Bahia. Dicionário biográfico (Séculos XVI-XIX).* Prefácio de Ronaldo Vainfas. Salvador: Grupo Gay da Bahia, 1999.

NOVINSKY, Ilana. "Heresia, mulher e sexualidade, algumas notas sobre o Nordeste brasileiro nos séculos XVI e XVII." In: BRUSCHINI, Maria Cristina e ROSEMBERG, Fúlvia (orgs.). *Vivência: história, sexualidade e imagens femininas.* São Paulo: Brasiliense, Fundação Carlos Chagas, 1980, pp. 227 – 256.

PAGLIA, Camille. *Sexo, arte e cultura americana.* Trad. port. São Paulo: Companhia das Letras, 1993.

_____ *Personas Sexuais. Arte e decadência de Nefertiti a Emily Dickinson.* Trad. port. São Paulo: Companhia das Letras, 1994.

PARIS, Barry. *Louise Brooks.* Nova Iorque: Alfred A. Knopf, 1989.

PATERNOSTRO, Silvana. *Na terra de Deus e do homem. Uma visão crítica de nossa cultura sexual.* Trad. port. Rio de Janeiro: Objetiva, 1999.

PESSANHA, José Américo Motta. "Platão: as várias faces do amor." In: NOVAES. Adauto (org.) *Os sentidos da paixão.* São Paulo: Companhia das Letras, 1988, pp. 77-103.

_____ "As delícias do jardim." In: NOVAES, Adauto (org.) *O desejo.* São Paulo: Companhia das Letras; Rio de Janeiro: Funarte, 1990, pp. 57-85.

PETRÔNIO. *Satyricon.* Trad. port. do latim, notas e posfácio de Paulo Leminski. 2ª ed. São Paulo: Brasiliense, 1987.

PLATÃO. *Diálogos (O banquete, Fédon, Sofista, Político).* Sel. de José Américo Motta Pessanha. Trad. port. e notas de José Cavalcante de Souza, Jorge Paleikat e João Cruz Costa. 4ª ed. São Paulo: Nova Cultural, 1987a. (Col. Os Pensadores).

_____ *A República.* Trad. port., introd. e notas de Maria Helena da Rocha Pereira. 5ª ed. Lisboa: Calouste Gulbenkian, 1987b.

PLOTINO. *Do amor.* Trad. port. Albertino Pinheiro. São Paulo: Atena, 1963. (Col. Biblioteca Clássica).

PLUTARCO. *Vidas dos homens ilustres.* Trad. port. da versão em francês de Amyot, ed. de 1818, Aristides da Silveira Lobo *et alii.* São Paulo: Edameris, 1959-1963. 9 vv.

PRIMEIRA VISITAÇÃO DO SANTO OFÍCIO às partes do Brasil pelo inquisidor e visitador, Licenciado Heitor Furtado de Mendonça: 1591-1592. Livro das Confissões e Denunciações da Bahia. Ex. mimeo., s.d.

PRIMEIRA VISITAÇÃO DO SANTO OFÍCIO às partes do Brasil pelo inquisidor e visitador, Licenciado Heitor Furtado de Mendonça: 1591-1592. Monitório do Inquisidor Geral. Ex. mimeo., s.d.

PRIORE, Mary del. "História das mulheres: as vozes do silêncio." In: FREITAS, Marcos César de (org.) *Historiografia brasileira em perspectiva.* São Paulo: Contexto, 1998, pp. 217-235.

REGO, José Lins do. *Usina.* 6ª ed. Rio de Janeiro: José Olympio, 1967. (Col. Sagarana, v. 39).

ROCKE, Michael J. "Il controlo dell'omosessualità a Firenze nel XV secolo: gli *ufficiali di notte.*" *Quaderni storici.* Trad. ital. Roma, nova série, ano XXII, 66 (3): 701-721, dez., 1987.

ROLLISON, David. "Property, ideology and popular culture in a Gloucestershire village, 1660-1740." *Past and Present.* Oxford, 93: 70-97, nov., 1981.

ROMILLY, Jacqueline de. *Fundamentos de literatura grega.* Trad. port. Rio de Janeiro: Zahar, 1984.

ROSSIAUD, Jacques. *A prostituição na Idade Média.* Trad. port. Prefácio de Georges Duby. Rio de Janeiro: Paz e Terra, 1991.

ROTELLO, Gabriel. *Comportamento sexual e aids: a cultura gay em transformação.* Trad. port. São Paulo: GLS, 1998.

ROTH, Norman. "'Deal gently with the young man': Love of boys in Medieval Hebrew poetry of Spain." *Speculum. Journal of Medieval Studies.* Cambridge, 57 (1): 20-51, jan., 1982.

ROUSSELLE, Aline. "Obsevation féminine et idéologie masculine: le corps de la femme d'après les médecins grecs." *Annales ESC.* Paris, (35) 5: 1089-1115, set., out., 1980.

_____ *Porneia. On desire and the body in Antiquity.* Trad. ingl. Nova Iórque: Barnes & Noble, 1996.

RUGENDAS, Johann Moritz. *Viagem pitoresca através do Brasil.* Trad. port. 8ª ed. Belo Horizonte: Itatiaia; São Paulo: Edusp, 1979. (Col. Reconquista do Brasil; Nova Série, v. 2).

SAFO. *Líricas em fragmentos.* Trad. port. Pedro Alvim Ed. bilíngüe. Lisboa: Veja, 1991.

SALLES, Catherine. *Nos submundos da Antigüidade.* Trad. port. 2ª ed. São Paulo: Brasiliense,1983.

SANCHEZ, António. *Historias de amor entre hombres que hicieron historia.* Madri: Celeste, Cirenes, 1993. (Col. Argumentos).

SAVIGNEAU, Josyane. *Marguerithe Yourcenar. A invenção de uma vida*. Trad. port. Rio de Janeiro: Nova Fronteira, 1991.

SCHMIDT, Joël. *Dicionário de mitologia grega e romana*. Trad. port. Lisboa: Ed. 70, 1994. (Col. Lexis).

SEGUNDA VISITAÇÃO DO SANTO OFÍCIO às partes do Brasil pelo inquisidor e visitador, o licenciado Marcos Teixeira. Livro de confissões e ratificações da Bahia: 1618-1620. Introd. de Eduardo d'Oliveira França e Sônia Siqueira. *Anais do museu paulista*. São Paulo, 1963, tomo XVII.

SHEPHERD, Simon e WALLIS, Mick (orgs.) *Coming on strong. Gay politics and culture*. Londres, Boston, Sydney, Wellington: Unwin Hyman, 1989.

SHIERS, John. "One step to heaven?" In: CANT, Bob e HEMMINGS, Susan (orgs.) *Radical Records. Thirty years of lesbian and gay history*. Londres, Nova Iorque: Routledge, 1988, pp. 232-247.

SIGNORILE, Michelangelo. *Life outside. The Signorile report on gay men: sex, drugs, muscles, and the passages of life*. Nova Iorque: Harper Collins, 1997.

SONTAG, Susan. *Aids e suas metáforas*. Trad. port. São Paulo: Companhia das Letras, 1989.

SPENCE, Jonathan D. *O palácio da memória de Matteo Ricci. A história de uma viagem: da Europa da Contra-Reforma à China da Dinastia Ming*. Trad. port. São Paulo: Companhia das Letras, 1986.

SPENCER, Colin. *Homossexualidade: uma história*. Trad. port. Rio de Janeiro: Record, 1996. (Col. Contraluz, v. 7).

STERNHEIM, Alfredo. "Os *gays* de Hollywood." *G Magazine*. São Paulo, 2 (24): 32-33, set., 1999.

SUETÔNIO. *Los doce césares*. Trad. esp. e notas de Jaime Arnal. Barcelona: Orbis, 1985. (Col. Biblioteca de História, v. 7).

SULLIVAN, Andrew. *Praticamente normal. Uma discussão sobre o homossexualismo*. Trad. port. São Paulo: Companhia das Letras, 1996.

TANNAHILL, Reay. *Sex in History*. Ed. revista e atualizada. S.l.: Scarborough, 1992.

TEÓCRITO. *Oeuvres complètes*. Trad. franc. e introd. de François Barbier, estudo de Charles Barbier. Paris: Garnier, 1899.

TREVISAN, João Silvério. *Devassos no Paraíso. A homossexualidade no Brasil, da colônia à atualidade*. 2ª ed. São Paulo: Max Limonad, 1986. (Col. Políticas do Imaginário)

TUCÍDIDES. *Historia de la guerra del Peloponeso*. Trad. esp, introd. e notas de António Guzmán Guerra. Madri: Alianza, 1989.

VV. AA. *Poesia grega e latina*. Sel., notas e trad. do grego e latim de Péricles E. da Silva Ramos. São Paulo: Cultrix, 1964.

VAINFAS, Ronaldo. "A teia da intriga – delação e moralidade na sociedade colonial." In: _____ (org.) *História e sexualidade no Brasil*. Rio de Janeiro: Graal, 1986, pp. 41-66.

VAINFAS, Ronaldo. "Sodomia, mulheres e Inquisição: notas sobre sexualidade e homossexualismo feminino no Brasil colonial." Comunicação apresentada ao I Congresso Internacional sobre a Inquisição. Universidade de São Paulo. São Paulo, maio, 1987.

_____ *Trópico dos pecados. Moral, sexualidade e Inquisição no Brasil colonial.* Rio de Janeiro: Campus, 1989.

_____ (org.) *Confissões da Bahia: Santo Ofício da Inquisição de Lisboa.* São Paulo: Companhia das Letras, 1997. (Col. Retratos do Brasil).

VERDON, Jean. "Les 'sodomites' condamnés à la simple pénitence ou au bûcher." *Historia*, 613: 30-34, jan., 1998.

VEYNE, Paul. "La famille et l'amour sous le haut-empire romain." *Annales ESC.* Paris, (33) 1: 35-63, jan., fev., 1978.

_____ *A elegia erótica romana. O amor, a poesia e o ocidente.* Trad. port. São Paulo: Brasiliense, 1985a.

_____ "A homossexualidade em Roma" In: ARIÈS, Philippe e BEJIN, André (orgs.) *Sexualidades ocidentais.* Trad. port. São Paulo: Brasiliense, 1985b, pp. 39-49.

WALKOWITZ, Judith. "Sexualités dangereuses." In: FRAISSE, Geneviève e PERROT, Michelle (orgs.) *Histoire des femmes en Occident, v. 4, le XIXe. siècle.* Paris: Plon, 1991, pp. 389-418.

WILDE, Oscar. *A alma do homem sob o socialismo.* Trad. port. Porto Alegre: L&PM, 1983. (Col. Biblioteca Anarquista)

XENOFONTE. *A educação de Ciro (Ciropedia).* Trad. port., introd. e notas de Jaime Bruna. São Paulo: Cultrix, 1965. (Clássicos Cultrix)

YOURCENAR, Marguerithe. *Memórias de Adriano.* Trad. port. Rio de Janeiro: Record, São Paulo: Altaya, 1995. (Col. Mestres da Literatura Contemporânea).

ZWEIG, Stefan. *Maria Antonietta.* Trad. port. Rio de Janeiro: Guanabara, s.d.

REVISTAS

Ache. Barcelona, 2, jul./ag. 1997.

Attitude. Londres, (1) 60, abr. 1999.

Double Face. Paris, 46, set., 1995.

Entiendes? Madri, 38, nov./dez. 1995

Femme. São Paulo, (II) 4, jun. e 5, set., 1994

Infogai. Barcelona, 91, set. 1996, 94-97, mar./out. 1997.

NX. Buenos Aires, (V) 56, jul. 1998.

Rainbow. Madri, 3, nov. 1997.

Shangay Express. Madri, (II) 47-49, set. nov. ; (III) 50, 52, 60.

Sui Generis. Rio de Janeiro, (V) 46, 47, 48, 1999.

SOBRE O AUTOR

Amilcar Torrão Filho nasceu na capital paulista, em 1968, no bairro do Brás, graduando-se em História pela Universidade de São Paulo em 1992. É um leitor voraz de novelas russas, literatura de horror, Clarice Lispector e Hilda Hilst, e este é seu primeiro livro. Já trabalhou como professor, produtor cultural e pesquisador, tendo realizado um trabalho sobre a história da iluminação pública e um texto ilustrado sobre as luminárias ornamentais da cidade. Seus interesses atuais pairam sobre o urbanismo e São Paulo colonial.

FORMULÁRIO PARA CADASTRO

Para receber nosso catálogo de lançamentos em envelopes lacrados, opacos e discretos, preencha a ficha abaixo e envie para a caixa postal 12952, cep 04010-970, São Paulo-SP, ou passe-a pelo telefax (011) 539-2801.

Nome: _____

Endereço: _____

Cidade: _____ Estado: _____

CEP: _____-_____Bairro: _____

Tels.: (___) _____ Fax: (___) _____

E-mail: _____ Profissão: _____

Você se considera: ☐ gay ☐ lésbica ☐ bissexual ☐ travesti
☐ transexual ☐ simpatizante ☐ outro/a: _____

Você gostaria que publicássemos livros sobre:
☐ Auto-ajuda   ☐ Política/direitos humanos ☐ Viagens
☐ Biografias/relatos ☐ Psicologia
☐ Literatura   ☐ Saúde
☐ Literatura erótica ☐ Religião/esoterismo
Outros:

Você já leu algum livro das Edições GLS? Qual? Quer dar a sua opinião?

Você gostaria de nos dar alguma sugestão?

Impressão e Acabamento
Com fotolitos fornecidos pelo Editor

EDITORA e GRÁFICA
VIDA & CONSCIÊNCIA

R. Santo Irineu, 170 • São Paulo • SP
☎ (11) 5549-8344 • FAX (11) 5571-9870
e-mail: gasparetto@snet.com.br
site: www.gasparetto.com.br